Härting

Datenschutz-Grundverordnung

Datenschutz-Grundverordnung

von

Prof. Niko Härting
Rechtsanwalt in Berlin

2016

otto schmidt

Bibliografische Information
der Deutschen Nationalbibliothek

Die Deutsche Nationalbibliothek verzeichnet diese Publikation in der Deutschen Nationalbibliografie; detaillierte bibliografische Daten sind im Internet über http://dnb.d-nb.de abrufbar.

Verlag Dr. Otto Schmidt KG
Gustav-Heinemann-Ufer 58, 50968 Köln
Tel. 02 21/9 37 38-01, Fax 02 21/9 37 38-943
info@otto-schmidt.de
www.otto-schmidt.de

ISBN 978-3-504-42059-8

Das verwendete Papier ist aus chlorfrei gebleichten Rohstoffen hergestellt, holz- und säurefrei, alterungsbeständig und umweltfreundlich.

Einbandgestaltung: Jan P. Lichtenford, Mettmann
Satz: WMTP, Birkenau
Druck und Verarbeitung: Kösel, Krugzell
Printed in Germany

Vorwort

Good bye BDSG, hello DSGVO! Das neue europäische Datenschutzrecht gilt ab Mai 2018. Datenschützer in Betrieben, Behörden und Kanzleien müssen sich mit den neuen Vorschriften vertraut machen.

Die DSGVO ist ein dickleibiges Werk. 99 Artikel, 173 Erwägungsgründe, da fällt der Überblick schwer. Noch schwerer fällt der Vergleich mit dem BDSG. Denn die DSGVO ist deutlich anders aufgebaut und strukturiert als das BDSG.

Dieses Buch soll den Einstieg in die DSGVO erleichtern. In vier Kapiteln wird der Leser durch die neuen Vorschriften geführt. Ausgangspunkt ist dabei jeweils das BDSG. Der Vergleich mit dem bestehenden Recht erleichtert das Verständnis der neuen Bestimmungen.

Man kann das Buch kapitelweise lesen. Man kann aber auch gezielt nach den Fragen suchen, die man sich nach einer ersten Lektüre des Gesetzestexts stellt. Mehr als 120 Grundfragen werden in den einzelnen Kapiteln beantwortet.

Das Buch ist ein Praxiswerk ohne wissenschaftlichen Anspruch. Die Wissenschaft wird sich die DSGVO in den nächsten Jahren nach und nach erschließen. Für eine eingehende wissenschaftliche Aufarbeitung ist es noch viel zu früh.

Das Buch erklärt den Inhalt des DSGVO. Wer Kritik und Wertung sucht, wird enttäuscht. Ich habe mich in den letzten Jahren wiederholt kritisch mit der DSGVO befasst. Wer kritische Einschätzungen sucht, kann sie in zahlreichen Veröffentlichungen finden, vor allem in den Aufsätzen, die ich gemeinsam mit Jochen Schneider verfasst habe.

Fürwahr: Man hätte sich ein gänzlich anderes europäisches Datenschutzrecht gewünscht. In diesem Buch bleibt der Blick jedoch streng nach vorne gerichtet auf die praktische Umsetzung der DSGVO in der betrieblichen Praxis.

Bei der Beschäftigung mit der DSGVO werden wir alle in den nächsten Jahren viel dazulernen. Und manche Deutung und Einordnung, die sich in diesem Buch findet, wird sich als verfrüht, verkürzt oder verfehlt erweisen. Das Buch ist ein Beitrag zu einem gemeinsamen Lernprozess, in dem Ansprüche auf absolute Wahrheit und Richtigkeit vermessen wären.

Mein herzlicher Dank gilt vielen Gesprächspartnern der letzten Jahre, denen ich in der einen oder anderen Weise Anregungen, Denkanstöße und Einsichten verdanke: an allererster Stelle Jochen Schneider, zudem aber auch Lorena Jaume-Palasi, Niclas Krohm, Carlo Piltz, Frederick Richter, Sebastian Schulz, Rainer Stentzel und Winfried Veil.

Berlin, Mai 2016 Niko Härting

Inhaltsverzeichnis

Teil B
Was ändert sich an den Grundlagen des Datenschutzrechts?

Teil C
Cloud Computing und Big Data

Teil D
Betroffenenrechte, Datenschutzaufsicht und Selbstregulierung

Abkürzungsverzeichnis

Abs.	Absatz
AGB	Allgemeine Geschäftsbedingungen
Alt.	Alternative
Art.	Artikel
Az.	Aktenzeichen
BCR	Binding Corporate Rules
BDSG	Bundesdatenschutzgesetz
BORA	Berufsordnung für Rechtsanwälte
BRAO	Bundesrechtsanwaltsordnung
Buchst.	Buchstabe
bzw.	beziehungsweise
DSGV	Datenschutz-Grundverordnung
DSRL	Datenschutz-Richtlinie
EWR	Europäischer Wirtschaftsraum
f., ff.	folgende/r, fortfolgende
GRCh	Charta der Grundrechte der Europäischen Union
i.V.m.	in Verbindung mit
LDSG	Landesdatenschutzgesetz
lit.	littera/Buchstabe
Mio.	Million
NGO	Nichtregierungsorganisation (non-governmental organization)
Nr.	Nummer
StGB	Strafgesetzbuch
TKG	Telekommunikationsgesetz
TMG	Telemediengesetz
UKlaG	Unterlassungsklagengesetz
UWG	Gesetz gegen den unlauteren Wettbewerb
vgl.	vergleiche
VwGO	Verwaltungsgerichtsordnung
z.B.	zum Beispiel

Teil A Compliance

In Teil A geht es um die wichtigsten Vorkehrungen und Maßnahmen, die im Unternehmen zu treffen sind, um Konformität mit dem neuen Datenschutzrecht zu erreichen. Es geht um Technik und Organisation, um Dokumentation und unternehmensinterne Richtlinien, um Transparenz und um die grundlegenden Prinzipien des neuen Datenschutzrechts. 1

Die DSGVO hat das erklärte Ziel, dem Datenschutz in der behördlichen und betrieblichen Praxis mehr Geltung zu verschaffen. Datenschutzverstöße sind in Zukunft keine „Kavaliersdelikte" mehr. Es drohen Geldbußen bis zu 20 Mio. Euro bzw. 4 % des weltweiten Jahresumsatzes eines Unternehmens. 2

Ob und inwieweit die Datenschutzbehörden von ihren erweiterten Sanktionsrechten Gebrauch machen werden, bleibt abzuwarten. Der drastisch erweiterte Bußgeldrahmen erhöht jedenfalls den Compliance-Druck. Der Datenschutz wird in den nächsten Jahren einen Spitzenplatz unter den Compliance-Themen erobern. 3

Merke:

Mit den neun wichtigsten Compliance-Themen sollte sich jedes Unternehmen vertraut machen: 4

- Bestellung eines betrieblichen Datenschutzbeauftragten
- Dokumentation und Folgenabschätzung
- Datenschutzerklärungen und Transparenz
- Allgemeine Datenschutzprinzipien und „risikobasierter Ansatz"
- Technische und organisatorische Maßnahmen
- Meldepflichten bei Datenpannen
- Datentransfer in Drittstaaten
- Territorialer Anwendungsbereich der DSGVO
- Haftung, Rechtsbehelfe, Sanktionen

I. Betriebliche Datenschutzbeauftragte

1. *Wann muss ein Datenschutzbeauftragter bestellt werden?*

■ *Geltendes Recht*

Nach § 4 f Abs. 1 BDSG besteht für die meisten Unternehmen die Verpflichtung zur Bestellung eines betrieblichen Datenschutzbeauftragten. Ausnahmen gelten nur für Unternehmen, in denen 5

- höchstens 9 Personen personenbezogene Daten *automatisiert* verarbeiten,

- weniger als 20 Personen personenbezogene Daten *nicht-automatisiert* verarbeiten,
- keine personenbezogenen Daten geschäftsmäßig zum Zweck der Übermittlung, der anonymisierten Übermittlung oder für Zwecke der Markt- oder Meinungsforschung automatisiert verarbeitet werden und
- keine automatisierte Verarbeitung erfolgt, die einer Vorabkontrolle unterliegt.

6 Es gibt heute kaum noch ein Unternehmen ohne Computer. Jedenfalls Mitarbeiter- und Kundendaten werden in fast jedem Unternehmen automatisiert verarbeitet. Daher sind Unternehmen mit mehr als neun Beschäftigten, die Zugang zum Betriebscomputer haben, in aller Regel zur Bestellung eines betrieblichen Datenschutzbeauftragten verpflichtet.

■ *Änderungen durch die DSGVO*

7 Nach Art. 37 Abs. 1 lit. b und c DSGVO ist in einem Unternehmen immer dann ein Datenschutzbeauftragter zu bestellen, wenn zu den Kernaktivitäten des Unternehmens

- die „umfangreiche regelmäßige und systematische Überwachung" von Betroffenen oder
- die „umfangreiche Verarbeitung" sensitiver Daten zählt:

„b) die Kerntätigkeit des Verantwortlichen oder des Auftragsverarbeiters in der Durchführung von Verarbeitungsvorgängen besteht, welche aufgrund ihrer Art, ihres Umfangs und/oder ihrer Zwecke eine umfangreiche regelmäßige und systematische Überwachung von betroffenen Personen erforderlich machen, oder

c) die Kerntätigkeit des Verantwortlichen oder des Auftragsverarbeiters in der umfangreichen Verarbeitung besonderer Kategorien von Daten gemäß Artikel 9 oder von personenbezogenen Daten über strafrechtliche Verurteilungen und Straftaten gemäß Artikel 10 besteht."

8 Anders als nach § 4 f Abs. 1 BDSG kommt es nicht auf die Zahl der im Betrieb Beschäftigten an.

9 Nicht viele Unternehmen werden die Voraussetzungen des Art. 37 Abs. 1 DSGVO erfüllen. Weder das mittelständische Maschinenbauunternehmen noch der durchschnittliche Online-Händler „überwachen" in größerem Umfang die Aktivitäten ihrer Kunden oder verarbeiten sensitive Daten beispielsweise über politische Meinungen oder genetische Informationen ihrer Kunden (Art. 9 DSGVO). Selbst wenn – beispielsweise per Google Analytics – Daten über das Kundenverhalten erhoben werden, zählt dies nicht zu den „Kernaktivitäten" der meisten Unternehmen.

10 Die DSGVO macht somit die Bestellung eines betrieblichen Datenschutzbeauftragten in zahlreichen Fällen verzichtbar. Im Vergleich zum geltenden deut-

schen Recht entsteht eine erhebliche Lücke, die der deutsche Gesetzgeber allerdings jederzeit schließen kann. Denn Art. 37 Abs. 4 DSGVO enthält eine Öffnungsklausel, die es dem nationalen Gesetzgeber erlaubt, die Bestellung eines betrieblichen Datenschutzbeauftragten auch dann zur Pflicht zu erklären, wenn die Voraussetzungen des Art. 37 Abs. 1 DSGVO nicht erfüllt sind. Es ist zu erwarten, dass der deutsche Gesetzgeber von dieser Öffnungsklausel Gebrauch machen wird. Aller Voraussicht nach wird es dabei bleiben, dass in aller Regel betriebliche Datenschutzbeauftragte bestellt werden müssen.

Merke:

Ob und unter welchen Voraussetzungen nach Inkrafttreten der DSGVO noch betriebliche Datenschutzbeauftragte bestellt werden müssen, ist derzeit offen. Der deutsche Gesetzgeber wird sich entscheiden müssen, ob er die derzeitige Regelung (§ 4 f Abs. 1 BDSG) bestehen lässt oder Änderungen vornimmt. Die DSGVO lässt dem nationalen Gesetzgeber freie Hand. 11

2. *Was ist bei der Bestellung eines Datenschutzbeauftragten zu beachten?*

■ *Geltendes Recht*

Weder die Geschäftsleitung noch der Betriebsinhaber können sich selbst zum Datenschutzbeauftragten bestellen. Es bedarf somit entweder der Ernennung eines fachkundigen und zuverlässigen Mitarbeiters oder der Beauftragung eines externen Beraters zum Datenschutzbeauftragten. Die Fachkunde des Datenschutzbeauftragten ist auf Verlangen der Aufsichtsbehörde durch Ausbildungs- und Schulungsbescheinigungen nachzuweisen. 12

Bei kleineren Unternehmen handelt es sich zumeist um ein Nebenamt. Dieses Nebenamt darf nicht mit anderen Aufgaben des Datenschutzbeauftragten kollidieren, um auszuschließen, dass sich der Datenschutzbeauftragte bei der Ausübung seines Amtes selbst kontrollieren muss. 13

Organisatorisch ist Folgendes zu beachten: 14

- Der Datenschutzbeauftragte ist der Geschäftsleitung organisatorisch unmittelbar zu unterstellen (§ 4 f Abs. 3 Satz 1 BDSG).
- Der Datenschutzbeauftragte agiert bei der Ausübung seines Amts weisungsfrei (§ 4 f Abs. 3 Satz 2 BDSG).
- Dem Datenschutzbeauftragten ist die Möglichkeit der Fortbildung zu geben (§ 4 f Abs. 3 Satz 7 BDSG).
- Dem Datenschutzbeauftragten sind Hilfspersonal sowie Räume, Einrichtungen, Geräte und Mittel zur Verfügung zu stellen, soweit dies zur Erfüllung seiner Aufgaben erforderlich ist (§ 4 f Abs. 5 Satz 1 BDSG).
- Wenn der Datenschutzbeauftragte Arbeitnehmer ist, genießt er erweiterten Kündigungsschutz nach § 4 f Abs. 3 Satz 5 und 6 BDSG.

■ *Änderungen durch die DSGVO*

15 Die Bestellung des Datenschutzbeauftragten ist in Art. 37 und 38 DSGVO geregelt:

- Der Datenschutzbeauftragte ist – wie bisher – der obersten Managementebene unmittelbar zu unterstellen (Art. 38 Abs. 3 Satz 3 DSGVO).
- Die Weisungsfreiheit bei der Ausübung der Funktion ist in Art. 38 Abs. 3 Satz 1 DSGVO – unverändert – festgeschrieben.
- Dem Datenschutzbeauftragten sind die für die Erfüllung seiner Aufgaben und zur Erhaltung seines Fachwissens erforderlichen Ressourcen zur Verfügung stellen (Art. 38 Abs. 2 DSGVO).
- Nach Art. 37 Abs. 6 DSGVO kann der Datenschutzbeauftragte Beschäftigter des Verantwortlichen bzw. Auftragsverarbeiters sein oder seine Aufgaben auf der Grundlage eines Dienstleistungsvertrags erfüllen.
- Anders als das geltende Recht sieht Art. 37 Abs. 2 DSGVO die Möglichkeit der Bestellung eines einheitlichen Datenschutzbeauftragten für einen Konzern ausdrücklich vor, sofern dessen leichte Erreichbarkeit für die konzernangehörigen Unternehmen gewährleistet ist.
- Nach Art. 38 Abs. 3 Satz 2 DSGVO darf der Datenschutzbeauftragte im Zusammenhang mit der Erfüllung seiner Aufgaben weder abberufen noch benachteiligt werden. Dies bleibt deutlich hinter dem erweiterten Kündigungsschutz nach § 4 f Abs. 3 Satz 5 und 6 BDSG zurück.

Merke:

16 Anders als nach dem BDSG kann ein Datenschutzbeauftragter nach der DSGVO auch per ordentlicher Kündigung entlassen werden. Der Ausschluss des ordentlichen Kündigungsrechts entfällt. Ausgeschlossen ist lediglich eine Kündigung, die sich auf Gründe stützt, die mit der Ausübung des Amtes zusammenhängen.

Anders als nach dem BDSG endet der besondere Kündigungsschutz des Datenschutzbeauftragten nach der DSGVO mit der Beendigung des Amtes. Das Fortwirken des besonderen Kündigungsschutzes über die Amtszeit hinaus (ein Jahr) entfällt.

Die Öffnungsklausel des Art. 37 Abs. 4 DSGVO gilt nur für die Bestellung eines Datenschutzbeauftragten, nicht jedoch für dessen Abberufung und für die Kündigung, sodass für den deutschen Gesetzgeber keine Möglichkeit besteht, an dem bisherigen, erweiterten Kündigungsschutz festzuhalten.

3. Welche Aufgaben und Befugnisse hat der Datenschutzbeauftragte?

■ *Geltendes Recht*

Die Aufgaben und Befugnisse des Datenschutzbeauftragten sind in § 4 g BDSG geregelt. Danach wirkt der Datenschutzbeauftragte darauf hin, dass die Bestimmungen des BDSG und andere datenschutzrechtliche Bestimmungen eingehalten werden. Zudem obliegt es dem Datenschutzbeauftragten, 17

- die ordnungsgemäße Anwendung der Datenverarbeitungsprogramme zu überwachen, mit deren Hilfe personenbezogene Daten verarbeitet werden sollen (§ 4 g Abs. 1 Satz 4 Nr. 1 BDSG), und
- die bei der Verarbeitung personenbezogener Daten tätigen Personen durch geeignete Maßnahmen mit den Bestimmungen des BDSG und mit anderen datenschutzrechtlichen Vorschriften über den Datenschutz sowie mit den jeweiligen besonderen Erfordernissen des Datenschutzes vertraut zu machen (§ 4 g Abs. 1 Satz 4 Nr. 2 BDSG).

Der Datenschutzbeauftragte ist nach geltendem Recht nicht zur Zusammenarbeit mit den Aufsichtsbehörden verpflichtet. Er ist auch nicht die zentrale Beschwerdestelle für Anfragen von Mitarbeitern, Kunden und Nutzern, die sich durch die betriebliche Datenverarbeitung betroffen fühlen. Nach außen beschränken sich die Aufgaben des Datenschutzbeauftragten auf die Überlassung eines externen Verfahrensverzeichnisses an jedermann für den Fall, dass dies beantragt wird (§ 4 g Abs. 2 Satz 2 BDSG). Zudem ist der Datenschutzbeauftragte zur Vorabkontrolle in den Fällen des § 4 d Abs. 5 BDSG verpflichtet (§ 4 d Abs. 6 Satz 1 BDSG). 18

■ *Änderungen durch die DSGVO*

Bestimmungen zu den Aufgaben und Befugnissen des Datenschutzbeauftragten finden sich in Art. 38 und 39 DSGVO. Anders als Art. 37 DSGVO enthalten die Art. 38 und 39 DSGVO keine Öffnungsklausel für den nationalen Gesetzgeber. Dies wird man so verstehen müssen, dass die Art. 38 und 39 DSGVO auch dann verbindlich sind, wenn die Bestellung eines Datenschutzbeauftragten nicht nach Art. 37 Abs. 1 DSGVO, sondern lediglich aufgrund des Datenschutzrechts eines Mitgliedstaates erforderlich ist (Art. 37 Abs. 4 DSGVO). 19

Art. 38 und 39 DSGVO enthalten zahlreiche Neuerungen: 20

- Zu den Aufgaben des Datenschutzbeauftragten gehört nach Art. 39 Abs. 1 lit. b DSGVO neben der Schulung von Mitarbeitern auch deren „Sensibilisierung“ für den Datenschutz.
- Nach Art. 38 Abs. 4 DSGVO wird der Datenschutzbeauftragte zum Ansprechpartner jedes Betroffenen, der Fragen zu den Datenverarbeitungsprozessen in dem jeweiligen Unternehmen hat oder Rechte geltend machen möchte, die ihm nach der DSGVO zustehen.

- Die Verpflichtung nach Art. 38 Abs. 4 DSGVO wird dadurch verstärkt, dass die DSGVO in Art. 13 Abs. 1 lit. b und Art. 14 Abs. 1 lit. b die Bekanntgabe des Namens und der Kontaktdaten des Datenschutzbeauftragten vorschreibt. Die Tragweite dieser Neuerung ist nicht zu unterschätzen. Bislang war ein Unternehmen nur gegenüber der Aufsichtsbehörde zu Angaben über den bestellten Datenschutzbeauftragten verpflichtet. Eine Verpflichtung zur Preisgabe des Namens und weiterer Informationen an Dritte gibt es nach geltendem Recht nicht.
- Art. 39 Abs. 1 lit. d und e DSGVO führt umfassende Verpflichtungen des Datenschutzbeauftragten zur Zusammenarbeit mit den Aufsichtsbehörden ein. Anders als nach bisherigem Recht wird der Datenschutzbeauftragte zum zentralen Ansprechpartner der Aufsichtsbehörden.
- Art. 39 Abs. 2 DSGVO verpflichtet den Datenschutzbeauftragten, bei allen Maßnahmen eine Angemessenheitsprüfung vorzunehmen, die sich an den Risiken des jeweiligen Verfahrensvorgangs orientiert. Verallgemeinernd lässt sich hieraus die Verpflichtung ableiten, die eigene Tätigkeit nicht ausschließlich an der bestmöglichen Durchsetzung des Datenschutzrechts auszurichten, sondern andere betriebliche Belange im Auge zu behalten. Je geringer die Risiken einer Datenverarbeitung sind, desto weniger können sie der bestimmende Maßstab für unternehmerische Entscheidungen sein.

Merke:

21 Art. 38 Abs. 4 DSGVO und die Kooperationspflichten gemäß Art. 39 Abs. 1 lit. d und e DSGVO sind konfliktträchtig für den Datenschutzbeauftragten, der bei der Zusammenarbeit mit den Aufsichtsbehörden sowie bei Auskünften, die er Kunden, Nutzern und anderen Betroffenen erteilt, nicht nur die Anforderungen des Datenschutzrechts, sondern auch die berechtigten Interessen des Unternehmens im Auge behalten muss. Art. 38 Abs. 4 DSGVO und Art. 39 Abs. 1 lit. d und e DSGVO geben dem Datenschutzbeauftragten beispielsweise keine Befugnis zur Preisgabe von Betriebs- und Geschäftsgeheimnissen (§ 17 UWG) oder zur Preisgabe von Geheimnissen, die einer Verschwiegenheitspflicht unterliegen (§ 203 StGB).

Es dürfte zumindest ratsam sein, dass sich die Geschäftsleitung mit dem Datenschutzbeauftragten über Regeln für interne Abstimmungsprozesse verständigt für den Fall, dass sich ein Bürger nach Art. 38 Abs. 4 DSGVO unmittelbar an den Datenschutzbeauftragten wendet. Auch über einige Grundregeln der Zusammenarbeit mit den Aufsichtsbehörden sollten sich die Geschäftsleitung und der Datenschutzbeauftragte verständigen.

II. Dokumentation und Folgenabschätzung (Vorabkontrolle)

4. Was wird aus den Verfahrensverzeichnissen?

■ *Geltendes Recht*

Selbst in kleineren Unternehmen ist es nicht immer einfach, den Überblick über die eigenen Datenverarbeitungsprozesse zu behalten. Dies umso mehr als einzelne Prozesse in die Cloud verlagert werden. Wenn Terminkalender und die Kundendatenbank in der Cloud geführt werden, sind die Daten auf den Unternehmensservern nicht mehr sichtbar. Bei einem Datenschutz-Audit kann es leicht passieren, dass derartige Prozesse übersehen werden. 22

Nach geltendem Recht wird die Transparenz der Datenverarbeitungsprozesse durch Verfahrensverzeichnisse gesichert. Die Führung eines Verfahrensverzeichnisses nach § 4 g Abs. 2 Satz 1 i.V.m. § 4 e Satz 1 BDSG gehört zu den Kernaufgaben des betrieblichen Datenschutzbeauftragten. 23

Bei den Verfahrensverzeichnissen geht es weniger um Software als um Prozesse, beispielsweise um Kundendatenbanken, die Verwaltung der Mitarbeiterdaten in der Personalabteilung, um den Internetauftritt, den Terminkalender und die Finanzbuchhaltung. Jeder dieser Prozesse muss in einem Verfahrensverzeichnis in Grundzügen beschrieben werden. 24

§ 4 e Abs. 1 Satz 1 BDSG schreibt folgende Angaben vor: 25

- Name oder Firma sowie Anschrift der verantwortlichen Stelle;
- Inhaber, Vorstände, Geschäftsführer oder sonstige gesetzliche oder nach der Verfassung des Unternehmens berufene Leiter und die mit der Leitung der Datenverarbeitung beauftragten Personen;
- Zweckbestimmungen der Datenerhebung, -verarbeitung oder -nutzung;
- Beschreibung der betroffenen Personengruppen und der diesbezüglichen Daten oder Datenkategorien;
- Empfänger oder Kategorien von Empfängern, denen die Daten mitgeteilt werden können;
- Regelfristen für die Löschung der Daten;
- Datenübermittlung in Drittstaaten, falls geplant;
- eine allgemeine Beschreibung, die es ermöglicht, vorläufig zu beurteilen, ob die technischen und organisatorischen Maßnahmen nach § 9 BDSG zur Gewährleistung der Sicherheit der Verarbeitung angemessen sind.

■ *Änderungen durch die DSGVO*

Art. 30 Abs. 1 DSGVO entspricht § 4 e Satz 1 BDSG und listet die Angaben auf, die ein Verfahrensverzeichnis enthalten muss: 26

„Jeder Verantwortliche und gegebenenfalls sein Vertreter führen ein Verzeichnis aller Verarbeitungstätigkeiten, die ihrer Zuständigkeit unterliegen. Dieses Verzeichnis enthält sämtliche folgenden Angaben:

a) den Namen und die Kontaktdaten des Verantwortlichen und gegebenenfalls des gemeinsam mit ihm Verantwortlichen, des Vertreters des Verantwortlichen sowie eines etwaigen Datenschutzbeauftragten;

b) die Zwecke der Verarbeitung;

c) eine Beschreibung der Kategorien betroffener Personen und der Kategorien personenbezogener Daten;

d) die Kategorien von Empfängern, gegenüber denen die personenbezogenen Daten offengelegt worden sind oder noch offengelegt werden, einschließlich Empfänger in Drittländern oder internationalen Organisationen;

e) gegebenenfalls Übermittlungen von personenbezogenen Daten an ein Drittland oder an eine internationale Organisation, einschließlich der Angabe des betreffenden Drittlands oder der betreffenden internationalen Organisation, sowie bei den in Artikel 49 Absatz 1 Unterabsatz 2 genannten Datenübermittlungen die Dokumentierung geeigneter Garantien;

f) wenn möglich, die vorgesehenen Fristen für die Löschung der verschiedenen Datenkategorien;

g) wenn möglich, eine allgemeine Beschreibung der technischen und organisatorischen Maßnahmen gemäß Artikel 32 Absatz 1."

27 Anders als nach bisherigem Recht gibt es eine (teilweise) Befreiung von der Pflicht zu Verfahrensverzeichnissen für kleinere Unternehmen (Art. 30 Abs. 5 DSGVO):

„Die in den Absätzen 1 und 2 genannten Pflichten gelten nicht für Unternehmen oder Einrichtungen, die weniger als 250 Mitarbeiter beschäftigen, sofern die von ihnen vorgenommene Verarbeitung nicht ein Risiko für die Rechte und Freiheiten der betroffenen Personen birgt, die Verarbeitung nicht nur gelegentlich erfolgt oder nicht die Verarbeitung besonderer Datenkategorien gemäß Artikel 9 Absatz 1 bzw. die Verarbeitung von personenbezogenen Daten über strafrechtliche Verurteilungen und Straftaten im Sinne des Artikels 10 einschließt."

28 Unternehmen mit weniger als 250 Beschäftigten müssen somit nicht für jedes Verarbeitungsverfahren ein Verzeichnis anlegen, sondern nur für Verfahren, die

- mit einem erheblichen Risiko für die Betroffenen verbunden sind (z. B. Videoüberwachung) oder
- nicht nur gelegentlich angewendet werden oder
- sensitive Daten (z. B. Gesundheitsdaten oder Daten aus einem Strafregister) umfassen.

Merke:

Die Ausnahme gilt nur für „gelegentliche" Verfahren. Daher gibt es für alle Grundfunktionen des Unternehmens (z. B. Finanzbuchhaltung; Personalakten; Kundendatenbank) keine Änderung. Es bleibt bei der Verpflichtung zur Führung von Verfahrensverzeichnissen. 29

Art. 30 DSGVO weist drei weitere Besonderheiten gegenüber dem geltenden Recht auf: 30

- Anders als nach der bisherigen Praxis ist die Unternehmensleitung und nicht der betriebliche Datenschutzbeauftragte für die Verfahrensverzeichnisse verantwortlich (Art. 30 Abs. 1 DSGVO).
- Auch der Auftragsverarbeiter ist nach Art. 30 Abs. 2 DSGVO zur Führung von Verfahrensverzeichnissen verpflichtet.
- Nach der DSGVO gibt es kein „Jedermanns-Recht" auf Einsicht in die Verfahrensverzeichnisse. Die Führung externer Verzeichnisse zur Erfüllung der Verpflichtung nach § 4 g Abs. 2 Satz 2 BDSG wird entbehrlich.
- Bei einem Datentransfer in einen Drittstaat auf der Grundlage des Art. 49 Abs. 1 Satz 2 DSGVO sind die Risikoabschätzung und die ergriffenen Schutzmaßnahmen nach Art. 28 DSGVO zu dokumentieren (Art. 49 Abs. 6 DSGVO). Bei einem neuen Verarbeitungsverfahren ist somit ein neues Verzeichnis zu erstellen, anderenfalls ist das bereits bestehende Verzeichnis um die durch Art. 49 Abs. 6 DSGVO vorgeschriebenen Angaben zu ergänzen.

Merke:

Bei der Funktion der Verzeichnisse gemäß Art. 30 DSGVO lässt sich eine leichte Akzentverschiebung beobachten. Geht es in § 4 g Abs. 2 Satz 1 i. V. m. § 4 e Satz 1 BDSG maßgeblich um ein jeweils aktuelles Bild der Datenverarbeitungsverfahren, die im Unternehmen praktiziert werden, kommt durch Art. 30 DSGVO eine historische Komponente hinzu. Art. 30 DSGVO soll den Aufsichtsbehörden auch für die Vergangenheit die Möglichkeit eröffnen, Datenverarbeitungsverfahren zu untersuchen. 31

Wegen der historischen Komponente erscheint es ratsam, die jeweils aktuellen Verfahrensverzeichnisse in ein umfassendes Dokumentationssystem einzubinden. Alle Änderungen und Ergänzungen sowie die Neuanlegung und Schließung von Verzeichnissen sollten lückenlos unter Verwendung von Zeitstempeln dokumentiert werden.

5. Was wird aus der Vorabkontrolle?

■ *Geltendes Recht*

32 Nach § 4 d Abs. 5 und Abs. 6 Satz 1 BDSG ist der Datenschutzbeauftragte zu einer Vorabkontrolle verpflichtet, wenn automatisierte Verarbeitungen besondere Risiken für die Rechte und Freiheiten der Betroffenen aufweisen. Dies ist insbesondere der Fall, wenn

- besondere Arten personenbezogener Daten (§ 3 Abs. 9 BDSG) verarbeitet werden (§ 4 d Abs. 5 Satz 2 Nr. 1 BDSG) oder
- die Verarbeitung personenbezogener Daten dazu bestimmt ist, die Persönlichkeit des Betroffenen zu bewerten einschließlich seiner Fähigkeiten, seiner Leistung oder seines Verhaltens (§ 4 d Abs. 5 Satz 2 Nr. 2 BDSG).

33 Die Regelungen zur Vorabkontrolle in § 4 d Abs. 5 und 6 BDSG beantworten die Frage nach dem „Ob" einer solchen Kontrolle, lassen jedoch das „Wie" vollkommen offen. In welcher Weise der Datenschutzbeauftragte seine Pflicht nach § 4 d Abs. 6 Satz 1 BDSG zu erfüllen hat und welche Prüfungsmaßstäbe für eine Vorabkontrolle gelten, ist gesetzlich nicht geregelt. Geregelt ist lediglich, dass der Datenschutzbeauftragte „in Zweifelsfällen" die zuständige Datenschutzbehörde zu verständigen hat (§ 4 d Abs. 6 Satz 3 BDSG).

■ *Änderungen durch die DSGVO*

34 Durch die DSGVO tritt eine Folgenabschätzung an die Stelle der Vorabkontrolle. Anders als bei der Vorabkontrolle ist der Datenschutzbeauftragte nicht für die Durchführung einer Vorabkontrolle verantwortlich. Er muss lediglich hinzugezogen werden zum Zwecke der Beratung der Geschäftsleitung (Art. 35 Abs. 2 und Art. 39 Abs. 1 lit. c DSGVO).

6. Wann ist eine Folgenabschätzung erforderlich?

35 Wenn ein neues Verfahren der Datenverarbeitung eingesetzt werden soll, das mit einem „hohen Risiko" für die Betroffenen verbunden ist, ist nach Art. 35 Abs. 1 DSGVO eine Folgenabschätzung vorzunehmen:

> „Hat eine Form der Verarbeitung, insbesondere bei Verwendung neuer Technologien, aufgrund der Art, des Umfangs, der Umstände und der Zwecke der Verarbeitung voraussichtlich ein hohes Risiko für die Rechte und Freiheiten natürlicher Personen zur Folge, so führt der Verantwortliche vorab eine Abschätzung der Folgen der vorgesehenen Verarbeitungsvorgänge für den Schutz personenbezogener Daten durch. Für die Untersuchung mehrerer ähnlicher Verarbeitungsvorgänge mit ähnlich hohen Risiken kann eine einzige Abschätzung vorgenommen werden."

36 Art. 35 Abs. 3 DSGVO enthält Regelbeispiele, die § 4 d Abs. 5 Satz 2 BDSG ähneln:

- die systematische and umfassende Bewertung der Persönlichkeit auf der Basis automatisierter Datenverarbeitung einschließlich Profiling, die die Grundlage von Entscheidungen mit Rechtswirkungen für den Einzelnen bildet oder sich auf ähnliche Weise auf den Einzelnen auswirkt (Art. 35 Abs. 3 lit. a DSGVO);
- die Verarbeitung sensitiver Daten gemäß Art. 9 Abs. 1 oder Art. 10 DSGVO (Art. 35 Abs. 3 lit. b DSGVO).

Neu ist die Verpflichtung zu einer Datenschutz-Folgenabwägung bei der großflächigen Videoüberwachung im öffentlichen Raum (Art. 35 Abs. 3 lit. c DSGVO). 37

Merke:

In der DSGVO finden sich keine Sonderbestimmungen zur Videoüberwachung im öffentlichen Raum. 38

§ 6 b BDSG fällt ersatzlos fort. Dies gilt insbesondere auch für die Verpflichtung zur Kennzeichnung der Kameras gemäß § 6 b Abs. 2 BDSG, die es nach dar DSGVO nicht gibt.

In Erwägungsgrund 91 DSGVO finden sich weitere Beispiele für die Notwendigkeit einer Datenschutz-Folgeabschätzung. Eine Folgenabschätzung ist danach beispielsweise erforderlich, wenn 39

- Verarbeitungsverfahren eingesetzt werden, bei denen den Betroffenen die Ausübung ihrer Rechte erschwert wird, wobei eine solche Erschwerung insbesondere bei kaum spürbaren oder wenig transparenten Verfahren zu bejahen sein dürfte;
- Verarbeitungsverfahren eingesetzt werden, die nach Auffassung der zuständigen Aufsichtsbehörde wahrscheinlich ein hohes Risiko für die Rechte und Freiheiten der betroffenen Personen mit sich bringt, insbesondere weil sie die betroffenen Personen an der Ausübung eines Rechts oder der Nutzung einer Dienstleistung bzw. Durchführung eines Vertrags hindern oder weil sie systematisch in großem Umfang erfolgen.

Merke:

Rechtsanwälte, Ärzte und andere Angehörige eines Gesundheitsberufs sind nach Erwägungsgrund 91 Satz 4 und 5 DSGVO in der Regel nicht zu einer Datenschutz-Folgenabschätzung verpflichtet: 40

„Die Verarbeitung personenbezogener Daten sollte nicht als umfangreich gelten, wenn die Verarbeitung personenbezogene Daten von Patienten oder von Mandanten betrifft und durch einen einzelnen Arzt, sonstigen Angehörigen eines Gesundheitsberufes oder Rechtsanwalt erfolgt. In diesen Fällen sollte eine Datenschutz-Folgenabschätzung nicht zwingend vorgeschrieben sein."

41 Art. 35 Abs. 4 bis 6 DSGVO ermächtigt die Aufsichtsbehörden, per Positiv- bzw. Negativliste Verfahren zu definieren, für die eine Folgenabschätzung notwendig bzw. entbehrlich sind.

7. Welche Regeln gibt es für den Ablauf der „Folgenabschätzung"?

42 Art. 35 Abs. 7 DSGVO stellt – anders als § 4 d Abs. 5 und 6 BDSG – Regeln auf für den Ablauf einer Folgenabschätzung:

„Die Folgenabschätzung enthält zumindest Folgendes:

a) eine systematische Beschreibung der geplanten Verarbeitungsvorgänge und der Zwecke der Verarbeitung, gegebenenfalls einschließlich der von dem Verantwortlichen verfolgten berechtigten Interessen;

b) eine Bewertung der Notwendigkeit und Verhältnismäßigkeit der Verarbeitungsvorgänge in Bezug auf den Zweck;

c) eine Bewertung der Risiken für die Rechte und Freiheiten der betroffenen Personen gemäß Absatz 1 und

d) die zur Bewältigung der Risiken geplanten Abhilfemaßnahmen, einschließlich Garantien, Sicherheitsvorkehrungen und Verfahren, durch die der Schutz personenbezogener Daten sichergestellt und der Nachweis dafür erbracht wird, dass diese Verordnung eingehalten wird, wobei den Rechten und berechtigten Interessen der betroffenen Personen und sonstiger Betroffener Rechnung getragen wird."

43 Die Datenschutz-Folgenabschätzung muss somit

- das geplante Verarbeitungsverfahren detailliert beschreiben und dabei insbesondere auch den Zweck der Verarbeitung definieren;
- die Notwendigkeit und Verhältnismäßigkeit des Verfahrens bewerten;
- die Risiken für die Rechte und Freiheiten der Betroffenen bewerten;
- die Maßnahmen und Sicherheitsvorkehrungen detailliert beschreiben, durch die der Schutz personenbezogener Daten und die Einhaltung der Bestimmungen der DSGVO sichergestellt werden.

44 Art. 35 Abs. 9 DSGVO legt es nahe, die Betroffenen in die Folgenabschätzung einzubeziehen:

„Der Verantwortliche holt gegebenenfalls den Standpunkt der betroffenen Personen oder ihrer Vertreter zu der beabsichtigten Verarbeitung unbeschadet des Schutzes gewerblicher oder öffentlicher Interessen oder der Sicherheit der Verarbeitungsvorgänge ein."

8. Was sind die möglichen Ergebnisse einer „Folgenabschätzung"?

45 Art. 35 DSGVO enthält keine Regeln zu den möglichen Ergebnissen einer Folgenabschätzung. Der Maßstab ist offenkundig sehr allgemein:

- Entweder die Folgenabschätzung gelangt zu dem Ergebnis, dass das Verfahren datenschutzrechtlich zulässig ist mit der Folge, dass es eingesetzt werden kann.

– Oder das Ergebnis ist negativ. Wegen Verstößen gegen das geltende Datenschutzrecht muss von dem Einsatz des Verfahrens Abstand genommen werden.

Für „Zweifelsfälle“ hält Art. 36 Abs. 1 DSGVO eine Regelung bereit, die § 4 d Abs. 6 Satz 3 BDSG entspricht. Ergibt die Folgenabschätzung, dass das neue Verfahren für die Betroffenen risikoreich ist, bedarf es einer Verständigung der zuständigen Aufsichtsbehörde: 46

„Der Verantwortliche konsultiert vor der Verarbeitung die Aufsichtsbehörde, wenn aus einer Datenschutz-Folgenabschätzung gemäß Artikel 35 hervorgeht, dass die Verarbeitung ein hohes Risiko zur Folge hätte, sofern der Verantwortliche keine Maßnahmen zur Eindämmung des Risikos trifft.“

Anders als nach § 4 d Abs. 6 Satz 3 BDSG ist die Geschäftsleitung und nicht der Datenschutzbeauftragte für die Einschaltung der Aufsichtsbehörde verantwortlich. 47

Art. 36 Abs. 3 DSGVO listet die Informationen und Unterlagen auf, die der Aufsichtsbehörde zur Verfügung zu stellen sind: 48

„Der Verantwortliche stellt der Aufsichtsbehörde bei einer Konsultation gemäß Absatz 1 folgende Informationen zur Verfügung:

a) gegebenenfalls Angaben zu den jeweiligen Zuständigkeiten des Verantwortlichen, der gemeinsam Verantwortlichen und der an der Verarbeitung beteiligten Auftragsverarbeiter, insbesondere bei einer Verarbeitung innerhalb einer Gruppe von Unternehmen;

b) die Zwecke und die Mittel der beabsichtigten Verarbeitung;

c) die zum Schutz der Rechte und Freiheiten der betroffenen Personen gemäß dieser Verordnung vorgesehenen Maßnahmen und Garantien;

d) gegebenenfalls die Kontaktdaten des Datenschutzbeauftragten;

e) die Datenschutz-Folgenabschätzung gemäß Artikel 35 und

f) alle sonstigen von der Aufsichtsbehörde angeforderten Informationen.“

Die Aufsichtsbehörde hat über die Zulässigkeit des Verfahrens innerhalb einer Regelfrist von acht Wochen zu entscheiden (Art. 36 Abs. 2 DSGVO). 49

Merke:

Wer eine pflichtgemäße Datenschutz-Folgenabschätzung versäumt und/oder die zuständige Aufsichtsbehörde entgegen Art. 36 DSGVO nicht konsultiert, riskiert ein Bußgeld von bis zu 10 Mio. Euro bzw. 2 % des gesamten weltweiten Jahresumsatzes (Art. 83 Abs. 4 lit. a DSGVO). Daher wird man jedem Unternehmen vor der Einführung eines neuen Verfahrens raten müssen, nicht nur eine Datenschutz-Folgenabschätzung vorzunehmen, sondern auch eine Abstimmung mit der Aufsichtsbehörde herbeizuführen. 50

III. Informationspflichten und Transparenz

9. Welche Informationspflichten bestehen?

■ *Geltendes Recht*

51 Die Informationspflichten des Datenverarbeiters sind in § 4 Abs. 3 BDSG und in § 33 Abs. 1 BDSG geregelt. Dabei wird unterschieden zwischen

- Informationspflichten, die bestehen, wenn personenbezogene Daten beim Betroffenen erhoben werden (§ 4 Abs. 3 BDSG), und
- Informationspflichten, die gelten, wenn die Daten anderweitig erhoben werden (§ 33 Abs. 1 BDSG).

52 Die Regelung für Daten, die bei dem Betroffenen erhoben werden (§ 4 Abs. 3 BDSG) lautet:

„Werden personenbezogene Daten beim Betroffenen erhoben, so ist er, sofern er nicht bereits auf andere Weise Kenntnis erlangt hat, von der verantwortlichen Stelle über

1. die Identität der verantwortlichen Stelle,

2. die Zweckbestimmungen der Erhebung, Verarbeitung oder Nutzung und

3. die Kategorien von Empfängern nur, soweit der Betroffene nach den Umständen des Einzelfalles nicht mit der Übermittlung an diese rechnen muss,

zu unterrichten. Werden personenbezogene Daten beim Betroffenen aufgrund einer Rechtsvorschrift erhoben, die zur Auskunft verpflichtet, oder ist die Erteilung der Auskunft Voraussetzung für die Gewährung von Rechtsvorteilen, so ist der Betroffene hierauf, sonst auf die Freiwilligkeit seiner Angaben hinzuweisen. Soweit nach den Umständen des Einzelfalles erforderlich oder auf Verlangen, ist er über die Rechtsvorschrift und über die Folgen der Verweigerung von Angaben aufzuklären."

53 Die Regelung für Daten, die nicht bei dem Betroffenen erhoben wurden (§ 33 Abs. 1 BDSG), lautet:

„Werden erstmals personenbezogene Daten für eigene Zwecke ohne Kenntnis des Betroffenen gespeichert, ist der Betroffene von der Speicherung, der Art der Daten, der Zweckbestimmung der Erhebung, Verarbeitung oder Nutzung und der Identität der verantwortlichen Stelle zu benachrichtigen. Werden personenbezogene Daten geschäftsmäßig zum Zweck der Übermittlung ohne Kenntnis des Betroffenen gespeichert, ist der Betroffene von der erstmaligen Übermittlung und der Art der übermittelten Daten zu benachrichtigen. Der Betroffene ist in den Fällen der Sätze 1 und 2 auch über die Kategorien von Empfängern zu unterrichten, soweit er nach den Umständen des Einzelfalles nicht mit der Übermittlung an diese rechnen muss."

54 Bei Telemedien hat der Anbieter den Nutzer zudem nach § 13 Abs. 1 TMG zu Beginn des Nutzungsvorgangs über Art, Umfang und Zwecke der Erhebung und Verwendung personenbezogener Daten sowie über die Verarbeitung seiner Daten in Staaten außerhalb des Anwendungsbereichs der DSRL in allgemein verständlicher Form zu unterrichten.

■ *Änderungen durch die DSGVO*

Die Unterscheidung zwischen personenbezogenen Daten, die bei dem Betroffenen erhoben werden, und Daten, die anderweitig erhoben wurden, wird in der DSGVO beibehalten. 55

Merke:

Die Informationspflichten vervielfachen sich mit Inkrafttreten der DSGVO. Dies bedeutet insbesondere, dass alle Datenschutzerklärungen bis zum Inkrafttreten der DSGVO überarbeitet und erweitert werden müssen. 56

Art. 13 DSGVO regelt die Informationspflichten für den Fall, dass personenbezogene Daten beim Betroffenen erhoben werden: 57

„(1) Werden personenbezogene Daten bei der betroffenen Person erhoben, so teilt der Verantwortliche der betroffenen Person zum Zeitpunkt der Erhebung dieser Daten Folgendes mit:

a) den Namen und die Kontaktdaten des Verantwortlichen sowie gegebenenfalls seines Vertreters;

b) gegebenenfalls die Kontaktdaten des Datenschutzbeauftragten;

c) die Zwecke, für die die personenbezogenen Daten verarbeitet werden sollen, sowie die Rechtsgrundlage für die Verarbeitung;

d) wenn die Verarbeitung auf Artikel 6 Absatz 1 Buchstabe f beruht, die berechtigten Interessen, die von dem Verantwortlichen oder einem Dritten verfolgt werden;

e) gegebenenfalls die Empfänger oder Kategorien von Empfängern der personenbezogenen Daten und

f) gegebenenfalls die Absicht des Verantwortlichen, die personenbezogenen Daten an ein Drittland oder eine internationale Organisation zu übermitteln, sowie das Vorhandensein oder das Fehlen eines Angemessenheitsbeschlusses der Kommission oder im Falle von Übermittlungen gemäß Artikel 46 oder Artikel 47 oder Artikel 49 Absatz 1 Unterabsatz 2 einen Verweis auf die geeigneten oder angemessenen Garantien und die Möglichkeit, wie eine Kopie von ihnen zu erhalten ist, oder wo sie verfügbar sind.

(2) Zusätzlich zu den Informationen gemäß Absatz 1 stellt der Verantwortliche der betroffenen Person zum Zeitpunkt der Erhebung dieser Daten folgende weitere Informationen zur Verfügung, die notwendig sind, um eine faire und transparente Verarbeitung zu gewährleisten:

a) die Dauer, für die die personenbezogenen Daten gespeichert werden oder, falls dies nicht möglich ist, die Kriterien für die Festlegung dieser Dauer;

b) das Bestehen eines Rechts auf Auskunft seitens des Verantwortlichen über die betreffenden personenbezogenen Daten sowie auf Berichtigung oder Löschung oder auf Einschränkung der Verarbeitung oder eines Widerspruchsrechts gegen die Verarbeitung sowie des Rechts auf Datenübertragbarkeit;

c) wenn die Verarbeitung auf Artikel 6 Absatz 1 Buchstabe a oder Artikel 9 Absatz 2 Buchstabe a beruht, das Bestehen eines Rechts, die Einwilligung jederzeit zu widerrufen, ohne dass die Rechtmäßigkeit der aufgrund der Einwilligung bis zum Widerruf erfolgten Verarbeitung berührt wird;

d) das Bestehen eines Beschwerderechts bei einer Aufsichtsbehörde;

e) ob die Bereitstellung der personenbezogenen Daten gesetzlich oder vertraglich vorgeschrieben oder für einen Vertragsabschluss erforderlich ist, ob die betroffene Person verpflichtet ist, die personenbezogenen Daten bereitzustellen, und welche mögliche Folgen die Nichtbereitstellung hätte und

f) das Bestehen einer automatisierten Entscheidungsfindung einschließlich Profiling gemäß Artikel 22 Absätze 1 und 4 und – zumindest in diesen Fällen – aussagekräftige Informationen über die involvierte Logik sowie die Tragweite und die angestrebten Auswirkungen einer derartigen Verarbeitung für die betroffene Person.

(3) Beabsichtigt der Verantwortliche, die personenbezogenen Daten für einen anderen Zweck weiterzuverarbeiten als den, für den die personenbezogenen Daten erhoben wurden, so stellt er der betroffenen Person vor dieser Weiterverarbeitung Informationen über diesen anderen Zweck und alle anderen maßgeblichen Informationen gemäß Absatz 2 zur Verfügung.

(4) Die Absätze 1, 2 und 3 finden keine Anwendung, wenn und soweit die betroffene Person bereits über die Informationen verfügt."

58 Art. 14 Abs. 1 und 2 DSGVO regelt die Informationspflichten für den Fall, dass personenbezogene Daten nicht beim Betroffenen erhoben wurden:

„(1) Werden personenbezogene Daten nicht bei der betroffenen Person erhoben, so teilt der Verantwortliche der betroffenen Person Folgendes mit:

a) den Namen und die Kontaktdaten des Verantwortlichen sowie gegebenenfalls seines Vertreters;

b) zusätzlich die Kontaktdaten des Datenschutzbeauftragten;

c) die Zwecke, für die die personenbezogenen Daten verarbeitet werden sollen, sowie die Rechtsgrundlage für die Verarbeitung;

d) die Kategorien personenbezogener Daten, die verarbeitet werden;

e) gegebenenfalls die Empfänger oder Kategorien von Empfängern der personenbezogenen Daten;

f) gegebenenfalls die Absicht des Verantwortlichen, die personenbezogenen Daten an einen Empfänger in einem Drittland oder einer internationalen Organisation zu übermitteln, sowie das Vorhandensein oder das Fehlen eines Angemessenheitsbeschlusses der Kommission oder im Falle von Übermittlungen gemäß Artikel 46 oder Artikel 47 oder Artikel 49 Absatz 1 Unterabsatz 2 einen Verweis auf die geeigneten oder angemessenen Garantien und die Möglichkeit, eine Kopie von ihnen zu erhalten, oder wo sie verfügbar sind.

(2) Zusätzlich zu den Informationen gemäß Absatz 1 stellt der Verantwortliche der betroffenen Person die folgenden Informationen zur Verfügung, die erforderlich sind, um der betroffenen Person gegenüber eine faire und transparente Verarbeitung zu gewährleisten:

a) die Dauer, für die die personenbezogenen Daten gespeichert werden oder, falls dies nicht möglich ist, die Kriterien für die Festlegung dieser Dauer;

b) wenn die Verarbeitung auf Artikel 6 Absatz 1 Buchstabe f beruht, die berechtigten Interessen, die von dem Verantwortlichen oder einem Dritten verfolgt werden;

c) das Bestehen eines Rechts auf Auskunft seitens des Verantwortlichen über die betreffenden personenbezogenen Daten sowie auf Berichtigung oder Löschung oder auf Einschränkung der Verarbeitung und eines Widerspruchsrechts gegen die Verarbeitung sowie des Rechts auf Datenübertragbarkeit;

d) wenn die Verarbeitung auf Artikel 6 Absatz 1 Buchstabe a oder Artikel 9 Absatz 2 Buchstabe a beruht, das Bestehen eines Rechts, die Einwilligung jederzeit zu widerrufen, ohne dass die Rechtmäßigkeit der aufgrund der Einwilligung bis zum Widerruf erfolgten Verarbeitung berührt wird;

e) das Bestehen eines Beschwerderechts bei einer Aufsichtsbehörde;

f) aus welcher Quelle die personenbezogenen Daten stammen und gegebenenfalls ob sie aus öffentlich zugänglichen Quellen stammen;

g) das Bestehen einer automatisierten Entscheidungsfindung einschließlich Profiling gemäß Artikel 22 Absätze 1 und 4 und – zumindest in diesen Fällen – aussagekräftige Informationen über die involvierte Logik sowie die Tragweite und die angestrebten Auswirkungen einer derartigen Verarbeitung für die betroffene Person."

Die Informationspflichten nach Art. 13 und 14 DSGVO entsprechen nur teil- 59
weise den Verpflichtungen gemäß § 4 Abs. 3 und § 33 Abs. 1 BDSG und § 13 Abs. 1 TMG:

- Identität der verantwortlichen Stelle: Neu sind die vorgeschriebenen Angaben zur Identität und den Kontaktdaten eines Vertreters (Art. 27 DSGVO) und des betrieblichen Datenschutzbeauftragten.
- Art der Daten: Werden die Daten nicht bei dem Betroffenen erhoben (Art. 14 DSGVO), ist eine Angabe zu der Art der Daten vorgeschrieben, die verarbeitet werden sollen.
- Zweckbestimmung: Neu ist die vorgeschriebene Angabe zur Rechtsgrundlage der Datenverarbeitung. Der Datenverarbeiter muss sich in der Datenschutzerklärung festlegen, auf welche der Erlaubnisse gemäß Art. 6 DSGVO er die Datenverarbeitung stützen möchte.
- Empfänger: Wenn eine Übermittlung personenbezogener Daten an Dritte beabsichtigt ist, sind die konkreten Empfänger anzugeben. Steht noch nicht fest, wer die Empfänger konkret sein werden, genügen Angaben zur Kategorie der Empfänger (z.B. „Weitergabe an Werbepartner"; „Weitergabe an Versandunternehmen"; „Weitergabe an andere Unternehmen im selben Konzern").
- Freiwilligkeit (nur wenn Daten bei dem Betroffenen erhoben werden, Art. 13 DSGVO): Der Betroffene ist darauf hinzuweisen, ob er gesetzlich oder vertraglich zur Bereitstellung der personenbezogenen Daten verpflichtet ist oder ob die Bereitstellung personenbezogener Daten für einen Ver-

tragsschluss erforderlich ist. Zudem bedarf es einer Belehrung über die möglichen Folgen einer verweigerten Bereitstellung.

- Datentransfer in Drittstaaten: Über die beabsichtigte Übermittlung von personenbezogenen Daten in einen Staat außerhalb der EU ist stets zu informieren. Es bedarf zudem einer Angabe, auf welche Rechtsgrundlage sich der Verantwortliche bei dem Datentransfer gemäß Art. 44 ff. DSGVO stützen möchte. Möchte er den Datentransfer beispielsweise auf Standardvertragsklauseln oder Binding Corporate Rules (BCR) stützen, bedarf es zudem einer Kopie der Klauseln bzw. der BCR oder einer Quellenangabe, die dem Betroffenen den Einblick in die Klauseln bzw. die BCR ermöglicht.

60 Vollständig neu sind folgende Informationspflichten:

- Einwilligung: Möchte der Verantwortliche den Verarbeitungsprozess auf Einwilligungen der Betroffenen stützen, muss er die Betroffenen auf die Widerruflichkeit der Einwilligung hinweisen. Zudem bedarf es der Belehrung, dass ein Widerruf nichts an der Rechtmäßigkeit der bis zum Widerruf erfolgten Verarbeitung ändert (keine Rückwirkung des Widerrufs).
- Berechtigtes Interesse: Möchte der Verantwortliche den Verarbeitungsprozess auf berechtigte Interessen gemäß Art. 6 Abs. 1 Satz 1 lit. f DSGVO stützen, muss er angeben, um welche Interessen es sich handelt.
- Speicherdauer: Vorgeschrieben sind Angaben zur Speicherdauer personenbezogener Daten. Ist dies nicht möglich, müssen die Kriterien angegeben werden, nach denen sich die Speicherdauer bestimmt.
- Betroffenenrechte: Die Betroffenen sind auf ihre Rechte auf Zugang, Berichtigung, Sperrung, Löschung, Widerspruch und Datenübertragbarkeit (Art. 15 bis 21 DSGVO) hinzuweisen.
- Profiling: Wenn ein Profiling oder eine andere Art von automatisierter Einzelfallentscheidung gemäß Art. 22 DSGVO beabsichtigt ist, ist hierauf hinzuweisen. Zudem bedarf es sinnhafter Angaben zur verwendeten „Logik" und eines Hinweises auf die Bedeutung und die beabsichtigten Konsequenzen des Profiling für den Betroffenen.
- Beschwerderecht: Es bedarf eines Hinweises auf das Beschwerderecht der Betroffenen bei einer Aufsichtsbehörde (Art. 77 Abs. 1 DSGVO).
- Herkunft der Daten (nur bei Daten, die nicht bei dem Betroffenen erhoben werden, Art. 14 DSGVO): Der Datenverarbeiter muss die Quellen offenlegen, aus denen die Daten stammen. Handelt es sich um öffentlich zugängliche Quellen, ist dies gleichfalls anzugeben.

10. In welcher Form sind die Informationen zu erteilen?

■ *Geltendes Recht*

61 Bestimmungen zur Form der Informationen, die dem Betroffenen zu erteilen sind, finden sich weder in § 4 Abs. 3 BDSG noch in § 33 Abs. 1 BDSG.

Für Telemedien schreibt § 13 Abs. 1 Satz 1 TMG eine „allgemein verständliche Form“ der Pflichtangaben vor. Nach § 13 Abs. 1 Satz 3 TMG müssen die Informationen für den Nutzer „jederzeit abrufbar“ sein. 62

Merke:

Bei Online-Diensten ist es üblich, Informationen zum Datenschutz in einer „Datenschutzerklärung“ (englisch: „Privacy Policy“) zusammenzufassen. Eine Verpflichtung, Datenschutzinformationen in einer solchen Form bereit zu halten, gibt es nicht. 63

- *Änderungen durch die DSGVO*

Für die Form der Informationen gemäß Art. 13 und 14 DSGVO gelten die Regelungen des Art. 12 Abs. 1 DSGVO: 64

„Der Verantwortliche trifft geeignete Maßnahmen, um der betroffenen Person alle Informationen gemäß den Artikeln 13 und 14 und alle Mitteilungen gemäß den Artikeln 15 bis 22 und Artikel 34, die sich auf die Verarbeitung beziehen, in präziser, transparenter, verständlicher und leicht zugänglicher Form in einer klaren und einfachen Sprache zu übermitteln; dies gilt insbesondere für Informationen, die sich speziell an Kinder richten. Die Übermittlung der Informationen erfolgt schriftlich oder in anderer Form, gegebenenfalls auch elektronisch. Falls von der betroffenen Person verlangt, kann die Information mündlich erteilt werden, sofern die Identität der betroffenen Person in anderer Form nachgewiesen wurde.“

Ergänzend heißt es in Art. 12 Abs. 7 DSGVO: 65

„Die Informationen, die den betroffenen Personen gemäß den Artikeln 13 und 14 bereitzustellen sind, können in Kombination mit standardisierten Bildsymbolen bereitgestellt werden, um in leicht wahrnehmbarer, verständlicher und klar nachvollziehbarer Form einen aussagekräftigen Überblick über die beabsichtigte Verarbeitung zu vermitteln. Werden die Bildsymbole in elektronischer Form dargestellt, müssen sie maschinenlesbar sein.“

Erwägungsgrund 58 enthält einige Erläuterungen: 66

„Der Grundsatz der Transparenz setzt voraus, dass eine für die Öffentlichkeit oder die betroffene Person bestimmte Information präzise, leicht zugänglich und verständlich sowie in klarer und einfacher Sprache abgefasst ist und gegebenenfalls zusätzlich visuelle Elemente verwendet werden. Diese Information könnte in elektronischer Form bereitgestellt werden, beispielsweise auf einer Website, wenn sie für die Öffentlichkeit bestimmt ist. Dies gilt insbesondere für Situationen, wo die große Zahl der Beteiligten und die Komplexität der dazu benötigten Technik es der betroffenen Person schwer machen, zu erkennen und nachzuvollziehen, ob, von wem und zu welchem Zweck sie betreffende personenbezogene Daten erfasst werden, wie etwa bei der Werbung im Internet. Wenn sich die Verarbeitung an Kinder richtet, sollten aufgrund der besonderen Schutzwürdigkeit von Kindern Informationen und Hinweise in einer dergestalt klaren und einfachen Sprache erfolgen, dass ein Kind sie verstehen kann.“

67 Der Verantwortliche hat somit folgende Pflichten:

- Alle Informationen über die Datenverarbeitung müssen für den Betroffenen leicht erreichbar sein (ähnlich: § 13 Abs. 1 Satz 3 TMG: „jederzeit abrufbar“). Sie können auf einer Website oder in anderer Weise elektronisch bereitgehalten werden.
- Die Informationen sind in leicht verständlicher Weise und in Alltagssprache zu formulieren (ähnlich: § 13 Abs. 1 Satz 1 TMG: „in allgemein verständlicher Form“).
  - Dabei gilt das Gebot der Prägnanz. Ausschweifende Formulierungen sind zu vermeiden.
  - Es kann geboten sein, die Informationen bildlich aufzubereiten. Hierzu eignen sich standardisierte Bildsymbole, die in einer gut sichtbaren, leicht verständlichen Form zu verwenden sind.
  - Wenn Bildsymbole in elektronischer Form gezeigt werden, müssen sie maschinenlesbar sein.
  - Wenn es um personenbezogene Daten geht, die sich auf Kinder beziehen, ist eine kindgerechte Sprache zu verwenden.
- Die Informationen sind grundsätzlich in Schriftform bzw. in elektronischer Form zu verfassen. Wenn der Betroffene mündliche Angaben wünscht, kann auf die Schriftform bzw. die elektronische Form verzichtet werden, solange die Identität des Datenverarbeiters nicht nur mündlich nachgewiesen wird.

11. Welcher Zeitpunkt ist für die Informationen vorgeschrieben?

■ *Geltendes Recht*

68 Weder § 4 Abs. 3 BDSG noch § 33 Abs. 1 BDSG ist der genaue Zeitpunkt zu entnehmen, zu dem die vorgeschriebenen Informationen zu erteilen sind.

69 Für die Pflichtangaben nach dem TMG schreibt § 13 Abs. 1 Satz 1 TMG dem Diensteanbieter eine Information des Nutzers „zu Beginn des Nutzungsvorgangs“ vor.

■ *Änderungen durch die DSGVO*

Datenerhebung beim Betroffenen (Art. 13 DSGVO)

70 Werden personenbezogene Daten beim Betroffenen erhoben, sind die Pflichtangaben dem Betroffenen bei der Erhebung der Daten mitzuteilen (Art. 13 Abs. 1 DSGVO).

Merke:

Bei Daten, die ein Nutzer – beispielsweise über ein Formular – online mitteilt, lässt sich diese Anforderung dadurch erfüllen, dass der Nutzer über einen Link auf eine Datenschutzerklärung hingewiesen wird, auf der sich die durch Art. 13 DSGVO vorgeschriebenen Angaben finden. 71

Sämtliche Datenschutzerklärungen müssen bis zum Inkrafttreten der DSGVO im Hinblick auf die deutlich erweiterten Informationspflichten überarbeitet werden.

Anderweitige Datenerhebung (Art. 14 DSGVO)

Wurden die Daten nicht beim Betroffenen erhoben, gilt nach Art. 14 Abs. 3 DSGVO Folgendes für den Zeitpunkt der Information: 72

„Der Verantwortliche erteilt die Informationen gemäß den Absätzen 1 und 2

a) unter Berücksichtigung der spezifischen Umstände der Verarbeitung der personenbezogenen Daten innerhalb einer angemessenen Frist nach Erlangung der personenbezogenen Daten, längstens jedoch innerhalb eines Monats,

b) falls die personenbezogenen Daten zur Kommunikation mit der betroffenen Person verwendet werden sollen, spätestens zum Zeitpunkt der ersten Mitteilung an sie, oder,

c) falls die Offenlegung an einen anderen Empfänger beabsichtigt ist, spätestens zum Zeitpunkt der ersten Offenlegung."

Es gelten somit abgestufte Regelungen für die Speicherung von Daten, für deren Übermittlung an Dritte sowie für Adressdaten, die zur Versendung von Werbung („Kommunikation mit der betroffenen Person") verwendet werden: 73

- Datenspeicherung: Sobald ein Unternehmen in den Besitz von personenbezogenen Daten gelangt und diese Daten nicht vom Betroffenen stammen, ist der Betroffene innerhalb von höchstens einem Monat hiervon in Kenntnis zu setzen. Zugleich bedarf es einer Mitteilung der Pflichtangaben gemäß Art. 14 Abs. 1 und 2 DSGVO (Art. 14 Abs. 3 lit. a DSGVO).
- Übermittlung an Dritte: Möchte das Unternehmen die personenbezogenen Daten Dritten zugänglich machen, sind eine Benachrichtigung des Betroffenen und die Pflichtangaben gemäß Art. 14 Abs. 1 und 2 DSGVO spätestens zum Zeitpunkt der Übermittlung an Dritte erforderlich (Art. 14 Abs. 3 lit. c DSGVO).
- Werbung: Möchte ein Unternehmen Adressdaten zu Werbezwecken („Kommunikation mit der betroffenen Person") nutzen, gehören die Pflichtangaben gemäß Art. 14 Abs. 1 und 2 DSGVO in die erste Werbebotschaft (Art. 14 Abs. 3 lit. b DSGVO).

12. Gibt es Ausnahmen?

■ *Geltendes Recht*

74 Nach § 4 Abs. 3 BDSG und § 13 Abs. 1 Satz 1 TMG sind Informationen entbehrlich, soweit der Betroffene bereits anderweitig Kenntnis von den Vorgängen und Umständen erlangt hat, auf die sich die Informationspflichten beziehen. Dies ist bei § 4 Abs. 3 BDSG und § 13 Abs. 1 TMG der einzige Ausnahmefall für die Informationspflichten.

75 Ein längerer Ausnahmenkatalog findet sich in § 33 Abs. 2 BDSG:

„Eine Pflicht zur Benachrichtigung besteht nicht, wenn

1. der Betroffene auf andere Weise Kenntnis von der Speicherung oder der Übermittlung erlangt hat,

2. die Daten nur deshalb gespeichert sind, weil sie aufgrund gesetzlicher, satzungsmäßiger oder vertraglicher Aufbewahrungsvorschriften nicht gelöscht werden dürfen oder ausschließlich der Datensicherung oder der Datenschutzkontrolle dienen und eine Benachrichtigung einen unverhältnismäßigen Aufwand erfordern würde,

3. die Daten nach einer Rechtsvorschrift oder ihrem Wesen nach, namentlich wegen des überwiegenden rechtlichen Interesses eines Dritten, geheim gehalten werden müssen,

4. die Speicherung oder Übermittlung durch Gesetz ausdrücklich vorgesehen ist,

5. die Speicherung oder Übermittlung für Zwecke der wissenschaftlichen Forschung erforderlich ist und eine Benachrichtigung einen unverhältnismäßigen Aufwand erfordern würde,

6. die zuständige öffentliche Stelle gegenüber der verantwortlichen Stelle festgestellt hat, dass das Bekanntwerden der Daten die öffentliche Sicherheit oder Ordnung gefährden oder sonst dem Wohle des Bundes oder eines Landes Nachteile bereiten würde,

7. die Daten für eigene Zwecke gespeichert sind und

a) aus allgemein zugänglichen Quellen entnommen sind und eine Benachrichtigung wegen der Vielzahl der betroffenen Fälle unverhältnismäßig ist, oder

b) die Benachrichtigung die Geschäftszwecke der verantwortlichen Stelle erheblich gefährden würde, es sei denn, dass das Interesse an der Benachrichtigung die Gefährdung überwiegt,

8. die Daten geschäftsmäßig zum Zweck der Übermittlung gespeichert sind und

a) aus allgemein zugänglichen Quellen entnommen sind, soweit sie sich auf diejenigen Personen beziehen, die diese Daten veröffentlicht haben, oder

b) es sich um listenmäßig oder sonst zusammengefasste Daten handelt (§ 29 Absatz 2 Satz 2)

und eine Benachrichtigung wegen der Vielzahl der betroffenen Fälle unverhältnismäßig ist,

9. aus allgemein zugänglichen Quellen entnommene Daten geschäftsmäßig für Zwecke der Markt- oder Meinungsforschung gespeichert sind und eine Benachrichtigung wegen der Vielzahl der betroffenen Fälle unverhältnismäßig ist.

Die verantwortliche Stelle legt schriftlich fest, unter welchen Voraussetzungen von einer Benachrichtigung nach Satz 1 Nr. 2 bis 7 abgesehen wird."

Merke:

Der Ausnahmenkatalog des § 33 Abs. 2 Satz 1 BDSG ist äußerst weitreichend. 76

Die vielfältigen Möglichkeiten, Informationen nach § 33 Abs. 2 Satz 1 BDSG zu verweigern, werden gemäß § 33 Abs. 2 Satz 2 BDSG dadurch kompensiert, dass sich der Verantwortliche ein Regelwerk schaffen muss (Festlegungspflicht). In unternehmensinternen Richtlinien ist festzulegen, in welchen Fällen das Unternehmen von einer Benachrichtigung des Betroffenen im Hinblick auf § 33 Abs. 1 Nr. 2 bis 7 BDSG absieht.

■ *Änderungen durch die DSGVO*

Datenerhebung beim Betroffenen (Art. 13 DSGVO)

Werden die Daten beim Betroffenen erhoben, bleibt es dabei, dass die Pflichtan- 77 gaben nur entbehrlich sind, soweit der Betroffene bereits anderweitig Kenntnis von den Vorgängen und Umständen erlangt hat, auf die sich die Informationspflichten beziehen.

Anderweitige Datenerhebung (Art. 14 DSGVO)

Für personenbezogene Daten, die nicht beim Betroffenen erhoben worden 78 sind, findet sich in Art. 14 Abs. 5 DSGVO ein Ausnahmekatalog, der wesentlich kürzer ist als § 33 Abs. 2 BDSG.

Nach Art. 14 Abs. 5 DSGVO darf auf Informationen nur verzichtet werden, 79

- wenn der Betroffene bereits anderweitig Kenntnis erlangt hat (Art. 14 Abs. 5 lit. a DSGVO);
- wenn eine Information unmöglich ist oder unverhältnismäßig wäre (Art. 14 Abs. 5 lit. b DSGVO);
- wenn es um die Erlangung oder Offenlegung von Daten geht, die aufgrund gesetzlicher Vorschriften der EU oder des jeweiligen EU-Mitgliedstaates vom Verantwortlichen zu beschaffen oder offenzulegen sind (Art. 14 Abs. 5 lit. c DSGVO) oder
- wenn es um Daten geht, die einem Berufsgeheimnis unterliegen (Art. 14 Abs. 5 lit. d DSGVO).

Merke:

Anders als nach dem BDSG ist die „allgemeine Zugänglichkeit" von Quellen 80 kein Gesichtspunkt mehr, der gegen eine Benachrichtigung der Betroffenen spricht.

IV. Allgemeine Datenschutzprinzipien und „risikobasierter Ansatz“

81 Allgemeine Datenschutzprinzipien sind im BDSG schwach ausgeprägt. Sie werden durch die DSGVO beträchtlich gestärkt. Einzelne Prinzipien werden zudem neu eingeführt, beispielsweise Privacy by Design und Default.

82 Folgende Prinzipien lassen sich unterscheiden:

- Grundsatz der Rechtmäßigkeit (Art. 5 Abs. 1 lit. a, 1. Fall DSGVO);
- Grundsatz der Fairness (Art. 5 Abs. 1 lit. a, 2. Fall DSGVO);
- Grundsatz der Transparenz (Art. 5 Abs. 1 lit. a, 3. Fall DSGVO);
- Zweckbindungsgrundsatz (Art. 5 Abs. 1 lit. b DSGVO);
- Grundsatz der Datensparsamkeit (Art. 5 Abs. 1 lit. c DSGVO);
- Grundsatz der sachlichen Richtigkeit (Art. 5 Abs. 1 lit. d DSGVO);
- Grundsatz der begrenzten Speicherung (Art. 5 Abs. 1 lit. e DSGVO);
- Grundsatz der Integrität und Vertraulichkeit (Art. 5 Abs. 1 lit. f DSGVO);
- Grundsatz der Verantwortlichkeit (Art. 5 Abs. 2 DSGVO);
- Privacy by Design (Art. 25 Abs. 1 DSGVO);
- Privacy by Default (Art. 25 Abs. 2 DSGVO).

83 Aus den Datenschutzprinzipien lassen sich einige Leitlinien für den betrieblichen Datenschutz ableiten. Da die Prinzipien vielfach auf Risiken abstellen, ist es hilfreich, dass diese Risiken in den Erwägungsgründen der DSGVO im Einzelnen aufgeschlüsselt werden.

13. Welche Bedeutung hat der „Prinzipienkatalog“?

■ *Geltendes Recht*

84 Ein „Prinzipienkatalog“ findet sich in Art. 6 DSRL. Dort werden „Grundsätze in Bezug auf die Qualität der Daten“ aufgestellt. Diese Grundsätze ergänzen das in Art. 7 DSRL geregelte Verbotsprinzip. Auch wenn die Verarbeitung personenbezogener Daten aufgrund eines Erlaubnistatbestandes gemäß Art. 7 DSRL erlaubt ist, sind die Prinzipien des Art. 6 DSRL einzuhalten.

Art. 6 DSRL lautet:

„1. Die Mitgliedstaaten sehen vor, dass personenbezogene Daten

a) nach Treu und Glauben und auf rechtmäßige Weise verarbeitet werden;

b) für festgelegte eindeutige und rechtmäßige Zwecke erhoben und nicht in einer mit diesen Zweckbestimmungen nicht zu vereinbarenden Weise weiterverarbeitet werden. Die Weiterverarbeitung von Daten zu historischen, statistischen oder wissenschaftlichen Zwecken ist im Allgemeinen nicht als unvereinbar mit den Zwecken der vorausgegangenen Datenerhebung anzusehen, sofern die Mitgliedstaaten geeignete Garantien vorsehen;

c) den Zwecken entsprechen, für die sie erhoben und/oder weiterverarbeitet werden, dafür erheblich sind und nicht darüber hinausgehen;

d) sachlich richtig und, wenn nötig, auf den neuesten Stand gebracht sind; es sind alle angemessenen Maßnahmen zu treffen, damit im Hinblick auf die Zwecke, für die sie erhoben oder weiterverarbeitet werden, nichtzutreffende oder unvollständige Daten gelöscht oder berichtigt werden;

e) nicht länger, als es für die Realisierung der Zwecke, für die sie erhoben oder weiterverarbeitet werden, erforderlich ist, in einer Form aufbewahrt werden, die die Identifizierung der betroffenen Personen ermöglicht. Die Mitgliedstaaten sehen geeignete Garantien für personenbezogene Daten vor, die über die vorgenannte Dauer hinaus für historische, statistische oder wissenschaftliche Zwecke aufbewahrt werden.

2. Der für die Verarbeitung Verantwortliche hat für die Einhaltung des Absatzes 1 zu sorgen."

Aus dem Katalog des Art. 6 DSRL hat das BDSG – in § 3 a Satz 1 BDSG – lediglich den Grundsatz der Datensparsamkeit übernommen.

■ *Änderungen durch die DSGVO*

Art. 5 DSGVO enthält einen Prinzipienkatalog, der Art. 6 DSRL an vielen Stellen ähnelt: 85

„(1) Personenbezogene Daten müssen

a) auf rechtmäßige Weise, nach Treu und Glauben und in einer für die betroffene Person nachvollziehbaren Weise verarbeitet werden („Rechtmäßigkeit, Verarbeitung nach Treu und Glauben, Transparenz");

b) für festgelegte, eindeutige und legitime Zwecke erhoben werden und dürfen nicht in einer mit diesen Zwecken nicht zu vereinbarenden Weise weiterverarbeitet werden; eine Weiterverarbeitung für im öffentlichen Interesse liegende Archivzwecke, für wissenschaftliche oder historische Forschungszwecke oder für statistische Zwecke gilt gemäß Artikel 89 Absatz 1 nicht als unvereinbar mit den ursprünglichen Zwecken („Zweckbindung");

c) dem Zweck angemessen und erheblich sowie auf das für die Zwecke der Verarbeitung notwendige Maß beschränkt sein („Datenminimierung");

d) sachlich richtig und erforderlichenfalls auf dem neuesten Stand sein; es sind alle angemessenen Maßnahmen zu treffen, damit personenbezogene Daten, die im Hinblick auf die Zwecke ihrer Verarbeitung unrichtig sind, unverzüglich gelöscht oder berichtigt werden („Richtigkeit");

e) in einer Form gespeichert werden, die die Identifizierung der betroffenen Personen nur so lange ermöglicht, wie es für die Zwecke, für die sie verarbeitet werden, erforderlich ist; personenbezogene Daten dürfen länger gespeichert werden, soweit die personenbezogenen Daten vorbehaltlich der Durchführung geeigneter technischer und organisatorischer Maßnahmen, die von dieser Verordnung zum Schutz der Rechte und Freiheiten der betroffenen Person gefordert werden, ausschließlich für im öffentlichen Interesse liegende Archivzwecke oder für wissenschaftliche und historische Forschungszwecke oder für statistische Zwecke gemäß Artikel 89 Absatz 1 verarbeitet werden („Speicherbegrenzung");

f) in einer Weise verarbeitet werden, die eine angemessene Sicherheit der personenbezogenen Daten gewährleistet, einschließlich Schutz vor unbefugter oder unrechtmäßiger Verarbeitung und vor unbeabsichtigtem Verlust, unbeabsichtigter Zerstörung oder unbeabsichtigter Schädigung durch geeignete technische und organisatorische Maßnahmen („Integrität und Vertraulichkeit").

(2) Der Verantwortliche ist für die Einhaltung des Absatzes 1 verantwortlich und muss dessen Einhaltung nachweisen können („Rechenschaftspflicht")."

Merke:

86 Selbst wenn die Datenverarbeitung durch einen der Erlaubnistatbestände des Art. 6 Abs. 1 DSGVO legitimiert ist, kann sich aus Art. 5 DSGVO ergeben, dass die Datenverarbeitung rechtswidrig ist, weil sie beispielsweise gegen das Gebot der „Datensparsamkeit" (Art. 5 Abs. 1 lit. c DSGVO) verstößt.

14. Welche Prinzipien umfasst der „Prinzipienkatalog"?

Rechtmäßigkeit (Art. 5 Abs. 1 lit. a, 1. Fall DSGVO)

87 Ob die Verarbeitung personenbezogener Daten rechtmäßig ist, bestimmt sich nach dem Verbotsprinzip (Art. 6 DSGVO). Daneben dürfte der Grundsatz der „Rechtmäßigkeit", der auch in Art. 6 Abs. 1 Satz 1 lit. a DSRL festgeschrieben war, keine eigenständige Bedeutung haben.

Treu und Glauben (Art. 5 Abs. 1 lit. a, 2. Fall DSGVO)

88 Der Grundsatz von Treu und Glauben galt für die Datenverarbeitung bereits nach Art. 6 Abs. 1 Satz 1 lit. a DSRL.

89 Anklänge an Treu und Glauben finden sich in den Bestimmungen, die bei der Beurteilung eines „berechtigten Interesses" an einer Datenverarbeitung (Art. 6 Abs. 1 Satz 1 lit. f DSGVO) auf die „vernünftigen Erwartungen" der Betroffenen abstellen (Erwägungsgründe 47 Satz 1 und 50 Satz 6 DSGVO). Dass der Grundsatz von Treu und Glauben daneben noch eigenständige Bedeutung haben kann, ist nicht ersichtlich.

Transparenz (Art. 5 Abs. 1 lit. a, 3. Fall DSGVO)

90 Der Grundsatz der Transparenz ist neu. Er fehlte in dem Katalog des Art. 6 DSRL und lässt sich auch im BDSG nicht finden.

91 In Art. 13 und 14 DSGVO wird der Transparenzgrundsatz näher ausgestaltet durch detaillierte Informationspflichten. Diese Informationspflichten gehen weit über die nach geltendem Recht bestehenden Benachrichtigungs- und Informationspflichten hinaus (§ 33 BDSG und § 13 Abs. 1 TMG). Dass Art. 5 Abs. 1 lit. a, 3. Fall DSGVO neben den detaillierten Bestimmungen der Art. 13 und 14 DSGVO noch eigenständige Bedeutung haben kann, ist nicht ersichtlich.

Zweckbindung (Art. 5 Abs. 1 lit. b DSGVO)

Art. 5 Abs. 1 lit. b DSGVO ist nahezu wortgleich mit Art. 6 Abs. 1 Satz 1 lit. b 92
DSRL und schreibt für die Datenverarbeitung eine Zweckfestlegung vor sowie eine Beschränkung der Datenverarbeitung auf Zwecke, die mit den ursprünglich verfolgten Verarbeitungszwecken „vereinbar" sind. Gebote der Zweckfestlegung gibt es auch nach dem BDSG (§ 4a Abs. 1 Satz 2 BDSG sowie § 28 Abs. 1 Satz 2 BDSG und § 29 Abs. 1 Satz 2 BDSG). Regelungen zu „vereinbaren" Zwecken der (weiteren) Verarbeitung finden sich im BDSG nicht.

In Erwägungsgrund 39 Satz 6 DSGVO findet sich zu Art. 5 Abs. 1 lit. b DSGVO 93
folgende Erläuterung:

> „Insbesondere sollten die bestimmten Zwecke, zu denen die personenbezogenen Daten verarbeitet werden, eindeutig und rechtmäßig sein und zum Zeitpunkt der Erhebung der personenbezogenen Daten feststehen."

Die Regelung zu „vereinbaren" Zwecken der Weiterverarbeitung wird in Art. 6 94
Abs. 4 DSGVO im Einzelnen ausgestaltet. Der eigenständige Regelungsgehalt des Art. 5 Abs. 1 lit. b DSGVO beschränkt sich somit auf das Gebot der Zweckfestlegung.

Merke:

Die Festlegung ist ein Akt der Selbstbindung, die dem Verantwortlichen vor- 95
geschrieben ist:

- Vorgeschrieben ist nur, *dass* die Zwecke der Datenverarbeitung jeweils einer vorherigen Festlegung bedürfen.
- Nicht vorgeschrieben ist, *wie* die Zweckfestlegung erfolgt. Der Verantwortliche ist insoweit frei und hat insbesondere die Möglichkeit, selbst zu entscheiden, ob er die Zwecke eher eng oder eher weit festlegen möchte.
- Für eine weite Zweckfestlegung spricht der Spielraum, den sich der Verantwortliche hierdurch für den Umgang mit den Daten eröffnet.
- Die Zweckfestlegung besagt nichts über die Rechtmäßigkeit der Datenverarbeitung, für die Art. 6 DSGVO maßgebend ist. Aus Art. 6 DSGVO kann sich ergeben, dass die Rechtmäßigkeit nur dann erreicht werden kann, wenn der Zweck eng gefasst ist. Dies gilt insbesondere bei der Erlaubnis wegen eines „berechtigten Interesses" (Art. 6 Abs. 1 Satz 1 lit. f DSGVO). Je weiter der festgelegte Zweck ist, desto schwerer wird es vielfach sein, dessen Berechtigung gemäß Art. 6 Abs. 1 Satz 1 lit. f DSGVO zu begründen.
- Entscheidend für die Zweckfestlegung ist somit letztlich eine Balance: Die Spielräume, die der Verantwortliche nach Art. 5 Abs. 1 lit. b DSGVO hat, sollten ausgeschöpft werden, ohne eine Legitimation durch einen der Erlaubnistatbestände des Art. 6 Abs. 1 DSGVO zu gefährden.

Datenminimierung (Art. 5 Abs. 1 lit. c DSGVO)

96 Der Grundsatz der Datenminimierung ist nahezu wortgleich mit Art. 6 Abs. 1 Satz 1 lit. c DSRL und auch in § 3 a Satz 1 BDSG geregelt.

97 In Erwägungsgrund 39 Satz 7 bis 10 DSGVO wird der Grundsatz präzisiert:

> „Die personenbezogenen Daten sollten für die Zwecke, zu denen sie verarbeitet werden, angemessen und erheblich sowie auf das für die Zwecke ihrer Verarbeitung notwendige Maß beschränkt sein. Dies erfordert insbesondere, dass die Speicherfrist für personenbezogene Daten auf das unbedingt erforderliche Mindestmaß beschränkt bleibt. Personenbezogene Daten sollten nur verarbeitet werden dürfen, wenn der Zweck der Verarbeitung nicht in zumutbarer Weise durch andere Mittel erreicht werden kann. Um sicherzustellen, dass die personenbezogenen Daten nicht länger als nötig gespeichert werden, sollte der Verantwortliche Fristen für ihre Löschung oder regelmäßige Überprüfung vorsehen."

98 Hieraus lassen sich folgende Anforderungen an eine gesetzeskonforme Datenverarbeitung ableiten:

- Datenverarbeitung als Ultima Ratio: Daten dürfen nur dann verarbeitet werden, wenn der Zweck, der mit der Datenverarbeitung verfolgt wird, nicht anders erreicht werden kann. Alternative Maßnahmen, die denselben Zweck ohne eine Verarbeitung von personenbezogenen Daten erreichen können, sind stets zu bevorzugen.
- Minimierung der Speicherfrist: Die Dauer der Datenspeicherung ist auf ein „striktes Minimum" zu reduzieren. Jede Vorhaltung von Daten „auf Vorrat" ist untersagt.
- Löschroutine: Zu einer datenschutzkonformen Organisation der Datenverarbeitung gehört die Festlegung fester regelmäßiger Termine für eine Kontrolle, ob gespeicherte personenbezogene Daten noch benötigt werden. Ist dies nicht der Fall, sind die Daten zu löschen.

Richtigkeit (Art. 5 Abs. 1 lit. d DSGVO)

99 Art. 5 Abs. 1 lit. d DSGVO ist nahezu wortgleich mit Art. 6 Abs. 1 Satz 1 lit. d DSRL. Im BDSG findet sich die „Richtigkeit" dagegen nicht als Grundsatz.

100 In Erwägungsgrund 39 Satz 11 DSGVO wird der Grundsatz der „Richtigkeit" erläutert:

> „Es sollten alle vertretbaren Schritte unternommen werden, damit unrichtige personenbezogene Daten gelöscht oder berichtigt werden."

101 Durch den Berichtigungsanspruch nach Art. 16 DSGVO wird Art. 5 Abs. 1 lit. d DSGVO näher ausgestaltet. Die Berichtigung ist allerdings nur eine Handlungsmöglichkeit zur Beseitigung von Unrichtigkeiten. Alternativ kommt eine Löschung in Betracht.

Merke:

> Aus Art. 5 Abs. 1 lit. d DSGVO lassen sich Aktualisierungspflichten ableiten. Wenn ein Unternehmen Datenbanken führt mit aktuellen Informationen über einzelne Personen, sollte das Unternehmen durch geeignete Maßnahmen sicherstellen, dass die Informationen stets auf dem neuesten Stand sind. Dies gilt beispielsweise für Auskunfteien. 102

Speicherbegrenzung (Art. 5 Abs. 1 lit. e DSGVO)

Art. 5 Abs. 1 lit. e DSGVO ist weitgehend wortgleich mit Art. 6 Abs. 1 Satz 1 lit. e Satz 1 DSRL und schreibt eine zeitliche Begrenzung der Datenspeicherung vor. Das BDSG enthält einen solchen Grundsatz nicht. 103

Die Verpflichtung zur Speicherbegrenzung überschneidet sich mit dem Gebot der Datenminimierung und verstärkt die Verpflichtung zu einer regelmäßigen Löschroutine, die sich bereits aus Art. 5 Abs. 1 lit. c DSGVO und Erwägungsgrund 39 Satz 10 DSGVO ergibt. 104

Merke:

> Im Rahmen seiner allgemeinen Informationspflichten muss der Verantwortliche die Betroffenen über die Dauer der Speicherung von personenbezogenen Daten informieren. Ist dies nicht möglich, müssen die Kriterien angegeben werden, nach denen sich die Speicherdauer bestimmt (Art. 13 Abs. 2 lit. a und Art. 14 Abs. 2 lit. a DSGVO). 105

Integrität und Vertraulichkeit (Art. 5 Abs. 1 lit. f DSGVO)

Der Grundsatz der Integrität und Vertraulichkeit wird durch Art. 5 Abs. 1 lit. f DSGVO neu eingeführt und in Erwägungsgrund 39 Satz 12 DSGVO erläutert: 106

„Personenbezogene Daten sollten so verarbeitet werden, dass ihre Sicherheit und Vertraulichkeit hinreichend gewährleistet ist, wozu auch gehört, dass Unbefugte keinen Zugang zu den Daten haben und weder die Daten noch die Geräte, mit denen diese verarbeitet werden, benutzen können."

Art. 5 Abs. 1 lit. f DSGVO wird durch die technischen und organisatorischen Maßnahmen der Datensicherheit nach Art. 32 DSGVO konkretisiert. Es ist nicht ersichtlich, dass sich aus Art. 5 Abs. 1 lit. f DSGVO konkrete Sicherheitsmaßnahmen ableiten lassen, die nicht durch Art. 32 DSGVO ohnehin vorgeschrieben sind. 107

Rechenschaftspflicht (Art. 5 Abs. 2 DSGVO)

108 Art. 5 Abs. 2 DSGVO regelt die Verantwortlichkeit des Verantwortlichen für die Einhaltung der Prinzipien gemäß Art. 5 Abs. 1 DSGVO. Art. 6 Abs. 2 DSRL enthält eine inhaltsgleiche Regelung. Anforderungen, die über die Prinzipien des Art. 5 Abs. 1 DSGVO hinausgehen, lassen sich dem in Art. 5 Abs. 2 DSGVO geregelten Prinzip der „Rechenschaftspflicht" nicht entnehmen.

15. Welche Regelungen gibt es für „Privacy by Design" und „Privacy by Default"?

■ *Geltendes Recht*

109 Regelungen zu „Privacy by Design" und „Privacy by Default" finden sich weder in der DSRL noch im BDSG.

■ *Änderungen durch die DSGVO:*

„Privacy by Design"

110 Hinter dem Schlagwort der „Privacy by Design" steht die Vorstellung, dass der Schutz der Privatsphäre in allen Stufen der Produktentwicklung Beachtung finden soll. Wird beispielsweise eine App von Anfang an „datenschutzfreundlich" programmiert, vermeidet man den Umstellungsaufwand, der mit nachträglichen datenschutzrechtlichen Compliance-Anforderungen regelmäßig verbunden ist.

111 Art. 25 Abs. 1 DSGVO verpflichtet den Datenverarbeiter zu „Privacy by Design":

> „Unter Berücksichtigung des Stands der Technik, der Implementierungskosten und der Art, des Umfangs, der Umstände und der Zwecke der Verarbeitung sowie der unterschiedlichen Eintrittswahrscheinlichkeit und Schwere der mit der Verarbeitung verbundenen Risiken für die Rechte und Freiheiten natürlicher Personen trifft der Verantwortliche sowohl zum Zeitpunkt der Festlegung der Mittel für die Verarbeitung als auch zum Zeitpunkt der eigentlichen Verarbeitung geeignete technische und organisatorische Maßnahmen – wie z. B. Pseudonymisierung – trifft, die dafür ausgelegt sind, die Datenschutzgrundsätze wie etwa Datenminimierung wirksam umzusetzen und die notwendigen Garantien in die Verarbeitung aufzunehmen, um den Anforderungen dieser Verordnung zu genügen und die Rechte der betroffenen Personen zu schützen."

112 Hieraus ergibt sich Folgendes:

- „Privacy by Design" wird durch „technisch und organisatorische Maßnahmen" verwirklicht. Zu diesen Maßnahmen ist der Verantwortliche zugleich nach Art. 24 DSGVO verpflichtet.
- Die allgemeinen Datenschutzgrundsätze des Art. 5 DSGVO sind der zentrale Bezugspunkt, an dem sich diese Maßnahmen ausrichten.

- Der Verantwortliche hat alle Maßnahmen zu ergreifen, die ihm zumutbar sind, um die Ziele des Art. 5 DSGVO zu verwirklichen.
- Bei der Bestimmung der Zumutbarkeit sind eine Reihe von Faktoren zu berücksichtigen:
  - der Stand der Technik;
  - die Implementierungskosten;
  - die Art und der Umfang sowie die Umstände und der Zweck der Datenverarbeitung;
  - die Wahrscheinlichkeit der Verwirklichung von Risiken sowie
  - die Schwere der Risiken für die Rechte und Freiheiten der Betroffenen.
- Im Ergebnis geht es darum, die Anforderungen der DSGVO zu erfüllen und die Rechte der Betroffenen zu schützen.
- Ungelöst bleiben die Zielkonflikte, die sich aus Art. 5 DSGVO ergeben können. Eine verbesserte „Datenrichtigkeit" (vgl. Art. 5 Abs. 1 lit. d DSGVO) lässt sich beispielsweise bei Big Data-Anwendungen erreichen, wenn die Datenbasis vergrößert wird und somit zusätzliche personenbezogene Daten erhoben, gespeichert und ausgewertet werden. Dies ist indes keine Maßnahme, die dem Prinzip der „Datenminimierung" (Art. 5 Abs. 1 lit. c DSGVO) gerecht wird.

„Privacy by Default"

„Privacy by Default" ist auf die Voreinstellungen von Online-Diensten ausgerichtet. Diese Voreinstellungen sollen so gewählt werden, dass die Verarbeitung personenbezogener Daten minimiert wird. Es bleibt dann der Entscheidung des Nutzers überlassen, ob er die Voreinstellungen ändern und zusätzliche Verarbeitungsvorgänge auslösen möchte. 113

„Privacy by Default" ist in Art. 25 Abs. 2 DSGVO verankert: 114

„Der Verantwortliche trifft geeignete technische und organisatorische Maßnahmen, die sicherstellen, dass durch Voreinstellung grundsätzlich nur personenbezogene Daten, deren Verarbeitung für den jeweiligen bestimmten Verarbeitungszweck erforderlich ist, verarbeitet werden. Diese Verpflichtung gilt für die Menge der erhobenen personenbezogenen Daten, den Umfang ihrer Verarbeitung, ihre Speicherfrist und ihre Zugänglichkeit. Solche Maßnahmen müssen insbesondere sicherstellen, dass personenbezogene Daten durch Voreinstellungen nicht ohne Eingreifen der Person einer unbestimmten Zahl von natürlichen Personen zugänglich gemacht werden."

Für „Privacy by Default" gilt somit Folgendes: 115

- Primär geht es um Datensparsamkeit (Art. 5 Abs. 1 lit. c DSGVO). Die Voreinstellungen sollen so gewählt werden, dass personenbezogene Daten nur dann verarbeitet werden, wenn dies für die jeweilige Funktionalität (den „bestimmten Verarbeitungszweck") erforderlich ist.

- Die „Sparsamkeit“ der Voreinstellungen bezieht sich auf mehrere Umstände:
  - die Menge der personenbezogenen Daten, die erhoben werden;
  - der Umfang der Datenverarbeitung;
  - die Dauer der Speicherung von Daten und
  - den Zugriff, den Dritte auf die Daten haben.

116 Die Verhinderung des Zugriffs Dritter auf personenbezogene Daten wird in Art. 25 Abs. 2 Satz 3 DSGVO besonders hervorgehoben. Die Voreinstellungen sollen es einer bewussten Entscheidung des Nutzers überlassen, ob er einer unbegrenzten Vielzahl Dritter den Zugriff auf personenbezogene Daten ermöglicht.

Merke:

117 Die Einhaltung der Verpflichtungen zu Privacy by Design und Privacy by Default nach Art. 25 DSGVO gehört bei Datenschutzverstößen zu den Kriterien bei der Entscheidung, ob und in welcher Höhe die zuständige Aufsichtsbehörde ein Bußgeld verhängt (Art. 83 Abs. 2 lit. d DSGVO). Eine dokumentierte Beachtung des Art. 25 DSGVO kann somit bei einer Datenpanne zu erheblichen Vorteilen führen.

Ein Verstoß gegen Art. 25 DSGVO genügt zudem für ein Bußgeld nach Art. 83 Abs. 4 lit. a DSGVO.

16. Was wird aus dem Grundsatz der Direkterhebung?

118 Nach § 4 Abs. 2 BDSG gilt der Grundsatz der Direkterhebung:

> „Personenbezogene Daten sind beim Betroffenen zu erheben. Ohne seine Mitwirkung dürfen sie nur erhoben werden, wenn
>
> 1. eine Rechtsvorschrift dies vorsieht oder zwingend voraussetzt oder
>
> 2. a) die zu erfüllende Verwaltungsaufgabe ihrer Art nach oder der Geschäftszweck eine Erhebung bei anderen Personen oder Stellen erforderlich macht oder
>
> b) die Erhebung beim Betroffenen einen unverhältnismäßigen Aufwand erfordern würde
>
> und keine Anhaltspunkte dafür bestehen, dass überwiegende schutzwürdige Interessen des Betroffenen beeinträchtigt werden.“

119 Die Erhebung personenbezogener Daten ist nach § 4 Abs. 2 Satz 1 BDSG die Regel, und eine anderweitige Erhebung ist eine Ausnahme, die jeweils eines der Gründe bedarf, die in § 4 Abs. 2 Satz 2 BDSG aufgeführt werden.

120 Die DSGVO übernimmt den Grundsatz der Direkterhebung nicht. Werden personenbezogene Daten nicht beim Betroffenen erhoben, bedarf es hierfür nach der DSGVO keines besonderen Grundes.

17. An welchem Schutzgut orientieren sich die Datenschutzprinzipien?

Während das BDSG das allgemeine Persönlichkeitsrecht ausdrücklich als Schutzgut des Datenschutzrechts benennt, fehlt in der DSGVO eine solche Feststellung. Stattdessen kommt es bei allen Abwägungen, Abschätzungen und Wertungen auf konkrete Risiken an, die in den Erwägungsgründen der DSGVO mehrfach aufgezählt werden. 121

■ *Geltendes Recht*

§ 1 Abs. 1 BDSG bezeichnet das Persönlichkeitsrecht (und nicht die Daten) als Schutzgut des BDSG: 122

„Zweck dieses Gesetzes ist es, den Einzelnen davor zu schützen, dass er durch den Umgang mit seinen personenbezogenen Daten in seinem Persönlichkeitsrecht beeinträchtigt wird."

Vor welcher Art von Beeinträchtigungen das Persönlichkeitsrecht im Einzelnen geschützt werden soll, lässt das BDSG offen. Konkrete Risiken für Persönlichkeitsrechte werden im BDSG nicht definiert. 123

■ *Änderungen durch die DSGVO*

In Art. 1 Abs. 1 und 2 DSGVO wird das Schutzgut der DSGVO nur vage umschrieben, und das Persönlichkeitsrecht bleibt unerwähnt: 124

„(1) Diese Verordnung enthält Vorschriften zum Schutz natürlicher Personen bei der Verarbeitung personenbezogener Daten und zum freien Verkehr solcher Daten.

(2) Diese Verordnung schützt die Grundrechte und Grundfreiheiten natürlicher Personen und insbesondere deren Recht auf Schutz personenbezogener Daten."

Eine Festlegung auf den Schutz des Persönlichkeitsrechts wird vermieden, und auch das Grundrecht auf Datenschutz (Art. 8 GRCh) wird in Art. 1 Abs. 2 DSGVO nur beispielhaft erwähnt. Es geht der DSGVO um einen Grundrechtsschutz, der sich weder auf Art. 8 GRCh noch auf Art. 7 GRCh verengt. 125

Der Anspruch eines umfassenden Grundrechtsschutzes zeigt sich beispielsweise beim Arbeitnehmerdatenschutz. Art. 88 Abs. 2 DSGVO betont, dass es eines solchen Schutzes bedarf, um die Menschenwürde der Beschäftigten (vgl. Art. 1 GRCh) zu schützen. 126

Das Anliegen eines umfassenden Grundrechtsschutzes kommt auch in Erwägungsgrund 4 Satz 1 DSGVO deutlich zum Ausdruck: 127

„Die Verarbeitung personenbezogener Daten sollte im Dienste der Menschheit stehen."

Im selben Erwägungsgrund 4 DSGVO wird in Satz 2 und 3 einschränkend darauf hingewiesen, dass das Recht auf Datenschutz nicht als ein absolutes, 128 uneingeschränktes Recht zu verstehen ist und es daher einer Abwägung mit anderen Grundrechten bedarf:

„Das Recht auf Schutz der personenbezogenen Daten ist kein uneingeschränktes Recht; es muss im Hinblick auf seine gesellschaftliche Funktion gesehen und unter Wahrung des Verhältnismäßigkeitsprinzips gegen andere Grundrechte abgewogen werden. Diese Verordnung steht im Einklang mit allen Grundrechten und achtet alle Freiheiten und Grundsätze, die mit der Charta anerkannt wurden und in den Europäischen Verträgen verankert sind, insbesondere Achtung des Privat- und Familienlebens, der Wohnung und der Kommunikation, Schutz personenbezogener Daten, Gedanken-, Gewissens- und Religionsfreiheit, Freiheit der Meinungsäußerung und Informationsfreiheit, unternehmerische Freiheit, Recht auf einen wirksamen Rechtsbehelf und ein faires Verfahren und Vielfalt der Kulturen, Religionen und Sprachen."

18. Wie ist der „risikobasierte Ansatz" der DSGVO zu verstehen?

Schutz der Privatsphäre und Schutz anderer Grundrechte

129 Auch wenn personenbezogene Daten durch ein eigenes Grundrecht geschützt sind (Art. 8 GRCh), ist Datenschutz kein Selbstzweck. Datenschutz ist vielmehr Vorfeldschutz. Es geht seit jeher um den Schutz von Persönlichkeitsrechten, um den Schutz der Privatsphäre (Art. 7 GRCh). Die DSGVO erweitert den Blick durch den Anspruch, auch die Menschenwürde (Art. 1 GRCh) und andere Grundrechte mit den Instrumenten des Datenschutzes schützen zu wollen.

Merke:

130 Der Bezug zur Menschenwürde ist dem deutschen Recht keineswegs fremd, da sich das allgemeine Persönlichkeitsrecht einerseits aus der Entfaltungsfreiheit (Art. 2 Abs. 1 GG) und andererseits aus der Menschenwürde (Art. 1 Abs. 1 GG) ableitet.

131 Ob bei Abwägungen, bei der Bewertung von Risiken, bei der Beurteilung der Schwere eines Eingriffs in Art. 8 GRCh oder bei Fragen der Verhältnismäßigkeit: Risiko-, Folgen- und Eingriffsabschätzungen können sich nicht darin erschöpfen, die Menge und die Art der Daten zu bewerten, um deren Verarbeitung es geht. Vielmehr bedarf es eines Rückgriffs auf die Persönlichkeitsrechte und andere Grundrechte, deren Schutz das Datenschutzrecht bezweckt:

- Art der Daten: Die Schwere eines Eingriffs in Persönlichkeitsrechte bemisst sich nicht danach, welche Art von Daten verarbeitet werden sollen.
- Zahl der Daten: Erst recht lässt sich die Schwere nicht an der Zahl der verarbeiteten Daten messen.
- Maßgeblichkeit der Informationen: Für das Gewicht des Eingriffs sind vielmehr die Informationen maßgebend, die sich aus den Daten gewinnen lassen.

Das Datenschutzrecht schützt den einzelnen Bürger davor, dass Informationen über ihn gegen seinen Willen preisgegeben werden. Je sensibler diese Informationen sind, desto höher ist das Bedürfnis, den Bürger bei der Verarbeitung von personenbezogenen Daten durch Verbote und Restriktionen zu schützen. 132

Erwägungsgrund 75 DSGVO als zentraler Abwägungskatalog

Erwägungsgrund 75 DSGVO enthält eine Auflistung der Risiken, die bei den durch Art. 24 Abs. 1 DSGVO vorgeschriebenen technischen und organisatorischen Maßnahmen des Datenschutzes zu beachten sind: 133

„Die Risiken für die Rechte und Freiheiten natürlicher Personen – mit unterschiedlicher Eintrittswahrscheinlichkeit und Schwere – können aus einer Verarbeitung personenbezogener Daten hervorgehen, die zu einem physischen, materiellen oder immateriellen Schaden führen könnte, insbesondere wenn die Verarbeitung zu einer Diskriminierung, einem Identitätsdiebstahl oder -betrug, einem finanziellen Verlust, einer Rufschädigung, einem Verlust der Vertraulichkeit von dem Berufsgeheimnis unterliegenden personenbezogenen Daten, der unbefugten Aufhebung der Pseudonymisierung oder anderen erheblichen wirtschaftlichen oder gesellschaftlichen Nachteilen führen kann, wenn die betroffenen Personen um ihre Rechte und Freiheiten gebracht oder daran gehindert werden, die sie betreffenden personenbezogenen Daten zu kontrollieren, wenn personenbezogene Daten, aus denen die rassische oder ethnische Herkunft, politische Meinungen, religiöse oder weltanschauliche Überzeugungen oder die Zugehörigkeit zu einer Gewerkschaft hervorgehen, und genetische Daten, Gesundheitsdaten oder das Sexualleben oder strafrechtliche Verurteilungen und Straftaten oder damit zusammenhängende Sicherungsmaßregeln betreffende Daten verarbeitet werden, wenn persönliche Aspekte bewertet werden, insbesondere wenn Aspekte, die die Arbeitsleistung, wirtschaftliche Lage, Gesundheit, persönliche Vorlieben oder Interessen, die Zuverlässigkeit oder das Verhalten, den Aufenthaltsort oder Ortswechsel betreffen, analysiert oder prognostiziert werden, um persönliche Profile zu erstellen oder zu nutzen, wenn personenbezogene Daten schutzbedürftiger natürlicher Personen, insbesondere Daten von Kindern, verarbeitet werden oder wenn die Verarbeitung eine große Menge personenbezogener Daten und eine große Anzahl von betroffenen Personen betrifft."

Dieser Risikokatalog lässt sich nicht nur bei den Maßnahmen gemäß Art. 24 Abs. 1 DSGVO, sondern auch bei anderen Abwägungen und Abschätzungen heranziehen. Dies gilt insbesondere für die Abwägung nach Art. 6 Abs. 1 Satz 1 lit. f DSGVO („berechtigte Interessen"), aber auch für alle anderen Passagen der DSGVO, in denen auf die „Interessen, Grundrechte und Grundfreiheiten" der Betroffenen abgestellt wird. 134

Wie stark die „Interessen, Grundrechte und Grundfreiheiten" der Betroffenen durch die Verarbeitung personenbezogener Daten gefährdet werden, hängt von einer Analyse der Risiken ab, die in Erwägungsgrund 75 DSGVO aufgezählt werden. Indem die DSGVO Verbote und Beschränkungen der Datenverarbeitung von einer solchen Risikoanalyse abhängig macht, wählt sie einen „risikobasierten Ansatz". 135

136 Erwägungsgrund 76 Satz 2 DSGVO schreibt einen objektiven Maßstab für die Risikoanalyse vor:

> „Das Risiko sollte anhand einer objektiven Bewertung beurteilt werden, bei der festgestellt wird, ob die Datenverarbeitung ein Risiko oder ein hohes Risiko birgt."

19. Gegen welche Risiken der Datenverarbeitung wird der Betroffene durch die DSGVO geschützt?

137 Erwägungsgrund 75 DSGVO zählt eine Vielzahl von Risiken der Datenverarbeitung auf. Bei einem Teil dieser Risiken handelt es sich um „klassische Risiken" des Datenschutzrechts mit engem Bezug zum Persönlichkeitsrecht. Bei einem anderen Teil wird der Anspruch eines umfassenden Grundrechtsschutzes deutlich, der sich nicht auf den Schutz von Persönlichkeitsrechten beschränkt.

138 Einen engen Bezug zum Schutz von Persönlichkeitsrechten gibt es bei folgenden Risiken, die Erwägungsgrund 75 DSGVO aufzählt:

- Verarbeitung einer großen Menge an Daten, die eine große Zahl von Personen betrifft;
- Verlust der Kontrolle über personenbezogene Daten;
- Verarbeitung von Daten, die die rassische oder ethnische Herkunft, politische Meinungen, religiöse oder weltanschauliche Überzeugungen oder die Mitgliedschaft in Gewerkschaften preisgeben;
- Verarbeitung von genetischen Daten oder von Gesundheitsdaten oder von Daten über das Sexualleben oder strafrechtliche Verurteilungen und Straftaten oder damit zusammenhängende Sicherungsmaßregeln;
- Verarbeitung von Daten besonders schutzbedürftiger Personen, insbesondere von Kindern;
- physischer, materieller oder immaterieller Schaden durch
  - Rufschädigung,
  - unerlaubte Umkehr der Pseudonymisierung;
- Bewertung persönlicher Aspekte, insbesondere die Analyse oder Vorhersage von Aspekten, die die Arbeitsleistung, die wirtschaftlichen Verhältnisse, die Gesundheit, persönliche Vorlieben oder Interessen, die Zuverlässigkeit oder das Verhalten oder den Aufenthaltsort oder Ortswechsel betreffen, zwecks Erstellung oder Nutzung eines persönlichen Profils.

139 Bei folgenden Risiken, die gleichfalls in Erwägungsgrund 75 DSGVO aufgezählt werden, ist der Bezug zu den Persönlichkeitsrechten der Betroffenen allenfalls lose:

- Physischer, materieller oder immaterieller Schaden, insbesondere
  - Diskriminierung,
  - Identitätsdiebstahl oder -betrug,

  - finanzielle Einbußen,
  - Offenbarung von Tatsachen, die einem Berufsgeheimnis unterliegen,
  - jeder andere erhebliche wirtschaftliche oder gesellschaftliche Nachteil;
- Verlust von Rechten und Freiheiten.

V. Technische und organisatorische Maßnahmen

■ *Geltendes Recht*

Die Anlage zu § 9 Satz 1 BDSG enthält die „acht Gebote der Datensicherheit" – 140 die technischen und organisatorischen Anforderungen an die Datensicherheit. Die „acht Gebote" sollen in erster Linie den unbefugten Zugriff Dritter auf personenbezogene Daten verhindern.

Die „acht Gebote" umfassen die Verpflichtungen, 141

- Unbefugten den Zutritt zu Datenverarbeitungsanlagen zu verwehren (Zutrittskontrolle),
- zu verhindern, dass Datenverarbeitungssysteme von Unbefugten genutzt werden können (Zugangskontrolle),
- zu gewährleisten, dass die zur Benutzung eines Datenverarbeitungssystems Berechtigten ausschließlich auf die ihrer Zugriffsberechtigung unterliegenden Daten zugreifen können (Zugriffskontrolle),
- zu gewährleisten, dass personenbezogene Daten bei der elektronischen Übertragung oder während ihres Transports oder ihrer Speicherung auf Datenträger nicht unbefugt gelesen, kopiert, verändert oder entfernt werden können (Weitergabekontrolle),
- zu gewährleisten, dass nachträglich überprüft und festgestellt werden kann, ob und von wem personenbezogene Daten in Datenverarbeitungssysteme eingegeben, verändert oder entfernt worden sind (Eingabekontrolle),
- zu gewährleisten, dass personenbezogene Daten, die im Auftrag verarbeitet werden, nur entsprechend den Weisungen des Auftraggebers verarbeitet werden können (Auftragskontrolle),
- zu gewährleisten, dass personenbezogene Daten gegen zufällige Zerstörung oder Verlust geschützt sind (Verfügbarkeitskontrolle), und
- zu gewährleisten, dass zu unterschiedlichen Zwecken erhobene Daten getrennt verarbeitet werden können (Trennungsgebot).

20. Welche Neuerungen gibt es bei der Datensicherheit?

■ *Änderungen durch die DSGVO*

Art. 32 DSGVO tritt an die Stelle der Anlage zu § 9 BDSG und konkreti- 142 siert den Grundsatz der Integrität und Vertraulichkeit gemäß Art. 5 Abs. 1 lit. f DSGVO.

143 Die Auflistung von verpflichtenden Maßnahmen (Art. 32 Abs. 1 DSGVO) unterscheidet sich deutlich von der Anlage zu § 9 BDSG:

Unter Berücksichtigung des Stands der Technik, der Implementierungskosten und der Art, des Umfangs, der Umstände und der Zwecke der Verarbeitung sowie der unterschiedlichen Eintrittswahrscheinlichkeit und Schwere des Risikos für die Rechte und Freiheiten natürlicher Personen treffen der Verantwortliche und der Auftragsverarbeiter geeignete technische und organisatorische Maßnahmen, um ein dem Risiko angemessenes Schutzniveau zu gewährleisten; diese Maßnahmen schließen unter anderem Folgendes ein:

a) die Pseudonymisierung und Verschlüsselung personenbezogener Daten;

b) die Fähigkeit, die Vertraulichkeit, Integrität, Verfügbarkeit und Belastbarkeit der Systeme und Dienste im Zusammenhang mit der Verarbeitung auf Dauer sicherzustellen;

c) die Fähigkeit, die Verfügbarkeit der personenbezogenen Daten und den Zugang zu ihnen bei einem physischen oder technischen Zwischenfall rasch wiederherzustellen;

d) ein Verfahren zur regelmäßigen Überprüfung, Bewertung und Evaluierung der Wirksamkeit der technischen und organisatorischen Maßnahmen zur Gewährleistung der Sicherheit der Verarbeitung."

144 Die Verpflichtungen zur Zutritts-, Zugangs-, Zugriffs- und Weitergabekontrolle – bisher geregelt in Anlage 1 Satz 1 Nr. 1 bis 4 zu § 9 BDSG – gehen in der allgemeinen Verpflichtung zur Vertraulichkeit und Integrität auf (Art. 32 Abs. 1 lit. b DSGVO). Die Verpflichtung zur Verfügbarkeitskontrolle – bisher geregelt in Anlage 1 Satz 1 Nr. 7 zu § 9 BDSG – bleibt in Art. 32 Abs. 1 lit. b DSGVO erhalten. Auch die Verschlüsselungspflicht – bisher geregelt in Anlage 1 Satz 2 zu § 9 BDSG – bleibt bestehen (Art. 32 Art. 1 lit. a DSGVO).

145 Neu ist die Pseudonymisierungspflicht in Art. 32 Art. 1 lit. a DSGVO. Ähnlich wie die Verschlüsselung wird die Pseudonymisierung als Mittel der Datensicherheit gesehen. Daten, die verschlüsselt oder pseudonymisiert sind, sind im Missbrauchs- oder Verlustfall nicht so leicht nutzbar und auswertbar, wie dies bei unverschlüsselten und nicht pseudonymisierten Daten der Fall ist.

146 Art. 32 Abs. 1 lit. c DSGVO ergänzt die allgemeine Pflicht zur Verfügbarkeitskontrolle (Art. 32 Abs. 1 lit. b DSGVO) um eine spezielle Pflicht zur Datensicherung. Nur durch eine umfassende Datensicherung lässt sich bei einem Datenverlust eine rasche Wiederherstellung erreichen, wie sie Art. 32 Abs. 1 lit. c DSGVO verlangt.

147 Art. 32 Abs. 1 lit. d DSGVO verpflichtet zur regelmäßigen Prüfung und Evaluierung der Datensicherheit. Dies ist als flankierende Verpflichtung zu verstehen, um die Sicherheitsziele dauerhaft zu erreichen, die in Art. 32 Abs. 1 lit. a bis c DSGVO genannt werden.

148 Nicht in Art. 32 Abs. 1 DSGVO aufgenommen wurden die Verpflichtungen zur Eingabe- und Auftragskontrolle und das Trennungsgebot (Anlage 1 Satz 1 Nr. 5, 6 und 8 zu § 9 BDSG):

- Die Verpflichtung zur Eingabekontrolle (Anlage 1 Satz 1 Nr. 5 zu § 9 BDSG) war stets ein datenschutzrechtlicher Fremdkörper. Denn sie beinhaltet eine Verpflichtung zur Erhebung und Speicherung von personenbezogenen Daten zum Zwecke der Datensicherheit. Nach der DSGVO besteht keine Pflicht zur Eingabekontrolle mehr, was indes keineswegs ausschließt, dass Bestimmungen des IT-Sicherheitsrechts zur Eingabekontrolle verpflichten und nach Art. 6 lit. c oder lit. f DSGVO eine Befugnis zu einer entsprechenden Datenerhebung und -speicherung zu bejahen ist.
- Die Verpflichtung zur Auftragskontrolle (Anlage 1 Satz 1 Nr. 6 zu § 9 BDSG) bleibt bestehen, ist aber nur noch im Zusammenhang mit der Auftragsverarbeitung (Art. 28 DSGVO) geregelt.
- Das Trennungsgebot (Anlage 1 Satz 1 Nr. 8 zu § 9 BDSG) spielte in der Praxis stets nur eine untergeordnete Rolle und wird als eigenständiger Grundsatz aufgegeben.

Art. 32 Abs. 2 DSGVO schreibt für alle Maßnahmen der Datensicherheit ein 149
„angemessenes Schutzniveau" vor. Die Datensicherheit braucht somit nicht „optimal" oder „bestmöglich" sein, sondern soll sich an den Risiken orientieren, die mit den jeweiligen Verarbeitungsprozessen verbunden sind:

> „Bei der Beurteilung des angemessenen Schutzniveaus sind insbesondere die Risiken zu berücksichtigen, die mit der Verarbeitung verbunden sind, insbesondere durch – ob unbeabsichtigt oder unrechtmäßig – Vernichtung, Verlust, Veränderung oder unbefugte Offenlegung von beziehungsweise unbefugten Zugang zu personenbezogenen Daten, die übermittelt, gespeichert oder auf andere Weise verarbeitet wurden."

Merke:

> Die Einhaltung der technischen und organisatorischen Maßnahmen nach 150
> Art. 32 DSGVO gehört bei Datenschutzverstößen zu den Kriterien, die die zuständige Aufsichtsbehörde bei ihrer Entscheidung berücksichtigt, ob und in welcher Höhe ein Bußgeld verhängt wird (Art. 84 Abs. 2 lit. e DSGVO). Eine strikte und gut dokumentierte Beachtung des Art. 32 DSGVO kann somit bei einer Datenpanne zu deutlichen Vorteilen führen.
>
> Ein Verstoß gegen Art. 32 DSGVO genügt zudem für ein Bußgeld nach Art. 83 Abs. 4 lit. a DSGVO.

21. Welche Neuerungen gibt es beim Datenschutz?

Art. 24 Abs. 1 DSGVO führt eine allgemeine Verpflichtung zu technischen und 151
organisatorischen Maßnahmen des Datenschutzes ein. Diese Verpflichtung unterscheidet sich deutlich von Art. 32 DSGVO und Anlage 1 zu § 9 BDSG, da sie sich nicht auf die Datensicherheit bezieht, sondern – generell – auf den Schutz personenbezogener Daten:

„Der Verantwortliche setzt unter Berücksichtigung der Art, des Umfangs, der Umstände und der Zwecke der Verarbeitung sowie der unterschiedlichen Eintrittswahrscheinlichkeit und Schwere der Risiken für die Rechte und Freiheiten natürlicher Personen geeignete technische und organisatorische Maßnahmen um, um sicherzustellen und den Nachweis dafür erbringen zu können, dass die Verarbeitung gemäß dieser Verordnung erfolgt. Diese Maßnahmen werden erforderlichenfalls überprüft und aktualisiert."

152 Art. 24 Abs. 2 DSGVO ergänzt diese Verpflichtung durch eine Pflicht zu „Datenschutzvorkehrungen", sofern dies in einem angemessenen Verhältnis zu den Verarbeitungstätigkeiten steht.

Merke:

153 Nach Inkrafttreten der DSGVO müssen Unternehmen damit rechnen, dass sie von der Aufsichtsbehörde zum Nachweis der nach Art. 24 Abs. 1 DSGVO vorgeschriebenen Maßnahmen aufgefordert werden. Ein solcher Nachweis lässt sich am besten dadurch führen,

- dass Datenschutz-Richtlinien aufgestellt werden und
- dass diese Richtlinien in der Unternehmenspraxis auch nachweisbar befolgt werden (Dokumentation).

Unternehmen, die bislang keine Richtlinien für die Datenverarbeitung aufgestellt haben, ist die Erstellung solcher Richtlinien zu raten. Die Richtlinien sollten durch Maßnahmen zur Dokumentation richtlinienkonformer Abläufe begleitet werden.

VI. Pflichten bei Datenpannen

■ *Geltendes Recht*

154 § 42 a BDSG verpflichtet das Unternehmen zur Meldung von Datenschutzverstößen an die Betroffenen und an die zuständige Aufsichtsbehörde, wenn die Datenpanne

- besonders sensitive personenbezogener Daten (§ 3 Abs. 9 BDSG) betrifft oder
- personenbezogene Daten zu Bank- oder Kreditkartenkonten oder
- personenbezogene Daten, die einem Berufsgeheimnis unterliegen,
- oder personenbezogene Daten, die sich auf strafbare Handlungen oder Ordnungswidrigkeiten oder den Verdacht strafbarer Handlungen oder Ordnungswidrigkeiten beziehen.

155 Die Meldepflicht gilt allerdings nur,

- wenn Daten unrechtmäßig übermittelt oder Dritten auf sonstige Weise unrechtmäßig zur Kenntnis gelangt sind und
- wenn schwerwiegende Beeinträchtigungen für die Rechte oder schutzwürdigen Interessen der Betroffenen drohen.

■ *Änderungen durch die DSGVO:*

22. Welche Meldepflichten gibt es gegenüber den Aufsichtsbehörden?

Art. 33 Abs. 1 DSGVO schreibt dem Verantwortlichen eine unverzügliche Benachrichtigung der zuständigen Aufsichtsbehörde bei Datenpannen („Verletzung des Schutzes personenbezogener Daten") vor: 156

„Im Falle einer Verletzung des Schutzes personenbezogener Daten meldet der Verantwortliche unverzüglich und möglichst binnen 72 Stunden, nachdem ihm die Verletzung bekannt wurde, diese der gemäß Artikel 51 zuständigen Aufsichtsbehörde, es sei denn, dass die Verletzung des Schutzes personenbezogener Daten voraussichtlich nicht zu einem Risiko für die Rechte und Freiheiten natürlicher Personen führt. Erfolgt die Meldung an die Aufsichtsbehörde nicht binnen 72 Stunden, so ist ihr eine Begründung für die Verzögerung beizufügen."

Der Begriff der „Verletzung des Schutzes personenbezogener Daten" wird in Art. 4 Nr. 12 DSGVO definiert als 157

„eine Verletzung der Sicherheit, die, ob unbeabsichtigt oder unrechtmäßig, zur Vernichtung, zum Verlust oder zur Veränderung oder zur unbefugten Offenlegung von beziehungsweise zum unbefugten Zugang zu personenbezogenen Daten führt, die übermittelt, gespeichert oder auf sonstige Weise verarbeitet wurden".

Art. 33 Abs. 3 DSGVO regelt die Anforderungen an die Anzeige einer Datenpanne: 158

„Die Meldung gemäß Absatz 1 enthält zumindest folgende Informationen:

a) eine Beschreibung der Art der Verletzung des Schutzes personenbezogener Daten, soweit möglich mit Angabe der Kategorien und der ungefähren Zahl der betroffenen Personen, der betroffenen Kategorien und der ungefähren Zahl der betroffenen personenbezogenen Datensätze;

b) den Namen und die Kontaktdaten des Datenschutzbeauftragten oder einer sonstigen Anlaufstelle für weitere Informationen;

c) eine Beschreibung der wahrscheinlichen Folgen der Verletzung des Schutzes personenbezogener Daten;

d) eine Beschreibung der von dem Verantwortlichen ergriffenen oder vorgeschlagenen Maßnahmen zur Behebung der Verletzung des Schutzes personenbezogener Daten und gegebenenfalls Maßnahmen zur Abmilderung ihrer möglichen nachteiligen Auswirkungen."

Art. 33 Abs. 5 DSGVO verpflichtet den Verantwortlichen zur umfassenden Dokumentation der Datenpanne, ihrer Auswirkungen sowie der nach der Panne ergriffenen Maßnahmen: 159

„Der Verantwortliche dokumentiert Verletzungen des Schutzes personenbezogener Daten einschließlich aller im Zusammenhang mit der Verletzung des Schutzes personenbezogener Daten stehenden Fakten, von deren Auswirkungen und der ergriffenen

Abhilfemaßnahmen. Diese Dokumentation ermöglicht der Aufsichtsbehörde die Überprüfung der Einhaltung der Bestimmungen dieses Artikels."

160 Folgendes ist somit zu beachten:

- Die Meldepflicht gilt nicht nur dann, wenn Dritte unbefugt Zugriff auf Daten erlangen, sondern in jedem Fall der rechtswidrigen Datenverarbeitung.
- Die Meldepflicht gilt insbesondere auch bei jeder rechtswidrigen Zerstörung oder Veränderung von Daten sowie beim rechtswidrigen Datenverlust.
- Die Meldepflicht gilt sogar bei einer versehentlichen Zerstörung oder Veränderung von Daten sowie bei einem versehentlichen Datenverlust.
- Die Meldepflicht gilt für alle personenbezogenen Daten unabhängig von deren Sensitivität.
- Eine Ausnahme gilt nur, wenn Risiken für die Rechte der Betroffenen unwahrscheinlich sind.
- Für die Meldung gilt eine Frist von maximal 72 Stunden.
- Kann die 72-Stunden-Frist nicht eingehalten werden, hat der Verantwortliche die Gründe für die Verzögerung anzugeben.
- Die Meldung muss den Datenschutzverstoß ausführlich beschreiben einschließlich einer Einschätzung der Auswirkungen und einer Beschreibung der Maßnahmen, die zur Begrenzung der Auswirkungen ergriffen worden sind.
- Die Datenpanne, deren Auswirkungen und die nach der Panne ergriffenen Maßnahmen sind umfassend zu dokumentieren.

Merke:

161 Bei jeder Datenpanne bedarf es einer Abschätzung, ob Risiken für natürliche Personen wahrscheinlich sind. Ob dies der Fall ist, lässt sich anhand des Risikokatalogs in Erwägungsgrund 75 DSGVO beurteilen.

Die Risikoabschätzung sollte dokumentiert werden. Bei einem Verstoß gegen die Meldepflicht droht ein Bußgeld von bis zu 10 Mio. Euro oder 2 % des weltweit erzielten Jahresumsatzes (Art. 83 Abs. 4 lit. a DSGVO).

23. Welche Meldepflichten gibt es gegenüber den Betroffenen?

162 Für den Fall, dass die Datenpanne mit einem „hohen Risiko" für die Betroffenen verbunden ist, schreibt Art. 34 Abs. 1 DSGVO zusätzlich deren Benachrichtigung vor:

„Hat die Verletzung des Schutzes personenbezogener Daten voraussichtlich ein hohes Risiko für die persönlichen Rechte und Freiheiten natürlicher Personen zur Folge, so benachrichtigt der Verantwortliche die betroffene Person unverzüglich von der Verletzung."

Die Benachrichtigung muss gemäß Art. 34 Abs. 2 DSGVO klar und in einfacher Sprache formuliert sein. Im Übrigen gelten ähnliche Anforderungen wie für die Anzeige an die Aufsichtsbehörde: 163

„Die in Absatz 1 genannte Benachrichtigung der betroffenen Person beschreibt in klarer und einfacher Sprache die Art der Verletzung des Schutzes personenbezogener Daten und enthält zumindest die in Artikel 33 Absatz 3 Buchstaben b, c und d genannten Informationen und Empfehlungen."

Auch Art. 12 Abs. 1 Satz 1 DSGVO fordert klare Formulierungen, die in einfacher Sprache formuliert und zudem prägnant sind: 164

„Der Verantwortliche trifft geeignete Maßnahmen, um der betroffenen Person alle Informationen gemäß den Artikeln 13 und 14 und alle Mitteilungen gemäß den Artikeln 15 bis 22 und Artikel 34, die sich auf die Verarbeitung beziehen, in präziser, transparenter, verständlicher und leicht zugänglicher Form in einer klaren und einfachen Sprache zu übermitteln; dies gilt insbesondere für Informationen, die sich speziell an Kinder richten."

Art. 34 Abs. 3 DSGVO regelt Ausnahmen von der Benachrichtigungspflicht, insbesondere im Falle einer Unverhältnismäßigkeit der individuellen Benachrichtigung bei Datenpannen mit einer großen Zahl von Betroffenen (Art. 34 Abs. 3 lit. c DSGVO): 165

„Die Benachrichtigung der betroffenen Person gemäß Absatz 1 ist nicht erforderlich, wenn eine der folgenden Bedingungen erfüllt ist:

a) der Verantwortliche geeignete technische und organisatorische Sicherheitsvorkehrungen getroffen hat und diese Vorkehrungen auf die von der Verletzung betroffenen personenbezogenen Daten angewandt wurden, insbesondere solche, durch die die personenbezogenen Daten für alle Personen, die nicht zum Zugang zu den personenbezogenen Daten befugt sind, unzugänglich gemacht werden, etwa durch Verschlüsselung,

b) der Verantwortliche durch nachfolgende Maßnahmen sichergestellt hat, dass das hohe Risiko für die Rechte und Freiheiten der betroffenen Personen gemäß Absatz 1 aller Wahrscheinlichkeit nach nicht mehr besteht,

c) dies mit einem unverhältnismäßigen Aufwand verbunden wäre. In diesem Fall hat stattdessen eine öffentliche Bekanntmachung oder eine ähnliche Maßnahme zu erfolgen, durch die die betroffenen Personen vergleichbar wirksam informiert werden."

Merke:

Bis 2018 müssen sich alle Unternehmen auf die deutlich verschärften Meldepflichten einstellen. Hierzu bedarf es neuer Richtlinien, die eine unverzügliche Meldung aller Datenschutzverstöße einschließlich möglicher Verdachtsfälle beim betrieblichen Datenschutzbeauftragten oder der Unternehmensleitung gewährleisten mit einem Reglement, das den verschärften gesetzlichen Pflichten umfassend Rechnung trägt. 166

VII. Datentransfer in Drittstaaten

■ *Geltendes Recht*

167 Der Datentransfer ins Ausland gehört zu den schwierigsten Materien des Datenschutzrechts. Bei der Datenübermittlung in Staaten außerhalb des Europäischen Wirtschaftsraums (EWR) bedarf es stets einer vorherigen Prüfung, ob in dem Zielland ein angemessenes Datenschutzniveau gewährleistet ist (§ 4 b Abs. 2 Satz 2 BDSG).

■ *Änderungen durch die DSGVO*

168 An den Grundstrukturen ändert sich durch die Art. 44 ff. DSGVO wenig. Wie bisher kommt es auch in Zukunft maßgeblich darauf an, ob im Zielland ein „angemessenes Datenschutzniveau" existiert. Wenn dies nicht der Fall ist, ist zu prüfen, ob eine Ausnahme greift, die die Datenübertragung trotz des Fehlens eines angemessenen Datenschutzniveaus legitimiert. Einige der Ausnahmetatbestände der DSGVO sind neu.

Übersicht: Datentransfer in einen Drittstaat

169 Der Datentransfer in einen Staat, der nicht der EU/EWR angehört, ist nach der DSGVO erlaubt, wenn

- die EU-Kommission ein angemessenes Schutzniveau für den Drittstaat festgestellt hat (derzeit gibt es derartige Feststellungen für die Schweiz, Kanada, Israel, Argentinien, Andorra, Färöer, Guernsey, Isle of Man, Jersey, Australien, Neuseeland und Uruguay) oder
- der Datentransfer auf der Grundlage von Standardvertragsklauseln erfolgt, die die EU-Kommission gebilligt hat, oder
- der Datentransfer innerhalb eines Konzerns oder einer anderen Unternehmensgruppe erfolgt auf der Grundlage von „Binding Corporate Rules", die die zuständigen Aufsichtsbehörden genehmigt haben, oder
- der Datentransfer an ein Unternehmen erfolgt, das in einem Drittstaat ansässig ist, sich aber genehmigten europäischen Verhaltensregeln unterworfen hat oder über eine genehmigte europäische Zertifizierung verfügt, oder
- der Datentransfer von der zuständigen Aufsichtsbehörde einzeln genehmigt wurde, oder
- die Betroffenen in den Datentransfer eingewilligt haben, nachdem sie über den beabsichtigten Transfer informiert und über die spezifischen Risiken aufgeklärt wurden, oder
- die Voraussetzungen eines der Ausnahmetatbestände des Art. 49 Abs. 1 Satz 1 lit. b bis g DSGVO vorliegen, oder

– der Datentransfer einen überschaubaren Umfang hat und aufgrund zwingender berechtigter Interessen des Verantwortlichen gerechtfertigt ist (Art. 49 Abs. 1 Satz 2 DSGVO.

Merke:

Der Verantwortliche ist im Rahmen seiner Informationspflichten gemäß Art. 13 und Art. 14 DSGVO verpflichtet, die Betroffenen über die beabsichtigte Übermittlung von personenbezogenen Daten in einen Staat außerhalb der EU zu informieren. Es bedarf zudem einer Angabe, auf welche Rechtsgrundlage sich der Verantwortliche bei dem Datentransfer gemäß Art. 44 ff. DSGVO stützen möchte (Art. 13 Abs. 1 lit. f und Art. 14 Abs. 1 lit. f DSGVO). Möchte er den Datentransfer beispielsweise auf Standardvertragsklauseln oder Binding Corporate Rules (BCR) stützen, bedarf es zudem einer Kopie der Klauseln bzw. der BCR oder einer Quellenangabe, die dem Betroffenen den Einblick in die Klauseln bzw. die BCR ermöglicht. 170

24. Gibt es Änderungen beim „angemessenen Schutzniveau"?

■ *Geltendes Recht*

Nach Art. 25 Abs. 6 DSRL ist die Europäische Kommission zu der Feststellung berechtigt, dass ein Drittstaat ein angemessenes Schutzniveau hinsichtlich des Schutzes der Privatsphäre und des Schutzes der Freiheiten und Grundrechte von Personen gewährleistet. Eine solche Feststellung legitimiert den Datentransfer in den Drittstaat und lag beispielsweise der Safe-Harbor-Praxis beim Datentransfer in die USA zugrunde, bis der EuGH die Feststellung der Kommission im Oktober 2015 aufhob (EuGH vom 6.10.2014, Az. C 362/14 - Maximillian Schrems v Data Protection Commissioner). 171

Merke:

Nicht das im Jahre 2000 geschlossene Safe-Harbor-Abkommen zwischen den USA und der EU war bis Oktober 2015 eine Grundlage des Datentransfers in die USA. Grundlage war vielmehr die von der EU-Kommission im Anschluss an das Abkommen getroffene rechtsförmliche Feststellung der Angemessenheit des Datenschutzniveaus in die USA (Art. 31 Abs. 2 i.V.m. Art. 25 Abs. 6 DSRL). Wenn ein „Privacy Shield"-Abkommen mit den USA geschlossen werden sollte, ist mit einer erneuten Feststellung der Kommission gemäß Art. 31 Abs. 2 i.V.m. Art. 25 Abs. 6 DSRL zu rechnen. 172

Die materiellen Anforderungen an eine Feststellung des angemessenen Datenschutzniveaus sind recht allgemein gefasst. Sie finden sich in Art. 25 Abs. 2 DSRL: 173

„Die Angemessenheit des Schutzniveaus, das ein Drittstaat bietet, wird unter Berücksichtigung aller Umstände beurteilt, die bei einer Datenübermittlung oder einer Kategorie von Datenübermittlungen eine Rolle spielen; insbesondere werden die Art der Daten, die Zweckbestimmung sowie die Dauer der geplanten Verarbeitung, das Herkunfts- und das Endbestimmungsland, die in dem betreffenden Drittstaat geltenden allgemeinen oder sektoriellen Rechtsnormen sowie die dort geltenden Standesregeln und Sicherheitsmaßnahmen berücksichtigt."

■ *Änderungen durch die DSGVO*

174 Art. 45 Abs. 1 Satz 1 DSGVO trifft eine Regelung, die im Kern Art. 25 Abs. 6 DSRL entspricht und die EU-Kommission ermächtigt, für ein Drittland, ein Gebiet, einen Sektor innerhalb eines Drittlandes oder für eine internationale Organisation die Angemessenheit des Schutzniveaus festzustellen:

„Eine Übermittlung personenbezogener Daten an ein Drittland oder eine internationale Organisation darf vorgenommen werden, wenn die Kommission beschlossen hat, dass das betreffende Drittland, ein Gebiet oder ein oder mehrere spezifische Sektoren in diesem Drittland oder die betreffende internationale Organisation ein angemessenes Schutzniveau bietet."

175 Die Hürden für ein „angemessenes Schutzniveau" sind deutlich höher als nach der DSRL. Dies lässt sich Art. 45 Abs. 2 DSGVO entnehmen:

„Bei der Prüfung der Angemessenheit des gebotenen Schutzniveaus berücksichtigt die Kommission insbesondere das Folgende:

a) die Rechtsstaatlichkeit, die Achtung der Menschenrechte und Grundfreiheiten, die in dem betreffenden Land bzw. bei der betreffenden internationalen Organisation geltenden einschlägigen Rechtsvorschriften sowohl allgemeiner als auch sektoraler Art – auch in Bezug auf öffentliche Sicherheit, Verteidigung, nationale Sicherheit und Strafrecht sowie Zugang der Behörden zu personenbezogenen Daten – sowie die Anwendung dieser Rechtsvorschriften, Datenschutzvorschriften, Berufsregeln und Sicherheitsvorschriften einschließlich der Vorschriften für die Weiterübermittlung personenbezogener Daten an ein anderes Drittland bzw. eine andere internationale Organisation, die Rechtsprechung sowie wirksame und durchsetzbare Rechte der betroffenen Person und wirksame verwaltungsrechtliche und gerichtliche Rechtsbehelfe für betroffene Personen, deren personenbezogene Daten übermittelt werden,

b) die Existenz und die wirksame Funktionsweise einer oder mehrerer unabhängiger Aufsichtsbehörden in dem betreffenden Drittland oder denen eine internationale Organisation untersteht und die für die Einhaltung und Durchsetzung der Datenschutzvorschriften, einschließlich angemessener Durchsetzungsbefugnisse, für die Unterstützung und Beratung der betroffenen Personen bei der Ausübung ihrer Rechte und für die Zusammenarbeit mit den Aufsichtsbehörden der Mitgliedstaaten zuständig sind, und

c) die von dem betreffenden Drittland bzw. der betreffenden internationalen Organisation eingegangenen internationalen Verpflichtungen oder andere Verpflichtungen, die sich aus rechtsverbindlichen Übereinkünften oder Instrumenten sowie aus der Teilnahme des Drittlands oder der internationalen Organisation an multilateralen oder regionalen Systemen insbesondere in Bezug auf den Schutz personenbezogener Daten ergeben.“

Bei der Beurteilung der Angemessenheit des Schutzniveaus in einem Drittland sind demnach zukünftig unter anderem folgende Faktoren zu berücksichtigen: 176

- Rechtsstaatlichkeit, Menschenrechte und Grundrechte im Drittland;
- neben dem Datenschutzrecht des Drittlandes auch dessen Vollzug;
- der tatsächliche Zugriff von Behörden auf personenbezogene Daten;
- die Rechtsprechung der Gerichte des Drittlandes;
- subjektive Rechte der Betroffenen und deren gerichtliche und außergerichtlichen Rechtsschutzmöglichkeiten;
- die Existenz einer oder mehrerer unabhängigen Datenschutzbehörden und deren Sanktionsrechte sowie die Befugnisse der Datenschutzbehörden zur Unterstützung und Beratung der Betroffenen und zur Zusammenarbeit mit europäischen Datenschutzbehörden;
- internationale Verpflichtungen, die das Drittland zum Schutz personenbezogener Daten eingegangen ist.

Die Neuregelung erschwert der Kommission eine Feststellung der „Angemessenheit“ des Schutzniveaus. Nur wenn ein Drittstaat über ein Datenschutzrecht verfügt, das dem europäischen Recht ähnelt, lässt sich ein angemessenes Schutzniveau nach Art. 45 Abs. 2 DSGVO feststellen. 177

In Art. 45 Abs. 3 Satz 1 und 2 DSGVO wird die Befugnis der Kommission zur Feststellung der Angemessenheit näher ausgestaltet: 178

„Nach der Beurteilung der Angemessenheit des Schutzniveaus kann die Kommission im Wege eines Durchführungsrechtsaktes beschließen, dass ein Drittland, ein Gebiet oder ein oder mehrere spezifische Sektoren in einem Drittland oder eine internationale Organisation ein angemessenes Schutzniveau im Sinne des Absatzes 2 des vorliegenden Artikels bieten. In dem Durchführungsrechtsakt ist ein Mechanismus für eine regelmäßige Überprüfung, die mindestens alle vier Jahre erfolgt, vorzusehen, bei der allen maßgeblichen Entwicklungen in dem Drittland oder bei der internationalen Organisation Rechnung getragen wird.“

Art. 45 Abs. 4 und 5 DSGVO verpflichtet die Kommission, die Angemessenheit des Schutzniveaus im Drittland laufend zu überwachen, nachdem eine Feststellung nach Art. 45 Abs. 3 DSGVO getroffen wurde. Wenn die Voraussetzungen für eine Angemessenheit fortfallen, muss die Kommission ihre Feststellung widerrufen. 179

Bestehende Feststellungen nach Art. 25 Abs. 6 DSRL bleiben nach Inkrafttreten der DSGVO in Kraft (Art. 45 Abs. 9 DSGVO), unterliegen jedoch den Verpflichtungen der Kommission zur Überwachung und zum Widerruf nach Art. 45 Abs. 4 und 5 DSGVO. 180

25. Gibt es Änderungen bei den Standardvertragsklauseln?

■ *Geltendes Recht*

181 Die Standardvertragsklauseln sind derzeit nur kursorisch in Art. 26 Abs. 4 DSRL geregelt. Dort findet sich eine Ermächtigung der EU-Kommission zur Feststellung, dass bestimmte Standardvertragsklauseln ausreichende Garantien hinsichtlich des Schutzes der Privatsphäre, der Grundrechte und der Grundfreiheiten der Personen sowie hinsichtlich der Ausübung der damit verbundenen Rechte bieten. Dies hat nach Art. 26 Abs. 2 DSRL die Rechtmäßigkeit des Datentransfers in einen Drittstaat zur Folge, auch wenn es in dem Drittstaat an einem angemessenen Datenschutzniveau fehlt.

182 Im BDSG sind die Rechtsfolgen einer Verwendung von Standardvertragsklauseln nicht eindeutig geregelt. Es entspricht jedoch allgemeiner Auffassung, dass es bei einer Verwendung von Standardvertragsklauseln keiner Genehmigung des Datentransfers durch die Aufsichtsbehörden bedarf. Diese Auffassung wird auch von allen deutschen Datenschutzbehörden vertreten, sodass die Verwendung der Klauseln eine rechtssichere Grundlage für den Datenexport ist.

183 Alle Veränderungen der Klauseln können nach Auffassung der Aufsichtsbehörden dazu führen, dass die Klauseln nach § 4 c Abs. 2 Satz 1 BDSG genehmigungspflichtig werden. Die Behörden halten daher vor der Verwendung geänderter Klauseln stets eine Rücksprache mit der zuständigen Datenschutzbehörde für erforderlich.

184 Die EU-Kommission hat zu drei Klauselwerken Feststellungen nach Art. 26 Abs. 4 DSRL getroffen:

- Decision 2001/497/EC: Set I;
- Decision 2004/915/EC: Set II;
- Decision 2010/87/EU: Auftragsdatenverarbeitung

■ *Änderungen durch die DSGVO*

185 Falls es in dem Drittland, in das Daten übermittelt werden sollen, an „einem angemessenen Schutzniveau“ fehlt, ist die verantwortliche Stelle nach Art. 46 Abs. 1 DSGVO zu „geeigneten Garantien“ verpflichtet:

> „Falls kein Beschluss nach Artikel 45 Absatz 3 vorliegt, darf ein Verantwortlicher oder ein Auftragsverarbeiter personenbezogene Daten an ein Drittland oder eine internationale Organisation nur übermitteln, sofern der Verantwortliche oder der Auftragsverarbeiter geeignete Garantien vorgesehen hat und sofern den betroffenen Personen durchsetzbare Rechte und wirksame Rechtsbehelfe zur Verfügung stehen.“

186 Als „geeignete Garantien“ gelten gemäß Art. 46 Abs. 2 lit. c und d DSGVO Standardvertragsklauseln, die die EU-Kommission erlassen bzw. gebilligt hat:

„c) Standarddatenschutzklauseln, die von der Kommission gemäß dem Prüfverfahren nach Artikel 93 Absatz 2 erlassen werden,

d) von einer Aufsichtsbehörde angenommenen Standarddatenschutzklauseln, die von der Kommission gemäß dem Prüfverfahren nach Artikel 93 Absatz 2 genehmigt wurden".

Die DSGVO gibt der Kommission keine materiellen Anforderungen an Standardvertragsklauseln vor. Die nach Art. 26 Abs. 4 DSRL von der Kommission verabschiedeten Klauseln bleiben zudem in Kraft (Art. 46 Abs. 5 Satz 2 DSGVO). 187

Standardvertragsklauseln sollen in Zukunft nicht so starr gehandhabt werden, wie dies in der Vergangenheit der Fall war. Erwägungsgrund 109 DSGVO lässt Ergänzungen der Vertragsklauseln zu, sofern die Ergänzungen den Klauseln nicht widersprechen und die Grundrechte und Grundfreiheiten der Betroffenen unberührt bleiben: 188

„Die dem Verantwortlichen oder dem Auftragsverarbeiter offenstehende Möglichkeit, auf die von der Kommission oder einer Aufsichtsbehörde festgelegten Standard-Datenschutzklauseln zurückzugreifen, sollte den Verantwortlichen oder den Auftragsverarbeiter weder daran hindern, die Standard-Datenschutzklauseln auch in umfangreicheren Verträgen, wie zum Beispiel Verträgen zwischen dem Auftragsverarbeiter und einem anderen Auftragsverarbeiter, zu verwenden , noch ihn daran hindern, ihnen weitere Klauseln oder zusätzliche Garantien hinzuzufügen, solange diese weder mittelbar noch unmittelbar im Widerspruch zu den von der Kommission oder einer Aufsichtsbehörde erlassenen Standard-Datenschutzklauseln stehen oder die Grundrechte und Grundfreiheiten der betroffenen Personen beschneiden. Die Verantwortlichen und die Auftragsverarbeiter sollten ermutigt werden, mit vertraglichen Verpflichtungen, die die Standard-Schutzklauseln ergänzen, zusätzliche Garantien zu bieten."

26. Welche Neuerungen gibt es bei den „Binding Corporate Rules"?

■ *Geltendes Recht*

„Binding Corporate Rules" sind ein Instrument, das einen rechtssicheren Datentransfer innerhalb eines internationalen Konzerns ermöglicht. „Verbindliche Unternehmensregelungen" werden in § 4 c Abs. 2 Satz 1 BDSG als Gestaltungsmittel erwähnt. Sie sind eine Möglichkeit, das Erfordernis „ausreichender Garantien hinsichtlich des Schutzes des Persönlichkeitsrechts und der Ausübung der damit verbundenen Rechte" gemäß § 4 c Abs. 2 Satz 1 BDSG zu erfüllen. Die Erstellung von „Binding Corporate Rules" ist aufwändig und mit zahlreichen ungeklärten Rechts- und Verfahrensfragen verbunden. 189

„Binding Corporate Rules" setzen eine allseits verbindliche Vereinbarung unter den konzernangehörigen Unternehmen voraus, die von allen zuständigen Datenschutzbehörden zu genehmigen ist. 190

191 Die Tragweite einer aufsichtsbehördlichen Genehmigung ist streitig. Vielfach wird vertreten, dass nach geltendem Recht nicht nur die „Binding Corporate Rules“ von den zuständigen Aufsichtsbehörden zu genehmigen sind, sondern darüber hinaus auch jede Datenübermittlung in einen Drittstaat, die auf der Grundlage der „Binding Corporate Rules“ erfolgt.

■ *Änderungen durch die DSGVO*

192 Durch die DSGVO werden Binding Corporate Rules als Instrument für einen rechtssicheren Datenexport in Drittstaaten aufgewertet und detailliert ausgestaltet. Art. 46 Abs. 2 lit. b DSGVO stellt Binding Corporate Rules den Standardvertragsklauseln gleich. Ebenso wie Standardvertragsklauseln sind Binding Corporate Rules zukünftig eine Grundlage für den genehmigungsfreien Export von personenbezogenen Daten in Drittstaaten.

Merke:

193 Binding Corporate Rules bedürfen einer Genehmigung durch die Aufsichtsbehörden nach Art. 47 DSGVO. Ist diese Genehmigung jedoch einmal erteilt, bedürfen Datentransfers auf der Grundlage der Binding Corporate Rules keiner (weiteren) Genehmigung.

Regelmäßig sind Unternehmen aus mehr als einem EU-Mitgliedsstaat an Binding Corporate Rules beteiligt. Wenn dies der Fall ist, bedarf es einer Abstimmung der zuständigen Aufsichtsbehörden im Kohärenzverfahren nach Art. 63 DSGVO (Art. 47 Abs. 1 DSGVO).

194 Als Gestaltungsmittel sind Binding Corporate Rules in erster Linie für Konzerne von Interesse. Aus Art. 4 Nr. 20 DSGVO und Erwägungsgrund 110 DSGVO ergibt sich jedoch, dass nicht nur Konzerne (Unternehmensgruppen, vgl. § 4 Nr. 19 DSGVO), sondern auch „Gruppen von Unternehmen“ Binding Corporate Rules verabschieden können, um den Transfer von personenbezogenen Daten in Drittländer rechtsverbindlich zu regeln.

195 „Gruppen von Unternehmen“ können nach Art. 4 Nr. 20 DSGVO und Art. 47 Abs. 1 lit. a DSGVO auf der Basis von Binding Corporate Rules agieren, wenn sie eine „gemeinsame Wirtschaftstätigkeit“ ausüben. Die Einschränkung dürfte keine allzu großen praktischen Auswirkungen haben, da es ohne eine „gemeinsame Wirtschaftstätigkeit“ wenig Anlass geben dürfte, über Binding Corporate Rules nachzudenken.

Merke:

196 Binding Corporate Rules werden durch die DSGVO auch außerhalb von Konzernen zu einer interessanten Gestaltungsoption für Unternehmen, die mit Dienstleistern und Vertriebs- und Kooperationspartnern aus Drittländern kontinuierlich Daten austauschen.

Die Grundanforderungen für Binding Corporate Rules finden sich in Art. 47 Abs. 1 lit. a und b DSGVO. Danach müssen die Binding Rules 197

- für alle beteiligten Unternehmen einschließlich deren Mitarbeitern rechtlich verbindlich sein;
- von allen beteiligten Unternehmen einschließlich deren Mitarbeitern durchgesetzt werden;
- den Betroffenen ausdrücklich Rechte hinsichtlich der Vereinbarung der sie betreffenden personenbezogenen Daten einräumen.

Von den Grundanforderungen zu unterscheiden ist der umfangreiche Katalog der Regelungspunkte, der sich in Art. 47 Abs. 2 DSGVO findet. Dieser Katalog ist so ausführlich, dass er ein präzises Raster für die zukünftige Gestaltung von Binding Corporate Rules vorgibt: 198

„Die verbindlichen internen Datenschutzvorschriften nach Absatz 1 enthalten mindestens folgende Angaben:

a) Struktur und Kontaktdaten der Unternehmensgruppe oder Gruppe von Unternehmen, die eine gemeinsame Wirtschaftstätigkeit ausüben, und jedes ihrer Mitglieder;

b) die betreffenden Datenübermittlungen oder Reihen von Datenübermittlungen einschließlich der betreffenden Arten personenbezogener Daten, Art und Zweck der Datenverarbeitung, Art der betroffenen Personen und das betreffende Drittland beziehungsweise die betreffenden Drittländer;

c) interne und externe Rechtsverbindlichkeit der betreffenden internen Datenschutzvorschriften;

d) die Anwendung der allgemeinen Datenschutzgrundsätze, insbesondere Zweckbindung, Datenminimierung, begrenzte Speicherfristen, Datenqualität, Datenschutz durch Technikgestaltung und durch datenschutzfreundliche Voreinstellungen, Rechtsgrundlage für die Verarbeitung, Verarbeitung besonderer Kategorien von personenbezogenen Daten, Maßnahmen zur Sicherstellung der Datensicherheit und Anforderungen für die Weiterübermittlung an nicht an diese internen Datenschutzvorschriften gebundene Stellen;

e) die Rechte der betroffenen Personen in Bezug auf die Verarbeitung und die diesen offenstehenden Mittel zur Wahrnehmung dieser Rechte einschließlich des Rechts, nicht einer ausschließlich auf einer automatisierten Verarbeitung – einschließlich Profiling – beruhenden Entscheidung nach Artikel 22 unterworfen zu werden sowie des in Artikel 79 niedergelegten Rechts auf Beschwerde bei der zuständigen Aufsichtsbehörde beziehungsweise auf Einlegung eines Rechtsbehelfs bei den zuständigen Gerichten der Mitgliedstaaten und im Falle einer Verletzung der verbindlichen internen Datenschutzvorschriften Wiedergutmachung und gegebenenfalls Schadenersatz zu erhalten;

f) die von dem in einem Mitgliedstaat niedergelassenen Verantwortlichen oder Auftragsverarbeiter übernommene Haftung für etwaige Verstöße eines nicht in der Union niedergelassenen betreffenden Mitglieds der Unternehmensgruppe gegen die verbindlichen internen Datenschutzvorschriften; der Verantwortliche oder der Auftragsverarbeiter ist nur dann teilweise oder vollständig von dieser Haftung befreit, wenn er nachweist, dass der Umstand, durch den der Schaden eingetreten ist, dem betreffenden Mitglied nicht zur Last gelegt werden kann;

g) die Art und Weise, wie die betroffenen Personen über die Bestimmungen der Artikel 13 und 14 hinaus über die verbindlichen internen Datenschutzvorschriften und insbesondere über die unter den Buchstaben d, e und f dieses Absatzes genannten Aspekte informiert werden;

h) die Aufgaben jedes gemäß Artikel 37 benannten Datenschutzbeauftragten oder jeder anderen Person oder Einrichtung, die mit der Überwachung der Einhaltung der verbindlichen internen Datenschutzvorschriften in der Unternehmensgruppe oder Gruppe von Unternehmen, die eine gemeinsame Wirtschaftstätigkeit ausüben, sowie mit der Überwachung der Schulungsmaßnahmen und dem Umgang mit Beschwerden befasst ist;

i) die Beschwerdeverfahren;

j) die innerhalb der Unternehmensgruppe oder Gruppe von Unternehmen, die eine gemeinsame Wirtschaftstätigkeit ausüben, bestehenden Verfahren zur Überprüfung der Einhaltung der verbindlichen internen Datenschutzvorschriften. Derartige Verfahren beinhalten Datenschutzüberprüfungen und Verfahren zur Gewährleistung von Abhilfemaßnahmen zum Schutz der Rechte der betroffenen Person. Die Ergebnisse derartiger Überprüfungen sollten der in Buchstabe h genannten Person oder Einrichtung sowie dem Verwaltungsrat des herrschenden Unternehmens einer Unternehmensgruppe oder der Gruppe von Unternehmen, die eine gemeinsame Wirtschaftstätigkeit ausüben, mitgeteilt werden und sollten der zuständigen Aufsichtsbehörde auf Anfrage zur Verfügung gestellt werden;

k) die Verfahren für die Meldung und Erfassung von Änderungen der Vorschriften und ihre Meldung an die Aufsichtsbehörde;

l) die Verfahren für die Zusammenarbeit mit der Aufsichtsbehörde, die die Befolgung der Vorschriften durch sämtliche Mitglieder der Unternehmensgruppe oder Gruppe von Unternehmen, die eine gemeinsame Wirtschaftstätigkeit ausüben, gewährleisten, insbesondere durch Offenlegung der Ergebnisse von Überprüfungen der unter Buchstabe j genannten Maßnahmen gegenüber der Aufsichtsbehörde;

m) die Meldeverfahren zur Unterrichtung der zuständigen Aufsichtsbehörde über jegliche für ein Mitglied der Unternehmensgruppe oder Gruppe von Unternehmen, die eine gemeinsame Wirtschaftstätigkeit ausüben, in einem Drittland geltenden rechtlichen Bestimmungen, die sich nachteilig auf die Garantien auswirken könnten, die die verbindlichen internen Datenschutzvorschriften bieten, und

n) geeignete Datenschutzschulungen für Personal mit ständigem oder regelmäßigem Zugang zu personenbezogenen Daten."

27. Wann kommt eine Einzelgenehmigung durch die Aufsichtsbehörde in Betracht?

■ *Geltendes Recht*

199 § 4 c Abs. 2 Satz 1 BDSG lässt für den Datentransfer in ein Drittland auch die Möglichkeit einer Einzelgenehmigung durch die zuständige Aufsichtsbehörde zu. Geprüft wird dann jeweils anhand der zwischen den Beteiligten geplanten

oder bereits geschlossenen Verträge, ob ausreichende Garantien hinsichtlich des Schutzes von Persönlichkeitsrechten und der Ausübung der damit verbundenen Rechte vorliegen.

■ *Änderungen durch die DSGVO*

Auch die DSGVO eröffnet die Möglichkeit eines Datentransfers aufgrund einer Einzelgenehmigung der zuständigen Datenschutzbehörde (Art. 46 Abs. 3 lit. a DSGVO). Dies gilt, wenn Vertragsklauseln im Einzelfall als „geeignete Garantien" angesehen werden können: 200

„Vorbehaltlich der Genehmigung durch die zuständige Aufsichtsbehörde können die geeigneten Garantien gemäß Absatz 1 auch insbesondere bestehen in

a) Vertragsklauseln, die zwischen dem Verantwortlichen oder dem Auftragsverarbeiter und dem Verantwortlichen, dem Auftragsverarbeiter oder dem Empfänger der personenbezogenen Daten im Drittland oder der internationalen Organisation vereinbart wurden".

Merke:

Art. 46 Abs. 1 DSGVO verlangt für jede Genehmigung 201

- durchsetzbare Rechte der Betroffenen und
- wirksame Rechtsbehelfe für die Betroffenen.

Bei der Vertragsgestaltung ist darauf zu achten, dass diese Mindestanforderungen stets eingehalten werden, um eine Genehmigung nicht von vornherein zu erschweren.

28. Welche Maßgaben gelten für die Einwilligung?

■ *Geltendes Recht*

§ 4 c Abs. 1 Satz 1 Nr. 1 BDSG lässt den Transfer personenbezogener Daten in ein Drittland zu, wenn die Betroffenen eingewilligt haben. Welche genauen Anforderungen für eine solche Einwilligung gelten, ist streitig. 202

■ *Änderungen durch die DSGVO*

Nach Art. 49 Abs. 1 Satz 1 lit. a DSGVO reicht eine Einwilligung des Betroffenen nur aus, wenn die Einwilligung ausdrücklich erfolgt ist und der Betroffene über die möglichen Risiken des Datentransfers aufgeklärt wurde, die sich aus dem Fehlen eines adäquaten Datenschutzniveaus im Drittland und den gleichfalls fehlenden „geeigneten Garantien" ergeben. 203

Merke:

204 Die durch Art. 49 Abs. 1 Satz 1 lit. a DSGVO vorgeschriebene Risikobelehrung ist ein Erfordernis, das die allgemeinen Anforderungen an die Einwilligung nicht ersetzt, sondern ergänzt. Neben der Risikobelehrung bedarf es daher auch der Informationen, die für jede Einwilligung nach Art. 4 Nr. 11 DSGVO vorgeschrieben sind, also insbesondere einer Information über die genauen Zwecke des Datentransfers.

29. Welche Auffangtatbestände gibt es?

■ *Geltendes Recht*

205 § 4 c Abs. 1 Satz 1 Nr. 2 bis 6 BDSG sieht Ausnahmen von dem Genehmigungserfordernis in folgenden Fällen vor:

- Der Datentransfer ist für die Erfüllung eines Vertrags zwischen dem Betroffenen und der verantwortlichen Stelle oder zur Durchführung von vorvertraglichen Maßnahmen erforderlich, die auf Veranlassung des Betroffenen getroffen worden sind (§ 4 c Abs. 1 Satz 1 Nr. 2 BDSG).
- Der Datentransfer ist zum Abschluss oder zur Erfüllung eines Vertrags erforderlich, der im Interesse des Betroffenen von der verantwortlichen Stelle mit einem Dritten geschlossen wurde oder geschlossen werden soll (§ 4 c Abs. 1 Satz 1 Nr. 3 BDSG).
- Der Datentransfer ist für die Wahrung eines wichtigen öffentlichen Interesses oder zur Geltendmachung, Ausübung oder Verteidigung von Rechtsansprüchen vor Gericht erforderlich (§ 4 c Abs. 1 Satz 1 Nr. 4 BDSG).
- Der Datentransfer ist für die Wahrung lebenswichtiger Interessen des Betroffenen erforderlich (§ 4 c Abs. 1 Satz 1 Nr. 5 BDSG).
- Der Datentransfer erfolgt aus einem Register, das zur Information der Öffentlichkeit bestimmt ist (§ 4 c Abs. 1 Satz 1 Nr. 6 BDSG).

■ *Änderungen durch die DSGVO*

206 Die Auffangtatbestände des § 4 c Abs. 1 Satz 1 Nr. 2 bis 6 BDSG bleiben weitestgehend erhalten, sie finden sich in Art. 49 Abs. 1 Satz 1 lit. b bis g DSGVO.

207 Nur in wenigen Punkten gibt es Änderungen:

- Wahrung eines wichtigen öffentlichen Interesses (Art. 49 Abs. 1 Satz 1 lit. d DSGVO): Diese Ausnahme gilt nur, soweit sich dieses Interesse aus EU-Recht oder dem Recht des jeweiligen Mitgliedsstaates ergibt (Art. 49 Abs. 4 DSGVO).
- Lebenswichtige Interessen (Art. 49 Abs. 1 Satz 1 lit. f DSGVO): Diese Ausnahme setzt – anders als bisher § 4 c Abs. 1 Satz 1 Nr. 5 BDSG – voraus, dass der Betroffene physisch oder rechtlich nicht in der Lage ist, eine Einwilligung zu erteilen, weil er beispielsweise bewusstlos oder geschäftsunfähig ist.

- Daten aus einem öffentlichen Register (Art. 49 Abs. 1 lit. g DSGVO): Weder die gesamten Daten eines Registers noch gesamte Kategorien von Daten aus diesem Register dürfen auf dieser Grundlage übermittelt werden. Sind die Daten ausschließlich für Personen bestimmt, die ein berechtigtes Interesse an diesen Daten nachweisen können (wie dies etwa beim Grundbuchamt der Fall ist, § 12 GBO), darf nur dieser Personenkreis den Datentransfer veranlassen oder die Daten in Empfang nehmen.

Vollständig neu ist die Ausnahme gemäß Art. 49 Abs. 1 Satz 2 DSGVO, die immer dann gilt, wenn keiner der anderen Auffangtatbestände erfüllt ist: 208

„Falls die Übermittlung nicht auf eine Bestimmung der Artikel 45 oder 46 – einschließlich der verbindlichen internen Datenschutzvorschriften – gestützt werden könnte und keine der Ausnahmen für einen bestimmten Fall gemäß den Buchstaben a bis g des vorliegenden Absatzes anwendbar ist, darf eine Übermittlung an ein Drittland oder eine internationale Organisation nur dann erfolgen, wenn die Übermittlung nicht wiederholt erfolgt, nur eine begrenzte Zahl von betroffenen Personen betrifft, für die Wahrung der zwingenden berechtigten Interessen des Verantwortlichen erforderlich ist, sofern die Interessen oder die Rechte und Freiheiten der betroffenen Person nicht überwiegen, und der Verantwortliche alle Umstände der Datenübermittlung beurteilt und auf der Grundlage dieser Beurteilung angemessene Garantien in Bezug auf den Schutz personenbezogener Daten vorgesehen hat."

„Zwingende berechtigte Interessen" können die verantwortliche Stelle somit ausnahmsweise zur Übermittlung von Daten in ein Drittland oder an eine internationale Organisation berechtigen, dies jedoch nur, wenn diese Interessen „zwingend" sind und eine Reihe von weiteren Voraussetzungen vorliegen: 209

- Einmaligkeit des Datentransfers („nicht wiederholt");
- begrenzte Zahl von Betroffenen;
- kein Überwiegen der Rechte und Freiheiten der Betroffenen;
- Abschätzung der Risiken des Datentransfers durch die verantwortliche Stelle und Dokumentation dieser Abschätzung (Art. 49 Abs. 6 DSGVO);
- Angemessene Garantien zum Schutz personenbezogener Daten und Dokumentation dieser Maßnahmen (Art. 49 Abs. 6 DSGVO);
- Benachrichtigung der zuständigen Aufsichtsbehörde über den Datentransfer (Art. 49 Abs. 1 Satz 3 DSGVO);
- Benachrichtigung des Betroffenen und Aufklärung über die mit dem Datentransfer verfolgten zwingenden berechtigten Interessen (Art. 49 Abs. 1 Satz 4 DSGVO).

VIII. Territorialer Anwendungsbereich der DSGVO

Die DSGVO gilt nicht nur für Unternehmen, die ihren Sitz in einem Mitglieds- 210
staat der EU haben. Vielmehr erhebt die DSGVO den umfassenden Anspruch der Geltung für alle Datenverarbeitungsprozesse, die sich auf personenbezogene Daten europäischer Bürger beziehen. Unternehmen aus dem nichteuropäi-

schen Ausland werden daher sorgfältig prüfen müssen, ob sie ab Inkrafttreten der DSGVO europäisches Datenschutzrecht zu beachten haben.

■ *Geltendes Recht*

211 § 1 Abs. 5 Satz 2 BDSG regelt die Voraussetzungen, unter denen das BDSG für Unternehmen gilt, die ihren Sitz außerhalb des EWR haben:

„Dieses Gesetz findet Anwendung, sofern eine verantwortliche Stelle, die nicht in einem Mitgliedstaat der Europäischen Union oder in einem anderen Vertragsstaat des Abkommens über den Europäischen Wirtschaftsraum belegen ist, personenbezogene Daten im Inland erhebt, verarbeitet oder nutzt."

212 Die Formulierung legt den Schluss nahe, dass die Anwendbarkeit des BDSG von dem physischen Ort abhängt, an dem personenbezogene Daten erhoben, verarbeitet oder genutzt werden. Ein nicht-europäisches Unternehmen wäre demnach nur dann zur Beachtung des BDSG verpflichtet, wenn es in Deutschland die Erhebung, Verarbeitung oder Nutzung personenbezogener Daten vornimmt. Maßgeblich wäre der jeweilige Standort der Server, auf denen die Datenverarbeitung erfolgt.

213 § 1 Abs. 5 Satz 2 BDSG liegt Art. 4 Abs. 1 DSRL zugrunde. Dort wird der territoriale Anwendungsbereich des Datenschutzrechts, wie folgt, abgrenzt:

„Jeder Mitgliedstaat wendet die Vorschriften, die er zur Umsetzung dieser Richtlinie erlässt, auf alle Verarbeitungen personenbezogener Daten an,

a) die im Rahmen der Tätigkeiten einer Niederlassung ausgeführt werden, die der für die Verarbeitung Verantwortliche im Hoheitsgebiet dieses Mitgliedstaats besitzt. Wenn der Verantwortliche eine Niederlassung im Hoheitsgebiet mehrerer Mitgliedstaaten besitzt, ergreift er die notwendigen Maßnahmen, damit jede dieser Niederlassungen die im jeweils anwendbaren einzelstaatlichen Recht festgelegten Verpflichtungen einhält;

b) die von einem für die Verarbeitung Verantwortlichen ausgeführt werden, der nicht in seinem Hoheitsgebiet, aber an einem Ort niedergelassen ist, an dem das einzelstaatliche Recht dieses Mitgliedstaats gemäß dem internationalen öffentlichen Recht Anwendung findet;

c) die von einem für die Verarbeitung Verantwortlichen ausgeführt werden, der nicht im Gebiet der Gemeinschaft niedergelassen ist und zum Zwecke der Verarbeitung personenbezogener Daten auf automatisierte oder nicht automatisierte Mittel zurückgreift, die im Hoheitsgebiet des betreffenden Mitgliedstaats belegen sind, es sei denn, dass diese Mittel nur zum Zweck der Durchfuhr durch das Gebiet der Europäischen Gemeinschaft verwendet werden."

214 Primär kommt es nach Art. 4 Abs. 1 lit. a DSRL darauf an, ob

- das nicht-europäische Unternehmen eine Niederlassung in einem EU-Mitgliedsstaat unterhält und
- im Rahmen der Tätigkeiten dieser Niederlassung personenbezogene Daten erhoben werden.

Klarstellungen finden sich in zwei neueren Entscheidungen des EuGH: 215

- Google Spain: Werden in der Niederlassung eines nicht-europäischen Unternehmens in einem EU-Mitgliedsstaat ausschließlich Werbetätigkeiten ausgeübt, ist das Datenschutzrecht des Mitgliedsstaates dennoch auf die Datenverarbeitung anwendbar, wenn es um einen Dienst (Suchmaschine) geht, der durch Werbeeinnahmen finanziert wird (EuGH vom 13.5.2014, Az. C 113/12).
- Weltimmo: Für eine Niederlassung reicht eine feste Einrichtung im Hoheitsgebiet des jeweiligen Mitgliedstaats, wenn das Unternehmen dort eine effektive und tatsächliche Tätigkeit ausübt, in deren Rahmen diese Verarbeitung ausgeführt wird, selbst wenn die Tätigkeit nur geringfügig ist (EuGH vom 1.10.2015, Az. 230/14).

Merke:

Nach geltendem Recht kommt es nie auf die Staatsangehörigkeit oder den Aufenthaltsort der Personen an, deren Daten verarbeitet werden. Auch wenn in der deutschen Niederlassung eines US-Unternehmens ausschließlich Daten von US-Bürgern verarbeitet werden, ist das BDSG anwendbar. 216

■ *Änderungen durch die DSGVO*

30. Wird der territoriale Anwendungsbereich durch die DSGVO erweitert?

In Art. 3 Abs. 1 DSGVO heißt es zum territorialen Anwendungsbereich: 217

„Diese Verordnung findet Anwendung auf die Verarbeitung personenbezogener Daten, soweit diese im Rahmen der Tätigkeiten einer Niederlassung eines Verantwortlichen oder eines Auftragsverarbeiters in der Union erfolgt, unabhängig davon, ob die Verarbeitung in der Union stattfindet."

Diese Regelung entspricht Art. 4 Abs. 1 lit. a DSRL. Für die Anwendbarkeit der DSGVO ist es unerheblich, ob die Datenverarbeitung in Europa stattfindet. Maßgeblich ist vielmehr die Niederlassung. Sobald ein Unternehmen in Europa eine Niederlassung unterhält, gilt die DSGVO, soweit die Datenverarbeitung mit der durch die Niederlassung ausgeübten Tätigkeit in Zusammenhang steht. 218

Auch für Unternehmen ohne europäische Niederlassung kann die DSGVO unter den Voraussetzungen des Art. 3 Abs. 2 DSGVO gelten: 219

„Diese Verordnung findet Anwendung auf die Verarbeitung personenbezogener Daten von betroffenen Personen, die sich in der Union befinden, durch einen nicht in der Union niedergelassenen Verantwortlichen oder Auftragsverarbeiter, wenn die Datenverarbeitung im Zusammenhang damit steht

a) betroffenen Personen in der Union Waren oder Dienstleistungen anzubieten, unabhängig davon, ob von diesen betroffenen Personen eine Zahlung zu leisten ist;

b) das Verhalten betroffener Personen zu beobachten, soweit ihr Verhalten in der Union erfolgt."

Merke:

220 Anders als nach bisherigem Recht kann es für den territorialen Anwendungsbereich des europäischen Datenschutzrechts auf den Aufenthaltsort eines Bürgers ankommen, dessen Daten verarbeitet werden.

221 Für die Anwendbarkeit europäischen Datenschutzrechts reicht es aus, dass

- dass Bürgern in Europa Waren oder Dienstleistungen angeboten werden (Art. 3 Abs. 2 lit. a DSGVO) oder
- dass das Verhalten von Bürgern „beobachtet" wird, während sie sich in Europa aufhalten (Art. 3 Abs. 2 lit. b DSGVO).

31. Wann liegt ein „Angebot" an europäische Bürger vor?

222 Für ein Angebot von Waren und Dienstleistungen in Europa (Art. 3 Abs. 2 lit. a DSGVO) reicht es nicht aus, dass eine Website mit einem entsprechenden Angebot in Europa abrufbar ist. Laut Erwägungsgrund 23 Satz 2 und 3 DSGVO bedarf es vielmehr einer Gesamtbetrachtung, ob sich die Website gezielt (auch) an ein europäisches Publikum richtet:

„Um festzustellen, ob dieser Verantwortliche oder Auftragsverarbeiter betroffenen Personen, die sich in der Union befinden, Waren oder Dienstleistungen anbietet, sollte festgestellt werden, ob der Verantwortliche oder Auftragsverarbeiter offensichtlich beabsichtigt, betroffenen Personen in einem oder mehreren Mitgliedstaaten der Union Dienstleistungen anzubieten. Während die bloße Zugänglichkeit der Website des Verantwortlichen, des Auftragsverarbeiters oder eines Vermittlers in der Union, einer E-Mail-Adresse oder anderer Kontaktdaten oder die Verwendung einer Sprache, die in dem Drittland, in dem der Verantwortliche niedergelassen ist, allgemein gebräuchlich ist, hierfür kein ausreichender Anhaltspunkt ist, können andere Faktoren wie die Verwendung einer Sprache oder Währung, die in einem oder mehreren Mitgliedstaaten gebräuchlich ist, in Verbindung mit der Möglichkeit, Waren und Dienstleistungen in dieser anderen Sprache zu bestellen, oder die Erwähnung von Kunden oder Nutzern, die sich in der Union befinden, darauf hindeuten, dass der Verantwortliche beabsichtigt, den Personen in der Union Waren oder Dienstleistungen anzubieten."

Merke:

223 Ob das Angebot von Waren bzw. Dienstleistungen entgeltlich oder unentgeltlich ist, ist unerheblich (Art. 3 Abs. 2 lit. a DSGVO). Die DSGVO ist somit auch auf kostenlose Dienste anwendbar, sofern sich solche Dienste (auch) an ein europäisches Publikum richten.

32. Wann liegt eine „Beobachtung" europäischer Bürger vor?

Erwägungsgrund 24 Satz 2 DSGVO bringt zum Ausdruck, dass der Begriff der „Beobachtung“ (Art. 3 Abs. 2 lit. b DSGVO) weit zu verstehen ist: 224

„Ob eine Verarbeitungstätigkeit der Beobachtung des Verhaltens von betroffenen Personen gilt, sollte daran festgemacht werden, ob ihre Internetaktivitäten nachvollzogen werden, einschließlich der möglichen nachfolgenden Verwendung von Techniken zur Verarbeitung personenbezogener Daten, durch die von einer natürlichen Person ein Profil erstellt wird, das insbesondere die Grundlage für sie betreffende Entscheidungen bildet oder anhand dessen ihre persönlichen Vorlieben, Verhaltensweisen oder Gepflogenheiten analysiert oder vorausgesagt werden sollen.“

Jede Form des „Profiling“ oder „Tracking“ reicht somit aus, um die Anwendbarkeit der DSGVO zu begründen, sofern das „Profiling“ oder „Tracking“ auch Nutzer erfasst, die sich in einem EU-Mitgliedsstaat aufhalten. 225

33. Wann ist ein EU-Vertreter zu bestellen?

Unternehmen, die in Europa keine Niederlassung unterhalten, aber europäischen Bürgern Waren oder Dienstleistungen anbieten oder „Tracking“ bzw. „Profiling“ in Europa vornehmen, müssen gemäß Art. 27 Abs. 1 DSGVO einen EU-Vertreter bestellen. Dies gilt für den Verantwortlichen ebenso wie für den Auftragsverarbeiter: 226

„In den Fällen gemäß Artikel 3 Absatz 2 benennt der Verantwortliche oder der Auftragsverarbeiter schriftlich einen Vertreter in der Union.“

Merke:

Die Auftragsverarbeitung in einem Drittland kann nach Art. 3 Abs. 2 DSGVO dazu führen, dass der Auftragsverarbeiter umfassend zur Einhaltung europäischen Datenschutzrechts verpflichtet wird und gemäß Art. 27 Abs. 1 DSGVO einen EU-Vertreter bestellen muss. Dies gilt allerdings nicht bei jeder Verarbeitung von Daten europäischer Bürger, sondern nur dann, wenn es einen Zusammenhang gibt mit einem Angebot von Waren oder Dienstleistungen an europäische Bürger oder mit einer „Beobachtung" europäischer Bürger. 227

Art. 27 Abs. 2 lit. a DSGVO sieht Ausnahmen von der Verpflichtung zur Bestellung eines Vertreters vor, wenn die Datenverarbeitung 228

- nur „gelegentlich“ erfolgt und
- nicht in größerem Umfang sensitive Daten gemäß Art. 9 Abs. 1 DSGVO und Art. 10 DSGVO umfasst und
- Risiken für die Rechte und Pflichten einzelner Bürger unwahrscheinlich erscheinen unter Berücksichtigung der Art, der Umstände, des Umfangs und des Zwecks der Datenverarbeitung.

34. Was ist bei der Bestellung des EU-Vertreters zu beachten?

229 Für die Auswahl, die Ernennung und die Vollmacht des Vertreters gilt Folgendes:

- Sitz des Vertreters: Der Vertreter muss seinen Sitz in einem der EU-Mitgliedsstaaten haben, die von den Aktivitäten gemäß Art. 3 Abs. 2 DSGVO betroffen sind (Art. 27 Abs. 3 DSGVO).
- Schriftform: Die Ernennung des Vertreters hat schriftlich zu erfolgen (Art. 27 Abs. 1 DSGVO).
- Empfangsvollmacht: Der Vertreter muss bevollmächtigt werden, Mitteilungen entgegenzunehmen, die sich auf sämtliche Angelegenheiten im Zusammenhang mit der Datenverarbeitung beziehen (Art. 27 Abs. 4 DSGVO).
- Erklärungsvollmacht: Neben der Empfangsvollmacht ist dem Vertreter eine Vollmacht zu erteilen, um im Namen des nicht-europäischen Unternehmens Erklärungen gegenüber den Aufsichtsbehörden abzugeben (Erwägungsgrund 80 Satz 2 und 3 DSGVO).
- Informationspflichten: Angaben zur Identität und den Kontaktdaten des Vertreters gehören zu den Pflichtangaben gemäß Art. 13 Abs. 1 lit. a und Art. 14 Abs. 1 lit. a DSGVO.

35. Welche Pflichten hat der EU-Vertreter?

230 Der Vertreter ist in weitem Umfang selbst Adressat von Verpflichtungen nach der DSGVO:

- Art. 30 Abs. 1 und 2 DSGVO: Der Vertreter muss selbst Verfahrensverzeichnisse führen für alle Datenverarbeitungsprozesse, auf die sich seine Aufgaben gemäß Art. 3 Abs. 2 DSGVO beziehen. Dieser Verpflichtung wird der Vertreter nur nachkommen können, wenn er sicherstellt, dass ihm das Unternehmen, für das er tätig ist, die entsprechenden Unterlagen überlässt und ihn über alle Änderungen laufend informiert.
- Art. 31 DSGVO: Den Vertreter trifft eine eigene Pflicht zur „Zusammenarbeit" mit der zuständigen Aufsichtsbehörde.
- Art. 58 Abs. 1 lit. a DSGVO: Aufsichtsbehörden können den Vertreter zu Auskünften verpflichten (vgl. auch Erwägungsgrund 80 Satz 6 DSGVO, der „Durchsetzungsverfahren" gegen den Vertreter zulässt).

Merke:

231 Die Verletzung der Verpflichtung zur Ernennung eines Vertreters erfüllt den Bußgeldtatbestand des Art. 83 Abs. 4 lit. a DSGVO.

Allerdings lässt es Art. 83 DSGVO nicht zu, dass Aufsichtsbehörden Bußgeldbescheide gegen einen Vertreter erlassen.

IX. Haftung, Rechtsbehelfe, Sanktionen

36. Welche Haftungsrisiken gibt es nach der DSGVO?

■ *Geltendes Recht*

§ 7 Satz 1 BDSG verpflichtet die verantwortliche Stelle zum Schadenersatz, wenn dem Betroffenen durch eine Verletzung datenschutzrechtlicher Bestimmungen ein Schaden entstanden ist. Es handelt sich um eine Verschuldenshaftung mit Verschuldensvermutung. Die verantwortliche Stelle kann sich nach § 7 Satz 2 BDSG durch den Nachweis exkulpieren, die nach den Umständen des Falles gebotene Sorgfalt beachtet zu haben. 232

Eine verschärfte Haftung gilt im öffentlichen Bereich. Dort haften die verantwortlichen Stellen nach § 8 Abs. 1 BDSG auf Schadenersatz ohne Rücksicht auf ein Verschulden. Nach § 8 Abs. 2 BDSG steht dem Betroffenen zudem bei einer schweren Verletzung des Persönlichkeitsrechts eine angemessene Entschädigung für den immateriellen Schaden zu. Die Haftung nach § 8 Abs. 1 und 2 BDSG ist allerdings gemäß § 8 Abs. 3 BDSG auf einen Höchstbetrag von 130.000 Euro begrenzt. 233

■ *Änderungen durch die DSGVO*

Art. 82 DSGVO regelt die Entschädigung des Betroffenen bei Datenschutzverstößen: 234

- Nach Art. 82 Abs. 1 DSGVO hat der Betroffene bei Verstößen gegen Bestimmungen der DSGVO einen Anspruch auf Ersatz des ihm entstandenen materiellen und immateriellen Schadens.
- Bei der Auftragsverarbeitung kommen sowohl Ansprüche gegen den Auftraggeber als auch Ansprüche gegen den Auftragnehmer in Betracht. Der Auftragsverarbeiter haftet jedoch nur, wenn er seinen speziell den Auftragsverarbeitern auferlegten Pflichten aus der DSGVO nicht nachgekommen ist oder unter Nichtbeachtung der rechtmäßig erteilten Anweisungen des für die Datenverarbeitung Verantwortlichen oder gegen diese Anweisungen gehandelt hat (Art. 82 Abs. 2 DSGVO).
- Es bleibt bei einer Verschuldenshaftung mit vermutetem Verschulden. Art. 82 Abs. 3 DSGVO lässt eine Exkulpation des Verantwortlichen bzw. des Auftragsverarbeiters zu durch den Nachweis fehlender „Verantwortlichkeit" für das schädigende Ereignis.
- Alle Datenverarbeiter (Verantwortliche und Auftragsverarbeiter), die für den Datenschutzverstoß „verantwortlich" sind, haften als Gesamtschuldner (Art. 82 Abs. 4 DSGVO).
- Der Gesamtschuldnerausgleich ist in Art. 82 Abs. 5 DSGVO geregelt.
- Der Begriff des Schadens ist weit auszulegen (Erwägungsgrund 146 Satz 3 und 6 DSGVO).

- Haftungsansprüche nach Bestimmungen des nationalen Rechts (z. B. § 823 Abs. 1 BGB) bleiben unberührt (Erwägungsgrund 146 Satz 4 DSGVO).
- Art. 80 Abs. 1 DSGVO eröffnet dem Betroffenen die Möglichkeit, einen Verband mit der Durchsetzung seines Entschädigungsanspruchs nach Art. 82 DSGVO zu beauftragen, wenn die Gesetze des jeweiligen Mitgliedsstaates dies zulassen. Da es in Deutschland an der Zulässigkeit einer solchen Verbandsklage zur Durchsetzung von Schadensersatzansprüchen fehlt, wird es diese Möglichkeit der Durchsetzung von Entschädigungsansprüchen in Deutschland bis auf weiteres nicht geben.

Merke:

235 Die in Art. 80 Abs. 1 DSGVO genannten Verbände müssen folgende Kriterien erfüllen:

- Sie müssen nach dem nationalen Recht des jeweiligen Mitgliedsstaates wirksam gegründet worden sein.
- Ihre satzungsmäßigen Zwecke müssen im öffentlichen Interesse liegen.
- Sie müssen im Bereich des Datenschutzes tätig sein, und zwar zum Schutz der Rechte und Freiheiten der Betroffenen.
- Sie dürfen keine Gewinnerzielungsabsicht haben.

37. Welche Rechtsbehelfe hat der Betroffene?

■ *Geltendes Recht*

Anrufung der Aufsichtsbehörde

236 Sowohl das BDSG als auch die Landesdatenschutzgesetze geben „jedermann" das Recht zur „Anrufung" von Datenschutzbehörden (vgl. nur § 21 BDSG, § 25 LDSG NRW, § 28 LDSG Hessen, § 26 LDSG Hamburg). Weder den Betroffenen noch Dritten („jedermann") werden indes Verfahrensrechte eingeräumt. Zudem fehlen Regelungen zum gerichtlichen Rechtsschutz für den Betroffenen gegen eine Untätigkeit der Aufsichtsbehörde.

237 Verpflichtungsklagen gegen eine Aufsichtsbehörde auf Einschreiten gegen ein datenverarbeitendes Unternehmen sind nach allgemeinem Verwaltungsprozessrecht (§ 42 Abs. 1, 2. Alt. VwGO) zulässig, ohne dass von diesem Instrument in der Praxis in nennenswertem Maße Gebrauch gemacht wird.

Ordentlicher Rechtsweg

238 Der Betroffene steht zu dem datenverarbeitenden Unternehmen in einem privatrechtlichen Verhältnis. Macht er geltend, dass das Unternehmen beim Umgang mit Daten, die sich auf seine Person beziehen, datenschutzrechtliche Pflichten missachtet, steht ihm der ordentliche Rechtsweg offen. Der Betroffene kann insbesondere auf Unterlassung, Beseitigung und Auskunft klagen.

Verbraucher- und wettbewerbsrechtliche Abmahnungen

Verbraucher- und wettbewerbsrechtliche Sanktionen waren bei Datenschutzverstößen lange Zeit eine seltene Ausnahme, zumal ungeklärt war, ob und unter welchen Voraussetzungen gesetzliche Bestimmungen des Datenschutzrechts Marktverhaltensregelungen im Sinne des § 3 a UWG und damit abmahnfähig sind. 239

In den letzten Jahren sind personenbezogene Daten zunehmend zu einem Wirtschaftsgut geworden. Zugleich sind Verbraucher erheblich sensibler, wenn es um Datenschutz geht. Datenschutz ist ein Wettbewerbsfaktor geworden, sodass sich immer mehr die Auffassung durchsetzt, dass Verstöße gegen das Datenschutzrecht als wettbewerbswidrig gemäß § 3 a UWG anzusehen sein können. In diese Richtung weisen auch die durch die letzte Reform des Unterlassungsklagegesetzes (UKlaG) geschaffenen Abmahn- und Klagerechte der Verbraucherverbände bei Datenschutzverstößen (§ 2 Abs. 2 Satz 1 Nr. 11 UKlaG). 240

■ *Änderungen durch die DSGVO*

Beschwerde bei der Aufsichtsbehörde

Nach Art. 77 Abs. 1 DSGVO hat jeder Betroffene das Recht, Beschwerde bei der zuständigen Datenschutzbehörde einzulegen, wenn er der Auffassung ist, dass ein Unternehmen gegen datenschutzrechtliche Vorschriften verstößt und dadurch die Rechte des Betroffenen verletzt. 241

Aus dem bisherigen „Anrufungsrecht" wird ein Anspruch auf ein rechtsförmliches Beschwerdeverfahren: 242

- Lehnt die Aufsichtsbehörde ein Einschreiten ab, steht dem Betroffenen der Rechtsweg zum Verwaltungsgericht offen (Art. 78 Abs. 1 DSGVO).
- Die Aufsichtsbehörden sollen den Betroffenen die Einlegung von Beschwerden erleichtern durch die Bereitstellung von Formularen, die sich auch elektronisch ausfüllen lassen. Eine Verpflichtung der Betroffenen zur Nutzung solcher Formulare soll hiermit allerdings nicht verbunden sein (Erwägungsgrund 141 Satz 5 DSGVO).
- Die Aufsichtsbehörde ist verpflichtet, den Betroffenen über den Fortgang der Beschwerde und dessen Ergebnis zu unterrichten (Art. 77 Abs. 2 DSGVO).
- Die Aufsichtsbehörde wird zur Erteilung einer Rechtsbehelfsbelehrung verpflichtet (Art. 77 Abs. 2 i. V. m. Art. 78 DSGVO).
- Wenn die Aufsichtsbehörde ihren Verpflichtungen gemäß Art. 77 Abs. 2 DSGVO innerhalb von drei Monaten nach Einlegung der Beschwerde nicht nachkommt, kann der Beschwerdeführer nach Art. 78 Abs. 2 DSGVO Untätigkeitsklage erheben.

- Nach Art. 80 Abs. 1 DSGVO hat der Betroffene das Recht, einen Verband mit einer Beschwerde nach Art. 77 DSGVO zu beauftragen und den Verband auch dazu zu ermächtigen, für den Betroffenen ein gerichtliches Verfahren nach Art. 78 DSGVO zu führen.
- Art. 80 Abs. 2 DSGVO gibt den Mitgliedsstaaten die Befugnis, Verbände zu ermächtigen, Rechte der Betroffenen gemäß Art. 77 und 78 DSGVO auch ohne einen entsprechenden Auftrag der Betroffenen durchzusetzen. Bislang gibt es nach deutschem Recht keine solche Ermächtigung. Die Verbandsklagebefugnisse nach dem UWG und dem UKlaG beschränken sich auf das Privatrecht.

243 Das Recht des Betroffenen, einen Verband mit einer Beschwerde bzw. einer Klage gemäß Art. 77 und 78 DSGVO zu beauftragen, ist nicht davon abhängig, dass das Recht des jeweiligen EU-Mitgliedsstaates dies zulässt. Dies ergibt sich aus der englischen Fassung des Erwägungsgrunds 142 Satz 1 DSGVO, der klarstellt, dass die Einschränkung nur für Entschädigungsansprüche nach Art. 82 DSGVO gilt („if provided for in Member State law"):

> „Where a data subject considers that his or her rights under this Regulation are infringed, he or she should have the right to mandate a not-for-profit body, organisation or association which is constituted in accordance with the law of a Member State, has statutory objectives which are in the public interest and is active in the field of the protection of personal data, to lodge a complaint on his or her behalf with a supervisory authority, exercise the right to a judicial remedy on behalf of data subjects or, if provided for in Member State law, exercise the right to receive compensation on behalf of data subjects."

Ordentlicher Rechtsweg

244 Nach Art. 79 Abs. 1 DSGVO muss dem Betroffenen gerichtlicher Rechtsschutz gegen den Verantwortlichen und den Auftragsverarbeiter gewährt werden, wenn er der Auffassung ist, dass der Verantwortliche bzw. der Auftragsverarbeiter Bestimmungen der DSGVO missachtet und hierdurch Rechte des Betroffenen verletzt hat.

245 Gemäß Art. 79 Abs. 2 DSGVO kann der Betroffene Klagen gegen ein datenverarbeitendes Unternehmen nach seiner Wahl bei einem Gericht des Staates anhängig machen, in dem er seinen ständigen Aufenthalt hat, oder bei einem Gericht in dem EU-Mitgliedstaat, in dem das beklagte Unternehmen eine Niederlassung unterhält.

Verbraucher- und wettbewerbsrechtliche Abmahnungen

246 Art. 80 Abs. 2 DSGVO gibt den Mitgliedsstaaten die Befugnis, Verbände zu ermächtigen, Rechte der Betroffenen gemäß Art. 79 DSGVO auch ohne einen entsprechenden Auftrag der Betroffenen durchzusetzen. Dies bedeutet, dass

sich verbraucher- und wettbewerbsrechtliche Abmahnungen, Ansprüche und Klagebefugnisse nach nationalem Recht richten. § 3 a UWG und § 2 Abs. 2 Satz 1 Nr. 11 UKlaG werden somit auch nach Inkrafttreten der DSGVO maßgeblich sein für die Befugnisse von Verbänden, privatrechtliche Ansprüche der Betroffenen durchzusetzen.

38. Welche Bußgelder drohen nach der DSGVO?

■ *Geltendes Recht*

Die zuständige Datenschutzbehörde kann nach derzeitigem Recht Bußgelder bis zu 300.000 Euro verhängen (§ 43 Abs. 3 Satz 1 BDSG). Die einzelnen Bußgeldtatbestände finden sich in § 43 Abs. 1 und 2 BDSG. § 43 Abs. 1 BDSG listet Tatbestände auf, bei denen ein Bußgeld bis zu 50.000 Euro verhängt werden kann. Bei den in § 43 Abs. 2 BDSG aufgeführten schwereren Verstößen droht ein Bußgeld bis zu 300.000 Euro (vgl. § 43 Abs. 3 BDSG). 247

Neben dem BDSG gibt es noch zahlreiche weitere Bundes- und Landesgesetze mit Bußgeldvorschriften zur Sanktionierung von Datenschutzverstößen. Keine dieser Vorschriften sieht Bußgelder vor, die den durch § 43 Abs. 2 BDSG gesetzten Rahmen überschreiten. 248

■ *Änderungen durch die DSGVO*

Bußgeldrahmen

Die neuen Ordnungswidrigkeitstatbestände finden sich in Art. 83 DSGVO: 249

- In Art. 83 Abs. 4 DSGVO werden Verpflichtungen aus der DSGVO aufgelistet, deren Verletzung mit einem Bußgeld bis zu 10 Mio. Euro bestraft werden kann.
- In Art. 83 Abs. 5 DSGVO finden sich Verpflichtungen aus der DSGVO, bei deren Verletzung ein Bußgeld bis zu 20 Mio. Euro droht.
- Nach Art. 83 Abs. 6 DSGVO droht ein Bußgeld bis zu 20 Mio. Euro, wenn ein Verwaltungsakt missachtet wird, den eine Aufsichtsbehörde nach Art. 58 Abs. 2 DSGVO erlassen hat.

Die Höchstbeträge von 10 bzw. 20 Mio. Euro können überschritten werden, wenn ein Unternehmen im letzten Geschäftsjahr einen weltweiten Umsatz von mehr als 500 Mio. Euro erzielt hat. Gegen diese Unternehmen können im Falle des Art. 83 Abs. 4 DSGVO Bußgelder bis zu 2 % und im Falle von Art. 83 Abs. 5 und 6 DSGVO Bußgelder bis zu 4 % des weltweiten Jahresumsatzes verhängt werden. 250

39. Nach welchen Kriterien richten sich die Bußgelder?

251 Bußgelder sind nach der DSGVO kein Automatismus. Nicht jeder der in Art. 83 Abs. 4 bis 6 DSGVO aufgeführten Verstöße wird mit einem Bußgeld geahndet. Ob ein Bußgeld verhängt wird und wie hoch sich das Bußgeld bemisst, richtet sich vielmehr nach dem Kriterienkatalog des Art. 83 Abs. 2 DSGVO und den allgemeinen Maßgaben des Art. 83 Abs. 1 DSGVO.

252 Nach Art. 83 Abs. 2 DSGVO sind folgende Kriterien maßgebend:

- die Art, Schwere und Dauer des Verstoßes (Art. 83 Abs. 2 lit. a DSGVO);
- die Art, der Umfang und der Zweck der jeweiligen Datenverarbeitung (Art. 83 Abs. 2 lit. a DSGVO):
- die Zahl der von dem Verstoß Betroffenen (Art. 83 Abs. 2 lit. a DSGVO);
- das Ausmaß des Schadens, der den Betroffenen entstanden ist (Art. 83 Abs. 2 lit. a DSGVO);
- die vorsätzliche oder fahrlässige Begehung des Verstoßes (Art. 83 Abs. 2 lit. b DSGVO);
- die Maßnahmen des Verantwortlichen bzw. Auftragsverarbeiters zum Ausgleich des Schadens, der den Betroffenen entstanden ist (Art. 83 Abs. 2 lit. c DSGVO);
- der Grad der Verantwortlichkeit des Verantwortlichen bzw. Auftragsverarbeiters unter Berücksichtigung der nach Art. 25 DSGVO (Privacy by Design und Privacy by Default) sowie nach Art. 32 DSGVO ergriffenen technischen und organisatorischen Maßnahmen (Art. 83 Abs. 2 lit. d DSGVO);
- „einschlägige“ frühere Datenschutzverstöße des Verantwortlichen bzw. Auftragsverarbeiters (Art. 83 Abs. 2 lit. e DSGVO);
- der Umfang der Zusammenarbeit mit der Aufsichtsbehörde bei der Abhilfe des Datenschutzverstoßes und der Minderung möglicher nachteiliger Auswirkungen (Art. 83 Abs. 2 lit. f DSGVO);
- die Kategorien personenbezogener Daten, die von dem Verstoß betroffen sind (Art. 83 Abs. 2 lit. g DSGVO);
- die Art und Weise, wie der Verstoß der Aufsichtsbehörde zur Kenntnis gelangt ist, insbesondere der Umstand, ob der Verantwortliche bzw. Auftragsverarbeiter der Aufsichtsbehörde den Verstoß vollständig oder teilweise angezeigt hat (Art. 83 Abs. 2 lit. h DSGVO);
- für den Fall, dass dem Verstoß Anordnungen der Aufsichtsbehörde gemäß Art. 58 Art. 2 DSGVO vorangingen, die Befolgung dieser Anordnungen (Art. 83 Abs. 2 lit. i DSGVO);
- die Befolgung behördlich genehmigter Verhaltensregeln gemäß Art. 40 DSGVO (Art. 83 Abs. 2 lit. j DSGVO);
- die Befolgung behördlich genehmigter Zertifizierungsverfahren gemäß Art. 42 DSGVO (Art. 83 Abs. 2 lit. j DSGVO);

– jegliche anderen erschwerenden oder mildernden Umstände einschließlich finanzieller Vorteile, die durch den Verstoß unmittelbar oder mittelbar erzielt wurden, und finanzieller Verluste, die durch den Verstoß unmittelbar oder mittelbar vermieden wurden (Art. 83 Abs. 2 lit. k DSGVO).

Merke:

Das Verschulden ist nur ein Kriterium für die Verhängung eines Bußgelds (Art. 83 Abs. 2 lit. b DSGVO), nicht jedoch eine zwingende Voraussetzung. Dies lässt den Schluss zu, dass Bußgelder auch ohne einen Verschuldensnachweis verhängt werden dürfen. Die Verhängung eines Bußgeldes ohne Schuldfeststellung wäre indes in Deutschland wegen des Verstoßes gegen das Schuldprinzip verfassungswidrig (vgl. BVerfG vom 15.12.2015, 2 BvR 2735/14). 253

Neben den Kriterien des Art. 83 Abs. 2 DSGVO gelten für Bußgelder einige allgemeine Maßgaben: 254

- Bußgelder müssen wirksam, verhältnismäßig und abschreckend sein (Art. 83 Abs. 1 DSGVO).
- Bei „geringfügigeren" Verstößen kann eine Verwarnung ausreichen, ohne dass ein Bußgeld verhängt wird (Erwägungsgrund 148 Satz 2 DSGVO).
- Wurde der Verstoß von einer natürlichen Person begangen, die durch ein Bußgeld in unverhältnismäßigem Maße belastet würde, kann eine Verwarnung ohne Bußgeld gleichfalls ausreichen (Erwägungsgrund 148 Satz 2 DSGVO).
- Wurde der Verstoß von einer natürlichen Person begangen, sind bei der Bemessung des Bußgelds die Vermögensverhältnisse der Person und die allgemeinen Einkommensverhältnisse in deren Heimatstaat zu berücksichtigen (Erwägungsgrund 150 Satz 4 DSGVO).

40. Gibt es nach der DSGVO auch Straftaten?

■ *Geltendes Recht*

Die vorsätzliche Verwirklichung eines der Tatbestände des § 43 Abs. 2 BDSG ist eine Straftat nach § 44 Abs. 1 BDSG, die mit Freiheitsstrafe bis zu zwei Jahren oder mit Geldstrafe bestraft wird, sofern der Täter gegen Entgelt oder in der Absicht handelt, sich oder einen anderen zu bereichern oder einen anderen zu schädigen. Es handelt sich um Antragsdelikte, deren Verfolgung einen Strafantrag voraussetzt (§ 44 Abs. 2 BDSG). 255

■ *Änderungen durch die DSGVO*

256 Die Möglichkeiten strafrechtlicher Verfahren richten sich nach den jeweiligen Bestimmungen der Mitgliedsstaaten. Dies ist in Art. 84 Abs. 1 DSGVO geregelt:

> „Die Mitgliedstaaten legen die Vorschriften über andere Sanktionen für Verstöße gegen diese Verordnung – insbesondere für Verstöße, die keiner Geldbuße gemäß Artikel 83 unterliegen – fest und treffen alle zu deren Anwendung erforderlichen Maßnahmen. Diese Sanktionen müssen wirksam, verhältnismäßig und abschreckend sein."

Teil B Was ändert sich an den Grundlagen des Datenschutzrechts?

In Teil B geht es um die Grundlagen des Datenschutzrechts. Es geht um die Kriterien und Maßstäbe, nach denen sich die Rechtmäßigkeit der Datenverarbeitung bemisst. Es geht um den Anwendungsbereich der DSGVO, um das Verbotsprinzip und die Erlaubnisnormen, um die Einwilligung und um die Legitimation der Datenverarbeitung durch „berechtigte Interessen“ des Datenverarbeiters. 257

An den Grundlagen des Datenschutzrechts ändert sich durch die DSGVO wenig. Das Verbotsprinzip bleibt bestehen. Jede Verarbeitung personenbezogener Daten bedarf einer Rechtfertigung durch die Einwilligung des Betroffenen, ein „berechtigtes Interesse“ des Datenverarbeiters oder einen anderen gesetzlichen Erlaubnisgrund. 258

Verschiebungen gibt es bei der Einwilligung, die durch die DSGVO deutlich erschwert wird. Häufiger als bisher werden sich Unternehmen bei der Datenverarbeitung auf gesetzliche Erlaubnistatbestände verlassen müssen – insbesondere auf den Tatbestand „berechtigter Interessen“ an der Datenverarbeitung. Die Anforderungen an eine Erlaubnis kraft „berechtigter Interessen“ sind nicht allzu hoch, allerdings haben die Betroffenen in aller Regel ein Widerspruchsrecht („Opt-Out“). 259

Übersicht:

Zu prüfen ist stets: 260

- Ist Datenschutzrecht anwendbar? Dies hängt vor allem davon ab, ob Daten Personenbezug aufweisen. Geregelt ist dies in Art. 4 Nr. 1 DSGVO
  - Wenn es am Personenbezug fehlt, gibt es nach der DSGVO keinerlei Schranken für die Datenverarbeitung.
  - Ist Personenbezug zu bejahen, gelten die Bestimmungen der DSGVO ausnahmslos.
- Werden sensitive Daten verwendet? Sensitive Daten sind in Art. 9 Abs. 1 DSGVO und Art. 10 DSGVO definiert.
  - Wenn keine sensitiven Daten verwendet werden, findet Art. 6 DSGVO Anwendung. Die Datenverarbeitung bedarf einer Legitimation durch einen der Erlaubnistatbestände des Art. 6 Abs. 1 DSGVO.
    - Einwilligung: Die Einwilligung ist ein Erlaubnistatbestand (Art. 6 Abs. 1 Satz 1 lit. a DSGVO). Im Vergleich zum geltenden Recht gibt es deutlich verschärfte Anforderungen:
      - Freiwilligkeit, Informiertheit, Unzweideutigkeit gemäß Art. 4 Nr. 11 DSGVO;

  - Klarheit, Prägnanz und Störungsfreiheit bei elektronischer Einwilligung (Erwägungsgrund 32 Satz 6 DSGVO);
  - Information über die Identität des Verantwortlichen und die Zwecke der Datenverarbeitung gemäß Erwägungsgrund 42 Satz 4 DSGVO;
  - kein Verstoß gegen das Kopplungsverbot gemäß § 7 Abs. 4 DSGVO i. V. m. Erwägungsgrund 43 Satz 2 und Erwägungsgrund 42 Satz 5 DSGVO;
  - kein Verstoß gegen die Anforderungen des § 7 Abs. 2 DSGVO bei vorformulierten Einwilligungserklärungen;
  - kein „klares Ungleichgewicht" zwischen Verantwortlichem und Betroffenem gemäß Erwägungsgrund 43 Satz 1 DSGVO;
  - kein Widerruf der Einwilligung gemäß Art. 7 Abs. 3 DSGVO;
  - Einwilligung der Erziehungsberechtigten bei Kindern unter 16 Jahren, die einen Online-Dienst nutzen möchten, gemäß Art. 8 Abs. 1 DSGVO.
- Vertrag: Eine Befugnis zur Datenverarbeitung kann sich daraus ergeben, dass die Datenverarbeitung zur Anbahnung oder Erfüllung eines Vertrages erforderlich ist (Art. 6 Abs. 1 Satz 1 lit. b DSGVO).
- Berechtigte Interessen: Wegen der verschärften Anforderungen an die Einwilligung ist dieser Erlaubnistatbestand (Art. 6 Abs. 1 Satz 1 lit. f DSGVO) von erheblicher Bedeutung.
  - Die „vernünftigen Erwartungen des Betroffenen" sind der zentrale Maßstab für die Beurteilung, ob die Datenverarbeitung aufgrund „berechtigter Interessen" erlaubt ist (Erwägungsgrund 47 Satz 1 bis 4 DSGVO).
  - „Berechtigte Interessen" eines Dritten reichen für eine Erlaubnis aus (Art. 6 Abs. 1 Satz 1 lit. f DSGVO).
  - Die Betrugsbekämpfung und Zwecke der Daten- und IT-Sicherheit sind stets „berechtigte Interessen", die eine Datenverarbeitung erlauben (Erwägungsgrund 47 Satz 6 DSGVO sowie Erwägungsgrund 49 DSGVO). Entsprechendes gilt für andere präventive Abwehrzwecke.
  - Direktwerbung kann (muss jedoch nicht) von einem „berechtigten Interesse" getragen sein (Erwägungsgrund 47 Satz 7 DSGVO).
  - Vom Betroffenen veröffentlichte Informationen und Daten, deren Verarbeitung zur Rechtsverfolgung, Rechtsausübung oder Rechtsverteidigung erforderlich ist, dürfen regelmäßig aufgrund eines „berechtigten Interesses" verarbeitet werden (vgl. Art. 9 Abs. 2 lit. e und f DSGVO).
  - Opt-Out: Der Betroffene hat im Regelfall ein Widerspruchsrecht, wenn Daten aufgrund eines „berechtigten Interesses" verarbeitet werden (Art. 21 DSGVO).
- Vereinbarkeit mit dem Erhebungszweck: Unabhängig von der Erlaubnisgrundlage der Datenerhebung erlaubt Art. 6 Abs. 4 DSGVO eine

weitere Verarbeitung von Daten, wenn der Zweck der Verarbeitung mit dem ursprünglichen Erhebungszweck „vereinbar“ ist.

- Wenn sensitive Daten verwendet werden, gelten für die Datenverarbeitung die erhöhten Anforderungen des Art. 9 Abs. 2 DSGVO bzw. die Anforderungen gemäß Art. 10 DSGVO.
  - Einwilligung: Sensitive Daten dürfen aufgrund einer Einwilligung der Betroffenen verarbeitet werden, die Einwilligung muss dann allerdings „ausdrücklich“ erteilt worden sein (Art. 9 Abs. 2 lit. a DSGVO).
  - Ärztliche Untersuchungen: Ob und inwieweit die Datenverarbeitung zulässig ist, bestimmt sich nach den Regeln zur ärztlichen Schweigepflicht (Art. 9 Abs. 2 lit. h DSGVO).
  - NGOs: Nach Art. 9 Abs. 2 lit. d DSGVO dürfen NGOs sensitive Daten, die sich auf ihre Mitglieder und auf regelmäßige Kontaktpersonen beziehen, im Rahmen ihrer Tätigkeit verarbeiten.
  - Vom Betroffenen veröffentlichte Informationen und Daten, deren Verarbeitung zur Rechtsverfolgung, Rechtsausübung oder Rechtsverteidigung erforderlich ist, dürfen verarbeitet werden (vgl. Art. 9 Abs. 2 lit. e und f DSGVO).
  - Arbeits- und Sozialrecht; öffentliches Gesundheitswesen; Daten über Straftaten und strafrechtliche Verurteilungen: In diesen Bereichen können die einzelnen EU-Mitgliedsstaaten Sonderregelungen schaffen, die die Verarbeitung sensitiver Daten erlauben (Art. 9 Abs. 2 lit. b und i sowie Art. 10 DSGVO).

I. Sachlicher Anwendungsbereich der DSGVO

Am sachlichen Anwendungsbereich des Datenschutzrechts ändert sich wenig. 261
Der Begriff der „personenbezogenen Daten“ bleibt unscharf. Ebenso unscharf bleibt die Bedeutung von Anonymität und Pseudonymität. Klar geregelt ist dagegen die „Haushaltsausnahme“, die es auch in Zukunft geben wird.

41. Was wird aus dem Begriff der „personenbezogenen Daten“?

■ *Geltendes Recht*

Das Datenschutzrecht fußt auf dem Verbotsprinzip (§ 4 Abs. 1 BDSG): Die 262
Datenverarbeitung ist nicht grundsätzlich erlaubt, sondern verboten. Dies gilt allerdings nur für Daten mit Personenbezug. Fehlt es an einem Personenbezug, ist das Datenschutzrecht insgesamt nicht anwendbar.

Personenbezogene Daten sind nach § 3 Abs. 1 BDSG Einzelangaben über per- 263
sönliche oder sachliche Verhältnisse einer bestimmten oder bestimmbaren natürlichen Person. Die Anforderungen an die „Personenbeziehbarkeit“ (Verhältnisse einer „bestimmbaren“ Person) sind seit langem streitig.

264 Vielfach wird ein „relatives" Verständnis des Personenbezugs befürwortet. Bei einem solchen Verständnis lässt sich keine generelle Aussage darüber treffen, ob ein bestimmtes Datum (z. B. ein Cookie oder eine IP-Adresse) Personenbezug hat. Vielmehr kommt es darauf an, ob der jeweilige Datenverarbeiter das Datum mit vertretbarem Aufwand einer konkreten Person zuordnen kann. Ein und dasselbe Datum kann daher bei einer verantwortlichen Stelle Personenbezug aufweisen, während ihm bei einer anderen verantwortlichen Stelle der Personenbezug fehlt.

265 Die Datenschutzbehörden lehnen eine solche Differenzierung ab und neigen zu einem „absoluten" Verständnis des Personenbezugs. Immer dann, wenn sich der Bezug eines Datums auf eine bestimmte Person nicht ausschließen lässt, wird der Personenbezug bejaht. Die Datenschutzbehörden bejahen einen Personenbezug beispielsweise bei E-Mail-Adressen, Cookies, IP-Adressen, Kennnummern und Pseudonymen, ohne dass es darauf ankommt,

- wer (welche verantwortliche Stelle) diese Daten verarbeitet;
- über welches Zusatzwissen der jeweilige Datenverarbeiter verfügt;
- mit welchem Aufwand die Bestimmung der Person verbunden wäre;
- ob eine Bestimmung der Person auf legalem Weg oder nur unter Inkaufnahme von Rechtsverletzungen oder gar durch die Begehung von Straftaten (z. B. Verletzung des Fernmeldegeheimnisses) möglich erscheint.

266 Das „absolute" Verständnis des Personenbezugs fußt auf der Erkenntnis, dass sich Daten in den Verarbeitungsprozessen leicht miteinander verknüpfen lassen. Eine Kombination weniger „anonymer" Informationen kann ohne weiteres einen Rückschluss zulassen auf die Person, auf dies sich die Informationen beziehen. Werden nur wenige allgemeine Informationen („Anwalt", „ledig", „Postleitzahl", „Schuhgröße") zusammengeführt, ist eine Identifizierung der hinter diesen Informationen stehenden Person möglich.

267 Das „absolute" Verständnis bedeutet, dass Daten nur dann keinen Personenbezug haben, wenn sich ein solcher Personenbezug ausschließen lässt. Wer somit Datenverarbeitungsprozesse so ausgestalten möchte, dass sie die Fallstricke des Datenschutzrechts vermeiden, muss darauf gefasst sein, den „Negativbeweis" führen und einer Aufsichtsbehörde nachweisen zu müssen, dass sich die Zuordnung von Daten zu einer Person tatsächlich ausschließen lässt. Ein solcher „Negativbeweis" ist so gut wie immer unmöglich.

268 Fahrzeugdaten, Maschinendaten, Gebäudedaten oder die Verbrauchsdaten des heimischen Kühlschranks: Stets gibt es eine oder gar mehrere Personen, die mit diesen Daten in Verbindung stehen. Selbst wenn die „Maschinen" nur noch miteinander kommunizieren, gibt es Eigentümer, Programmierer und andere menschliche Akteure, bei denen es sich „nicht ausschließen" lässt, dass die Daten einen Bezug zu ihnen aufweisen.

Merke:

> Es ist stets ratsam, Datenverarbeitungsprozesse an den Anforderungen des Datenschutzrechts auszurichten und nicht darauf zu vertrauen, dass sich ein Personenbezug „ausschließen" lässt. 269

■ *Änderungen durch die DSGVO*

Die DSGVO wartet in Art. 4 Nr. 1 mit einer längeren Definition des Personenbezugs auf. 270

Art. 4 Nr. 1, 1. Halbsatz DSGVO lautet: 271

„‚personenbezogene Daten': alle Informationen, die sich auf eine identifizierte oder identifizierbare natürliche Person (im Folgenden ‚betroffene Person') beziehen…".

Dies entspricht § 3 Abs. 1 BDSG. Eine Änderung des Begriffs „personenbezogener Daten" ist ersichtlich nicht beabsichtigt. 272

Merke:

> Die Aufsichtsbehörden werden nach Inkrafttreten der DSGVO am „absoluten" Verständnis des Personenbezugs festhalten. 273

Neu ist die der 2. Halbsatz des Art. 4 Nr. 1 DSGVO. Dort wird der Versuch unternommen, den Begriff der „bestimmbaren Person" näher zu definieren: 274

„…als identifizierbar wird eine natürliche Person angesehen, die direkt oder indirekt, insbesondere mittels Zuordnung zu einer Kennung wie einem Namen, zu einer Kennnummer, zu Standortdaten, zu einer Online-Kennung oder zu einem oder mehreren besonderen Merkmalen, die Ausdruck der physischen, physiologischen, genetischen, psychischen, wirtschaftlichen, kulturellen oder sozialen Identität dieser natürlichen Person sind, identifiziert werden kann."

Die Definition der „bestimmbaren Person" unterscheidet zwischen zwei verschiedenen Kategorien von identifizierenden Angaben: 275

- „Kennung": z. B. Namen, Kennnummern, Standortdaten, „Online-Kennungen" (IP-Adressen, Cookies, vgl. Erwägungsgrund 24 DSGVO);
- „besondere Merkmale": physische, physiologische, psychische, genetische, wirtschaftliche, kulturelle oder soziale Identität.

Unter den „Kennungen" sind Angaben mit einer klaren Zuordnung zu einer Person zu verstehen: „mein Name", „meine Steuernummer", die IP-Adressen und Cookies aus „meinem Rechner". 276

Die „besonderen Merkmale" sind deskriptiv zu verstehen. Beschreibungen „meines Geisteszustandes", „meiner sexuellen Vorlieben", „meines Gesundheitszustandes" sind nicht so punktgenau mit „meiner Person" verbunden wie die „Kennungen", lassen aber dennoch Rückschlüsse auf „meine Person" zu. 277

Merke:

278 **Wie bisher gilt das Datenschutzrecht auch nach der DSGVO nur für natürliche Personen. Daten, die sich ausschließlich auf juristische Personen beziehen, sind vom Datenschutzrecht nicht erfasst.**

42. Was gilt für IP-Adressen, Cookies und andere „Kennungen"?

279 Schon Art. 4 Nr. 1, 2. Halbsatz DSGVO legt die Deutung nahe, dass jede „Kennung" per se Personenbezug haben soll. Diese Deutung wird durch Erwägungsgrund 30 DSGVO verstärkt:

„Natürlichen Personen werden unter Umständen Online-Kennungen wie IP-Adressen und Cookie-Kennungen, die sein Gerät oder Software-Anwendungen und -Tools oder Protokolle liefern, oder sonstige Kennungen wie Funkfrequenzkennzeichnungen zugeordnet. Dies kann Spuren hinterlassen, die insbesondere in Kombination mit eindeutigen Kennungen und anderen beim Server eingehenden Informationen dazu benutzt werden können, um Profile der natürlichen Personen zu erstellen und sie zu identifizieren."

Merke:

280 **Es ist zu erwarten, dass sich die Aufsichtsbehörden auf den Standpunkt stellen werden, dass jede „Kennung" – ob Autokennzeichen, Steuernummer, IP-Adresse oder Cookie – per se als personenbezogenes Datum gilt und ohne Rücksicht auf die näheren Umstände des Sachverhalts dem Datenschutzrecht unterfällt.**

43. Gibt es noch Argumente für einen „relativen Personenbezug"?

281 Vollständige Klarheit über den Begriff des „Personenbezugs" bringt die DSGVO letztlich nicht, da Erwägungsgrund 26 Satz 3 DSGVO auf den Aufwand abstellt, der mit einer Identifizierung verbunden ist:

„Um festzustellen, ob eine natürliche Person identifizierbar ist, sollten alle Mittel berücksichtigt werden, die von dem Verantwortlichen oder einer anderen Person nach allgemeinem Ermessen wahrscheinlich genutzt werden, um die natürliche Person direkt oder indirekt zu identifizieren, wie beispielsweise das Aussondern."

282 Bei einem „absoluten" Verständnis des Personenbezugs ist der Aufwand der Identifizierung unerheblich, sodass Erwägungsgrund 26 Satz 3 DSGVO in einem gewissen Spannungsverhältnis zu Art. 4 Nr. 1 DSGVO und Erwägungsgrund 30 DSGVO steht, die von der Vorstellung eines „absoluten Personenbezugs" durchdrungen sind.

283 Erwägungsgrund 26 Satz 4 DSGVO befasst sich mit den Faktoren, die für eine Bestimmung des Aufwands der Identifizierung maßgebend sind:

„Bei der Feststellung, ob Mittel nach allgemeinem Ermessen wahrscheinlich zur Identifizierung der natürlichen Person genutzt werden, sollten alle objektiven Faktoren, wie die Kosten der Identifizierung und der dafür erforderliche Zeitaufwand, herangezogen werden, wobei die zum Zeitpunkt der Verarbeitung verfügbare Technologie und technologische Entwicklungen zu berücksichtigen sind."

Es gilt somit ein objektiver Maßstab, und es kommt maßgeblich auf die Zeit und die Kosten einer möglichen Identifizierung an. Die Bestimmung des Aufwands bemisst sich indes nicht allein nach dem heutigen Stand der Technologie, sondern auch nach der „technologischen Entwicklung". Technologien, die eine Identifizierung in absehbarer Zeit erleichtern werden, sind bei der Abschätzung des Aufwands mit zu berücksichtigen. 284

Merke:

- Die DSGVO vermeidet eine klare Festlegung zur Relativität oder Absolutheit des Personenbezugs. 285
- Die Tendenz geht eindeutig zu einem weiten Begriff des Personenbezugs. Eine Relativierung ist nach der DSGVO schwerer vertretbar, als dies nach § 3 Abs. 1 BDSG der Fall war.
- Bei der Ausgestaltung von Datenverarbeitungsprozessen sollte man im Zweifel immer von einem weiten Verständnis des Personenbezugs ausgehen.

44. Gibt es Regelungen für anonyme Daten?

■ *Geltendes Recht*

Das „Anonymisieren" ist in § 3 Abs. 6 BDSG definiert als 286

„das Verändern personenbezogener Daten derart, dass die Einzelangaben über persönliche oder sachliche Verhältnisse nicht mehr oder nur mit einem unverhältnismäßig großen Aufwand an Zeit, Kosten und Arbeitskraft einer bestimmten oder bestimmbaren natürlichen Person zugeordnet werden können".

Unterscheiden lassen sich danach: 287

- Absolute Anonymität: Die Zuordnung einer Einzelangabe zu einer konkreten Person ist unmöglich.
- Faktische Anonymität: Die Zuordnung einer Einzelangabe zu einer konkreten Person ist zwar nicht ausgeschlossen, erfordert jedoch einen unverhältnismäßig großen Aufwand.

Je mehr sich die Leistung von Rechnern und Prozessoren verbessert, je größer die Speicherkapazitäten werden und je leichter die Verknüpfbarkeit von Daten, desto seltener lässt sich feststellen, dass Daten „absolut anonym" sind und sich jeglicher Zuordnung zu einer Person entziehen. Anonymisierungsverfahren, die zu einer wahrhaftig „absoluten Anonymität" führen, sind kaum noch vorstellbar, die „absolute Anonymität" ist schon seit langem ein Auslaufmodell. 288

289 Das gängige Ergebnis einer Anonymisierung ist die „faktische Anonymität" – kein Auslaufmodell, wohl aber auf dem Weg in die rechtliche Bedeutungslosigkeit. Denn wenn sich bei „faktisch anonymen" Daten die Identifizierung der Person nicht ausschließen lässt, handelt es sich bei einem „absoluten" Verständnis des Personenbezugs um personenbezogene Daten, auf die das Datenschutzrecht uneingeschränkt anwendbar ist. Die Anonymisierung führt somit nicht mehr aus dem Datenschutzrecht heraus, sie hat auch im Übrigen keine konkret benennbaren rechtlichen Folgen.

■ *Änderungen durch die DSGVO*

290 Die DSGVO setzt den Weg der Anonymität in die Bedeutungslosigkeit fort. Die Unterscheidung zwischen „absoluter" und „faktischer" Anonymität wird aufgegeben, und der Begriff der Anonymität findet sich nur noch in Erwägungsgrund 26 Satz 5 und 6 DSGVO:

> „Die Grundsätze des Datenschutzes sollten daher nicht für anonyme Informationen gelten, d. h. für Informationen, die sich nicht auf eine identifizierte oder identifizierbare natürliche Person beziehen, oder personenbezogene Daten, die in einer Weise anonymisiert worden sind, dass die betroffene Person nicht oder nicht mehr identifiziert werden kann. Diese Verordnung betrifft somit nicht die Verarbeitung solcher anonymer Daten, auch für statistische oder für Forschungszwecke."

291 An der „Anonymität" als Gegenbegriff zum „Personenbezug" wird (nur) an dieser Stelle festgehalten:

- Werden anonyme bzw. anonymisierte Daten zu statistischen Zwecken oder zu Forschungszwecken verarbeitet, lässt Erwägungsgrund 26 Satz 6 DSGVO den Einwand zu, dass diese Daten einer Anwendung der DSGVO entzogen sind.
- Erwägungsgrund 26 Satz 5 DSGVO lässt sich schwer mit einem „absoluten" Verständnis des Personenbezugs vereinbaren, da sich unter den heutigen Bedingungen der Datentechnik eine Identifizierung nie sicher ausschließen lässt. Sollen anonyme Daten dennoch einer Anwendung des Datenschutzrechts entzogen sein, erscheint dies ohne eine „Relativierung" des Personenbezugs kaum möglich.

Merke:

292 Wie belastbar Erwägungsgrund 26 Satz 5 und 6 DSGVO ist, bleibt abzuwarten. Im Hinblick auf das deutlich „absolute" Verständnis des Personenbezugs, wie es insbesondere in Art. 4 Nr. 1 DSGVO zum Ausdruck kommt, sollte man sich bei der Ausgestaltung von Verarbeitungsverfahren im Zweifel nicht auf das „Schlupfloch" verlassen, das Erwägungsgrund 26 Satz 5 und 6 DSGVO für anonyme bzw. anonymisierte Daten eröffnet.

45. Was gilt für pseudonyme Daten?

Pseudonyme sind ein uraltes Mittel des Persönlichkeitsschutzes. Folglich ist es wünschenswert, die Verwendung von Pseudonymen zu fördern, indem man Anreize schafft, auf „Klarnamen“ zu verzichten. 293

■ *Geltendes Recht*

Die Pseudonymisierung wird in § 3 Abs. 6 a BDSG definiert als 294

„das Ersetzen des Namens und anderer Identifikationsmerkmale durch ein Kennzeichen zu dem Zweck, die Bestimmung des Betroffenen auszuschließen oder wesentlich zu erschweren“.

Das BDSG greift den Begriff der Pseudonymisierung lediglich in § 3 a Satz 2 BDSG auf: 295

„Insbesondere sind personenbezogene Daten zu anonymisieren oder zu pseudonymisieren, soweit dies nach dem Verwendungszweck möglich ist und keinen im Verhältnis zu dem angestrebten Schutzzweck unverhältnismäßigen Aufwand erfordert.“

§ 3 a Satz 2 BDSG ist nicht mehr als ein „Programmsatz“. Ein Verstoß gegen das Pseudonymisierungsgebot hat keine unmittelbaren Rechtsfolgen. Die Norm setzt keinen wesentlichen Anreiz, auf „Klarnamen“ zu verzichten. 296

Ein Anreiz für Pseudonyme bei der Ausgestaltung von Telemedien findet sich in § 15 Abs. 3 TMG. Sofern der Anbieter eines Telemediums auf eine „Klarnamenpflicht“ verzichtet und den Nutzern eine pseudonyme Nutzung ermöglicht, darf der Diensteanbieter Nutzungsprofile erstellen, ohne dass es hierzu einer Einwilligung der Nutzer bedarf. Den Nutzern muss lediglich der Widerspruch ermöglicht werden. Die Verwendung von Pseudonymen verschafft dem Diensteanbieter somit die Vorteile eines „Opt-Out“-Systems. 297

■ *Änderungen durch die DSGVO*

Begriff der Pseudonymisierung

In Art. 4 Nr. 5 DSGVO wird die Pseudonymisierung definiert als 298

„die Verarbeitung personenbezogener Daten in einer Weise, dass die personenbezogenen Daten ohne Hinzuziehung zusätzlicher Informationen nicht mehr einer spezifischen betroffenen Person zugeordnet werden können, sofern diese zusätzlichen Informationen gesondert aufbewahrt werden und technischen und organisatorischen Maßnahmen unterliegen, die gewährleisten, dass die personenbezogenen Daten nicht einer identifizierten oder identifizierbaren natürlichen Person zugewiesen werden “.

Die DSGVO erkennt an, dass die Pseudonymisierung ein geeignetes Mittel des Persönlichkeitsschutzes ist. In Erwägungsgrund 28 Satz 1 DSGVO heißt es: 299

„Die Anwendung der Pseudonymisierung auf personenbezogene Daten kann die Risiken für die betroffenen Personen senken und die Verantwortlichen und die Auftragsverarbeiter bei der Einhaltung ihrer Datenschutzpflichten unterstützen.“

Personenbezug

300 Eine Norm, die – ähnlich wie § 15 Abs. 3 TMG – einen konkreten Anreiz zur Verwendung von Pseudonymen setzt, gibt es in der gesamten DSGVO nicht. Vielmehr haben pseudonyme Daten nach der DSGVO stets und ausnahmslos Personenbezug mit der Folge, dass diese Daten denselben, strengen Regeln unterworfen werden wie „Daten mit Klarnamen",

301 In Erwägungsgrund 26 Satz 2 DSGVO heißt es:

> „Einer Pseudonymisierung unterzogene personenbezogene Daten, die durch Heranziehung zusätzlicher Informationen einer natürlichen Person zugeordnet werden könnten, sollten als Informationen über eine identifizierbare natürliche Person betrachtet werden."

302 Bekräftigt wird dies durch Erwägungsgrund 28 Satz 2 DSGVO:

> „Durch die ausdrückliche Einführung der ‚Pseudonymisierung' in dieser Verordnung ist nicht beabsichtigt, andere Datenschutzmaßnahmen auszuschließen."

303 Erwägungsgrund 29 Satz 1 DSGVO könnte einen – wenn auch schwachen – Anreiz für die Pseudonymisierung setzen:

> „Um Anreize für die Anwendung der Pseudonymisierung bei der Verarbeitung personenbezogener Daten zu schaffen, sollten Pseudonymisierungsmaßnahmen, die jedoch eine allgemeine Analyse zulassen, bei demselben Verantwortlichen möglich sein, wenn dieser die erforderlichen technischen und organisatorischen Maßnahmen getroffen hat, um – für die jeweilige Verarbeitung – die Umsetzung dieser Verordnung zu gewährleisten, wobei sicherzustellen ist, dass zusätzliche Informationen, mit denen die personenbezogenen Daten einer speziellen betroffenen Person zugeordnet werden können, gesondert aufbewahrt werden."

304 Dies könnte so zu verstehen sein, dass eine Trennung der Zuordnungsdaten von den pseudonymen Daten die Befugnis schafft, die pseudonymen Daten unter erleichterten Voraussetzungen („sollten … möglich sein") auszuwerten. Hierauf wird man sich bei der Datenverarbeitung jedoch kaum verlassen können, da offen bleibt, zu welchen konkreten Erleichterungen die Pseudonymisierung führt.

Relevanz für die Rechtmäßigkeit der Datenverarbeitung

305 Die Pseudonymisierung wird an einigen Stellen der DSGVO erwähnt als Umstand, der bei der Beurteilung der Rechtmäßigkeit der Datenverarbeitung relevant sein kann:

- Bei einer Zweckänderung ist die Pseudonymisierung ein Faktor, der für die Zulässigkeit der Datenverarbeitung spricht (Art. 6 Abs. 4 lit. e DSGVO).
- Die Pseudonymisierung gehört zu den Methoden, mit denen der Datenverarbeiter seine Verpflichtung zu „Privacy by Design" erfüllen kann (Art. 25 Abs. 1 DSGVO).

- Die Pseudonymisierung gehört nach Art. 32 Abs. 1 lit. a DSGVO zu den technischen Maßnahmen der Datensicherheit.
- Die Pseudonymisierung wird auch in Art. 89 Abs. 1 Satz 3 DSGVO als eine technische Maßnahme des Datenschutzes bei der Datenverarbeitung zu archivarischen, wissenschaftlichen oder historischen Forschungszwecken oder zu statistischen Zwecken erwähnt.

46. Gibt es noch eine „Haushaltsausnahme"?

Nicht nur Behörden und Unternehmen verarbeiten personenbezogene Daten. 306
Auf Laptops, Smartphones und anderen Endgeräten verarbeiten auch Privatleute in großem Umfang Daten. Dies geschieht nicht immer konfliktfrei. Ein erheblicher Teil der Beschwerden, die bei den Aufsichtsbehörden eingehen, richtet sich gegen Videokameras der Nachbarn, gegen Postings auf Seiten sozialer Netzwerke oder gegen eine namentliche Erwähnung im Beitrag eines privaten Bloggers.

■ *Geltendes Recht*

Das Verbotsprinzip und die zahlreichen anderen Anforderungen des Daten- 307
schutzrechts sind auf Behörden und Unternehmen zugeschnitten. Der private Datenverarbeiter wäre mit einer Einhaltung all dieser Anforderungen überfordert. Folglich gibt es für die private Datenverarbeitung eine Befreiung vom Datenschutzrecht – die „Haushaltsausnahme".

Die „Haushaltsausnahme" findet sich in § 1 Abs. 2 Nr. 3 BDSG. Danach gilt das 308
Datenschutzrecht nicht, wenn die Erhebung, Verarbeitung oder Nutzung von Daten

> „ausschließlich für persönliche oder familiäre Tätigkeiten"

erfolgt.

Die „Haushaltsausnahme" ist eng auszulegen. Betreibt ein privater Hausbe- 309
sitzer ein Kamerasystem zum Schutz vor Einbrechern, kann er sich auf die „Haushaltsausnahme" nicht berufen, sofern sich die Videoüberwachung nicht auf das eigene Grundstück beschränkt, sondern auch den öffentlichen Raum (Straßen, Bürgersteige) erfasst (EuGH vom 11.12.2014, Az. C 212/13).

■ *Änderungen durch die DSGVO*

Die „Haushaltsausnahme" wird in der DSGVO übernommen, ohne dass in- 310
haltliche Änderungen ersichtlich sind. Die DSGVO gilt nach Art. 2 Abs. 2 lit. c DSGVO nicht für eine Datenverarbeitung

> „durch natürliche Personen zur Ausübung ausschließlich persönlicher oder familiärer Tätigkeiten".

311 Erwägungsgrund 18 DSGVO erläutert, wie die „Haushaltsausnahme" zu verstehen:

„Diese Verordnung gilt nicht für die Verarbeitung von personenbezogenen Daten, die von einer natürlichen Person zur Ausübung ausschließlich persönlicher oder familiärer Tätigkeiten und somit ohne Bezug zu einer beruflichen oder wirtschaftlichen Tätigkeit vorgenommen wird. Als persönliche oder familiäre Tätigkeiten könnten auch das Führen eines Schriftverkehrs oder von Anschriftenverzeichnissen oder die Nutzung sozialer Netze und Online-Tätigkeiten im Rahmen solcher Tätigkeiten gelten. Diese Verordnung gilt jedoch für die Verantwortlichen oder Auftragsverarbeiter, die die Instrumente für die Verarbeitung personenbezogener Daten für solche persönlichen oder familiären Tätigkeiten bereitstellen."

312 Unter die „Haushaltsausnahme" fallen demnach

- private elektronische Korrespondenz;
- private Adressverzeichnisse;
- die private Nutzung sozialer Netzwerke;
- private Internetaktivitäten.

Merke:

313 Endgeräte werden häufig teilweise beruflich und teilweise privat genutzt. Adressverzeichnisse auf Smartphones umfassen beispielsweise vielfach sowohl die Adressen privater Kontakte als auch berufliche Kontakte.

Für eine „Mischnutzung" gilt die „Haushaltsausnahme" nicht. Das Datenschutzrecht findet uneingeschränkt Anwendung.

II. Verbotsprinzip

47. Bleibt es beim Verbotsprinzip?

■ *Geltendes Recht*

314 Das Verbotsprinzip ist in § 4 Abs. 1 BDSG geregelt:

„Die Erhebung, Verarbeitung und Nutzung personenbezogener Daten sind nur zulässig, soweit dieses Gesetz oder eine andere Rechtsvorschrift dies erlaubt oder anordnet oder der Betroffene eingewilligt hat."

315 Ähnlich heißt es in § 12 Abs. 1 TMG:

„Der Diensteanbieter darf personenbezogene Daten zur Bereitstellung von Telemedien nur erheben und verwenden, soweit dieses Gesetz oder eine andere Rechtsvorschrift, die sich ausdrücklich auf Telemedien bezieht, es erlaubt oder der Nutzer eingewilligt hat."

316 Die Datenverarbeitung ist somit nicht grundsätzlich erlaubt, sondern verboten. Das Verbot steht unter Erlaubnisvorbehalt, und eine Erlaubnis kann sich insbesondere ergeben

- aus einer Einwilligung des Betroffenen (§ 4 a BDSG und § 13 Abs. 2 TMG);
- aus den abgestuften Abwägungstatbeständen der §§ 28 ff. BDSG;
- bei Telemedien aus den Tatbeständen der §§ 14 und 15 TMG (Bestandsdaten und Nutzungsdaten);
- aus anderen gesetzlichen Erlaubnisnormen.

Das deutsche Datenschutzrecht kennt derzeit keinen eigenständigen Tatbestand der vertraglichen Erlaubnis. Einzelne Erlaubnisnormen knüpfen jedoch an das Bestehen eines Vertrages mit dem Betroffenen an (z. B. § 28 Abs. 1 Satz 1 Nr. 1 BDSG und § 14 Abs. 1 TMG). 317

■ *Änderungen durch die DSGVO*

Die DSGVO hält am Verbotsprinzip fest und regelt das Verbot sowie einen abschließenden Katalog der Erlaubnistatbestände in Art. 6 Abs. 1 Satz 1 DSGVO: 318

„Die Verarbeitung ist nur rechtmäßig, wenn mindestens eine der nachstehenden Bedingungen erfüllt ist:

a) Die betroffene Person hat ihre Einwilligung zu der Verarbeitung der sie betreffenden personenbezogenen Daten für einen oder mehrere bestimmte Zwecke gegeben;

b) die Verarbeitung ist für die Erfüllung eines Vertrags, dessen Vertragspartei die betroffene Person ist, oder zur Durchführung vorvertraglicher Maßnahmen erforderlich, die auf Anfrage der betroffenen Person erfolgen;

c) die Verarbeitung ist zur Erfüllung einer rechtlichen Verpflichtung erforderlich, der der Verantwortliche unterliegt;

d) die Verarbeitung ist erforderlich, um lebenswichtige Interessen der betroffenen Person oder einer anderen natürlichen Person zu schützen;

e) die Verarbeitung ist für die Wahrnehmung einer Aufgabe erforderlich, die im öffentlichen Interesse liegt oder in Ausübung öffentlicher Gewalt erfolgt, die dem Verantwortlichen übertragen wurde;

f) die Verarbeitung ist zur Wahrung der berechtigten Interessen des Verantwortlichen oder eines Dritten erforderlich, sofern nicht die Interessen oder Grundrechte und Grundfreiheiten der betroffenen Person, die den Schutz personenbezogener Daten erfordern, überwiegen, insbesondere dann, wenn es sich bei der betroffenen Person um ein Kind handelt."

48. Welche Erlaubnistatbestände gibt es?

Die wichtigsten Erlaubnistatbestände sind: 319

- die Einwilligung (Art. 6 Abs. 1 Satz 1 lit. a DSGVO);
- der Vertrag (Art. 6 Abs. 1 Satz 1 lit. b DSGVO);
- Datenverarbeitung kraft rechtlicher Verpflichtung (Art. 6 Abs. 1 Satz 1 lit. c DSGVO);
- „berechtigte Interessen" (Art. 6 Abs. 1 Satz 1 lit. f DSGVO).

320 Die anderen beiden Erlaubnistatbestände des Art. 6 Abs. 1 DSGVO sind eher auf die behördliche Datenverarbeitung zugeschnitten und werden für Unternehmen selten in Betracht kommen, wobei allerdings abzuwarten bleibt, ob und inwieweit der deutsche Gesetzgeber von seiner Befugnis Gebrauch macht, § 6 Abs. 1 lit. e DSGVO näher auszugestalten (§ 6 Abs. 3 DSGVO):

- Datenverarbeitung zum Schutz lebenswichtiger Interessen einer Person (Art. 6 Abs. 1 Satz 1 lit. d DSGVO);
- Datenverarbeitung zur Erfüllung einer Aufgabe, die im öffentlichen Interesse liegt, oder in Ausübung von Hoheitsgewalt (Art. 6 Abs. 1 lit. e DSGVO).

Merke:

321 Gegenüber der DSRL ändert sich durch Art. 6 Abs. 1 DSGVO sehr wenig. Die sechs Erlaubnistatbestände des Art. 6 Abs. 1 Satz 1 lit. a bis f DSGVO entsprechen den sechs Erlaubnistatbeständen des Art. 7 lit. a bis f DSRL.

322 Art. 6 Abs. 4 DSGVO enthält einen eigenen Erlaubnistatbestand für die Verarbeitung von Daten, die zu einem anderen Zweck erhoben worden sind. Unabhängig von dem Erlaubnistatbestand, der der Datenerhebung zugrunde lag, gestattet Art. 6 Abs. 4 DSGVO die weitere Verarbeitung, sofern sie zu einem Zweck erfolgt, der mit dem Erhebungszweck „vereinbar" ist.

Merke:

323 Angaben zur Rechtsgrundlage der Datenverarbeitung gehören nach Art. 13 Abs. 1 lit. c und Art. 14 Abs. 1 lit. c DSGVO zu den Informationspflichten des Verantwortlichen. Der Verantwortliche muss sich in der Datenschutzerklärung festlegen, auf welche der Erlaubnisse, die in Art. 6 DSGVO vorgesehen sind, er die Datenverarbeitung stützen möchte.

49. Wofür gilt das Verbotsprinzip eigentlich?

324 Die DSGVO definiert den Begriff der Datenverarbeitung umfassender als das BDSG, sodass sich der Geltungsbereich des Verbotsprinzips erweitert. Zugleich wird weniger kleinschrittig als nach dem BDSG zwischen den einzelnen Schritten der Datenverarbeitung unterschieden. Dies könnte zu deutlich neuen Akzenten bei der Anwendung der Erlaubnistatbestände führen.

■ *Geltendes Recht*

325 Das Verbotsprinzip gilt nach § 4 Abs. 1 BDSG für die „Erhebung, Verarbeitung und Nutzung" personenbezogener Daten:

- Erhebung: Unter dem Begriff der Datenerhebung ist nach § 3 Abs. 3 BDSG das Beschaffen von Daten über den Betroffenen zu verstehen.

- Verarbeitung: Nach § 3 Abs. 4 BDSG fällt hierunter das Speichern, Verändern, Übermitteln, Sperren und Löschen personenbezogener Daten.
  - Speichern ist das Erfassen, Aufnehmen oder Aufbewahren personenbezogener Daten auf einem Datenträger zum Zweck ihrer weiteren Verarbeitung oder Nutzung (§ 3 Abs. 4 Nr. 1 BDSG).
  - Verändern ist das inhaltliche Umgestalten gespeicherter personenbezogener Daten (§ 3 Abs. 4 Nr. 2 BDSG).
  - Übermitteln ist das Bekanntgeben gespeicherter oder durch Datenverarbeitung gewonnener personenbezogener Daten an einen Dritten in der Weise, dass die Daten an den Dritten weitergegeben werden oder der Dritte zur Einsicht oder zum Abruf bereitgehaltene Daten einsieht oder abruft (§ 3 Abs. 4 Nr. 3 BDSG).
  - Sperren ist das Kennzeichnen gespeicherter personenbezogener Daten, um ihre weitere Verarbeitung oder Nutzung einzuschränken (§ 3 Abs. 4 Nr. 4 BDSG).
  - Löschen ist das Unkenntlichmachen gespeicherter personenbezogener Daten (§ 3 Abs. 4 Nr. 5 BDSG).
- Nutzung: Dies ist nach § 3 Abs. 5 BDSG jede Verwendung personenbezogener Daten, bei der es sich nicht um eine Verarbeitung der Daten (§ 3 Abs. 4 BDSG) handelt.

Nach dem BDSG ist das Verbotsprinzip sehr kleinschrittig zu verstehen. Ist 326
etwa – beispielsweise aufgrund einer Einwilligung des Betroffenen – die Datenspeicherung erlaubt, bedeutet dies noch keine Befugnis zu weiteren Verarbeitungs- und Nutzungsschritten. So bedarf beispielsweise die Übermittlung oder auch die Nutzung der gespeicherten Daten jeweils einer eigenständigen Legitimation.

Merke:

Da sich das Verbotsprinzip auf jeden einzelnen Verarbeitungsschritt bezieht, 327
ist auch der Verarbeitungszweck für jeden dieser Schritte festzulegen (vgl. § 4 a Abs. 1 Satz 2 BDSG und §§ 28 Abs. 1 Satz 2 und 29 Abs. 1 Satz 2 BDSG). Ändert sich der Zweck, muss die Verarbeitung zu dem neuen Zweck von einer Einwilligung oder einer gesetzlichen Norm eigenständig gedeckt sein. Die „Zweckänderung" bedarf daher im BDSG keines gesonderten Erlaubnistatbestandes.

Werden Kundendaten beispielsweise aufgrund einer Einwilligung des Kunden zum Zwecke der Vertragsabwicklung erhoben und sollen diese Daten zu Werbezwecken weitergegeben werden, bedarf es einer Legitimation der Weitergabe durch (erneute) Einwilligung oder durch einen gesetzlichen Erlaubnistatbestand. Anders als nach Art. 6 Abs. 4 DSGVO stellt sich die Frage nach einer „Vereinbarkeit" des geänderten (neuen) Zwecks der Datenverarbeitung gar nicht erst.

■ *Änderungen durch die DSGVO*

328 Nach Art. 6 Abs. 1 DSGVO gilt das Verbotsprinzip – pauschal – für die „Verarbeitung" personenbezogener Daten.

329 Eine Definition der „Verarbeitung" findet sich in Art. 4 Nr. 2 DSGVO:

> „jeden mit oder ohne Hilfe automatisierter Verfahren ausgeführten Vorgang oder jede solche Vorgangsreihe im Zusammenhang mit personenbezogenen Daten wie das Erheben, das Erfassen, die Organisation, das Ordnen, die Speicherung, die Anpassung oder Veränderung, das Auslesen, das Abfragen, die Verwendung, die Offenlegung durch Übermittlung, Verbreitung oder eine andere Form der Bereitstellung, den Abgleich oder die Verknüpfung, die Einschränkung, das Löschen oder die Vernichtung".

330 Eine Reihe von Änderungen lassen sich feststellen:

- Die „Verarbeitung" wird zum Oberbegriff, der – anders als bisher – auch die Erhebung und Nutzung von Daten erfasst.
- Als „Verarbeitung" gilt – unscharf – jeder „Vorgang" und jede „Vorgangsreihe im Zusammenhang mit personenbezogenen Daten". Mit Blick auf die englische Fassung des § 4 Nr. 2 DSGVO („operation upon data") wird man dies so verstehen können, dass jede Form der „Einwirkung" auf Daten als „Verarbeitung" zu verstehen ist.
- Alle weiteren Begriffe, die sich in der Definition finden, sind nur noch Beispiele für eine „Verarbeitung". Es gibt anders als bisher (§ 3 Abs. 4 BDSG) keinen abgeschlossenen Katalog der Verarbeitungsschritte.
- Einige der Beispiele sind aus § 3 Abs. 3 bis 5 BDSG bekannt. Neu sind:
  - das Erfassen von Daten;
  - die Organisation von Daten;
  - das Ordnen von Daten,
  - die Anpassung von Daten;
  - das Auslesen von Daten;
  - das Abfragen von Daten;
  - die Offenlegung von Daten durch Übermittlung, Verbreitung oder eine andere Form der Bereitstellung;
  - der Abgleich von Daten;
  - die Verknüpfung von Daten;
  - die Vernichtung von Daten.

Merke:

331 Art. 6 Abs. 1 i.V.m. Art. 4 Nr. 2 DSGVO richtet den Blick auf den Datenverarbeitungsprozess und nicht auf den einzelnen Datenverarbeitungsschritt. Anders als bisher muss nicht mehr jeder einzelne Schritt der Datenverarbeitung einer eigenständigen datenschutzrechtlichen Analyse unterzogen werden. Stattdessen richtet Art. 6 Abs. 1 DSGVO den Blick auf den Datenverarbeiter und fragt nach der legitimierenden Grundlage, die den Verarbeiter zur „Einwirkung" auf die jeweiligen personenbezogenen Daten berechtigt.

Der geänderte Ansatz beim Verbotsprinzip dürfte insbesondere bei der Weiterleitung an Dritte von Bedeutung sein. Wenn ein Unternehmen nach dem BDSG personenbezogene Daten an ein anderes Unternehmen weitergeben möchte, ist hierfür nach § 4 Abs. 3 Nr. 3 BDSG eine gesonderte Legitimation nötig, für die es nicht darauf ankommt, welchen Zweck das empfangende Unternehmen mit den Daten verfolgen möchte. Art. 6 Abs. 1 DSGVO richtet dagegen den Blick ausschließlich auf das empfangende Unternehmen und verlangt nach einer Legitimation dafür, dass dieses Unternehmen auf die in Rede stehenden Daten „einwirken" darf. Gibt es eine solche Legitimation – etwa durch „berechtigte Interessen" (Art. 6 Abs. 1 Satz 1 lit. f DSGVO) –, ergibt sich aus dieser Legitimation zugleich die Befugnis zur Weiterleitung. Dies dürfte beispielsweise die Übermittlung von Daten innerhalb eines Konzerns nicht ganz unerheblich erleichtern (vgl. auch Erwägungsgrund 48 DSGVO). 332

50. Gibt es Besonderheiten für den Schutz von Beschäftigtendaten?

■ *Geltendes Recht*

§ 32 Abs. 1 BDSG trifft eine Sonderregelung für Beschäftigungsverhältnisse: 333

„Personenbezogene Daten eines Beschäftigten dürfen für Zwecke des Beschäftigungsverhältnisses erhoben, verarbeitet oder genutzt werden, wenn dies für die Entscheidung über die Begründung eines Beschäftigungsverhältnisses oder nach Begründung des Beschäftigungsverhältnisses für dessen Durchführung oder Beendigung erforderlich ist. Zur Aufdeckung von Straftaten dürfen personenbezogene Daten eines Beschäftigten nur dann erhoben, verarbeitet oder genutzt werden, wenn zu dokumentierende tatsächliche Anhaltspunkte den Verdacht begründen, dass der Betroffene im Beschäftigungsverhältnis eine Straftat begangen hat, die Erhebung, Verarbeitung oder Nutzung zur Aufdeckung erforderlich ist und das schutzwürdige Interesse des Beschäftigten an dem Ausschluss der Erhebung, Verarbeitung oder Nutzung nicht überwiegt, insbesondere Art und Ausmaß im Hinblick auf den Anlass nicht unverhältnismäßig sind."

Ob und inwieweit § 32 Abs. 1 BDSG die allgemeinen Abwägungstatbestände des § 28 BDSG verdrängt, ist unklar. Überwiegend wird angenommen, dass § 28 BDSG die Verarbeitung von Arbeitnehmerdaten in allen Fällen legitimieren kann, die nicht durch § 32 Abs. 1 BDSG geregelt sind, beispielsweise bei der Aufdeckung von Verfehlungen, die keine Straftaten sind und daher nicht unter die Regelung des § 32 Abs. 1 Satz 2 BDSG fallen. 334

■ *Änderungen durch die DSGVO*

Aus Art. 88 Abs. 1 DSGVO ergibt sich, dass die DSGVO einerseits uneingeschränkt Geltung für den Arbeitnehmerdatenschutz beansprucht, es aber andererseits den Mitgliedsstaaten überlässt, den durch die DSGVO gesetzten Rechtsrahmen durch Spezialvorschriften zu ergänzen: 335

„Die Mitgliedstaaten können durch Rechtsvorschriften oder durch Kollektivvereinbarungen spezifischere Vorschriften zur Gewährleistung des Schutzes der Rechte und

Freiheiten hinsichtlich der Verarbeitung personenbezogener Beschäftigtendaten im Beschäftigungskontext, insbesondere für Zwecke der Einstellung, der Erfüllung des Arbeitsvertrags einschließlich der Erfüllung von durch Rechtsvorschriften oder durch Kollektivvereinbarung en festgelegten Pflichten, des Managements, der Planung und der Organisation der Arbeit, der Gleichheit und Diversität am Arbeitsplatz, der Gesundheit und Sicherheit am Arbeitsplatz, des Schutzes des Eigentums der Arbeitgeber oder der Kunden sowie für Zwecke der Inanspruchnahme der mit der Beschäftigung zusammenhängenden individuellen oder kollektiven Rechte und Leistungen und für Zwecke der Beendigung des Beschäftigungsverhältnisses vorsehen."

336 Art. 82 Abs. 2 DSGVO nimmt die Mitgliedsstaaten in die Pflicht, bei der Ausgestaltung von Spezialvorschriften die Grundrechte, berechtigten Interessen und die Menschenwürde der Arbeitnehmer zu schützen:

„Diese Vorschriften umfassen angemessenen und besondere Maßnahmen zur Wahrung der menschlichen Würde, der berechtigten Interessen und der Grundrechte der betroffenen Person, insbesondere im Hinblick auf die Transparenz der Verarbeitung, die Übermittlung personenbezogener Daten innerhalb einer Unternehmensgruppe oder einer Gruppe von Unternehmen, die eine gemeinsame Wirtschaftstätigkeit ausüben, und die Überwachungssysteme am Arbeitsplatz."

51. Was bedeutet das Verbotsprinzip für gesetzliche Verpflichtungen zur Datenverarbeitung?

■ *Geltendes Recht*

337 Art. 7 lit. c DSRL erlaubt die Verarbeitung personenbezogener Daten, wenn die Datenverarbeitung zur Erfüllung einer rechtlichen Verpflichtung erforderlich ist, der der für die Verarbeitung Verantwortliche unterliegt.

338 Im BDSG findet sich keine Vorschrift, deren Wortlaut Art. 7 lit. c DSRL entspricht. Allerdings lässt § 4 Abs. 1 BDSG eine gesetzliche „Anordnung" der Datenverarbeitung für eine Erlaubnis genügen: („soweit ... eine andere Rechtsvorschrift dies erlaubt oder anordnet ...").

Merke:

339 Soweit beispielsweise das Geldwäschegesetz (GWG) Banken, Versicherungen und Finanzdienstleister zur Erhebung und Speicherung von Daten und zu Auskünften an Behörden verpflichtet, ergibt sich die datenschutzrechtliche Befugnis zur Erhebung, Verarbeitung und Nutzung der jeweiligen Daten aus den jeweiligen Normen des GWG i.V.m. § 4 Abs. 1 BDSG.

■ *Änderungen durch die DSGVO*

340 Gemäß Art. 6 Abs. 1 Satz 1 lit. c DSGVO ist die Erfüllung einer rechtlichen Verpflichtung ein eigenständiger Erlaubnistatbestand:

„die Verarbeitung ist zur Erfüllung einer rechtlichen Verpflichtung erforderlich, der der Verantwortliche unterliegt".

Die rechtliche Verpflichtung, aus der sich die Erlaubnis ableiten, muss sich aus EU-Recht ergeben oder aus dem Recht des Heimatsstaates des Datenverarbeiters (Art. 6 Abs. 3 Satz 1 DSGVO). 341

Merke:

Durch Art. 6 Abs. 1 Satz 1 lit. c DSGVO sind gesetzliche Normen erfasst, die insbesondere folgende Verpflichtungen enthalten: 342

- Pflichten zur Einholung von Auskünften und zur Erhebung von Kundendaten;
- Aufzeichnungs- und Dokumentationspflichten;
- Aufbewahrungs- und Speicherpflichten;
- Auskunfts- und Herausgabepflichten.

Konflikte zwischen dem Verbotsprinzip und gesetzlichen Pflichten zur Datenverarbeitung und zum Zusammenwirken mit Behörden werden durch Art. 6 Abs. 1 Satz 1 lit. c DSGVO somit gelöst. Die Erfüllung der gesetzlichen Pflichten hat Vorrang vor dem Verarbeitungsverbot. 343

52. Was bedeutet das Verbotsprinzip für die Kommunikationsfreiheit?

■ *Geltendes Recht*

Nach Art. 9 DSRL sind die EU-Mitgliedsstaaten verpflichtet, für die Datenverarbeitung zu journalistischen, künstlerischen oder literarischen Zwecken Ausnahmen vom Datenschutzrecht und damit auch vom Verbotsprinzip vorzusehen. 344

■ *Änderungen durch die DSGVO*

Art. 85 Abs. 1 DSGVO tritt an die Stelle des Art. 9 DSRL und enthält einen Vorbehalt für Gesetze der Mitgliedsstaaten zum Schutz der freien Kommunikation: 345

„Die Mitgliedstaaten bringen durch Rechtsvorschriften das Recht auf den Schutz personenbezogener Daten gemäß dieser Verordnung mit dem Recht auf freie Meinungsäußerung und Informationsfreiheit, einschließlich der Verarbeitung zu journalistischen Zwecken und zu wissenschaftlichen, künstlerischen oder literarischen Zwecken, in Einklang."

Aus Art. 85 Abs. 2 DSGVO ergibt sich, dass die Mitgliedsstaaten die notwendige Balance durch Ausnahmebestimmungen („exemptions and derogations") herstellen sollen mit der Vorgabe, dass diese Ausnahmen tatsächlich „erforderlich" sein müssen zur Wahrung der Balance: 346

„Für die Verarbeitung, die zu journalistischen Zwecken oder zu wissenschaftlichen, künstlerischen oder literarischen Zwecken erfolgt, sehen die Mitgliedstaaten Abweichungen oder Ausnahmen von Kapitel II (Grundsätze), Kapitel III (Rechte der betroffenen Person), Kapitel IV (Verantwortlicher und Auftragsverarbeiter), Kapitel V (Übermittlung personenbezogener Daten an Drittländer oder an internationale Organisationen), Kapitel VI (Unabhängige Aufsichtsbehörden), Kapitel VII (Zusammenarbeit und Kohärenz) und Kapitel IX (Vorschriften für besondere Verarbeitungssituationen) vor, wenn dies erforderlich ist, um das Recht auf Schutz der personenbezogenen Daten mit der Freiheit der Meinungsäußerung und der Informationsfreiheit in Einklang zu bringen."

347 Erwägungsgrund 153 Satz 7 DSGVO fordert ein weites Verständnis aller Begriffe, die sich auf die Kommunikationsfreiheit beziehen (z. B. Journalismus):

„Um der Bedeutung des Rechts auf freie Meinungsäußerung in einer demokratischen Gesellschaft Rechnung zu tragen, müssen Begriffe wie Journalismus, die sich auf diese Freiheit beziehen, weit ausgelegt werden."

348 Erwägungsgrund 153 Satz 3 DSGVO betont die Notwendigkeit des Schutzes von Nachrichten- und Pressearchiven sowie des Schutzes der freien Kommunikation „im audiovisuellen Bereich":

„Dies sollte insbesondere für die Verarbeitung personenbezogener Daten im audiovisuellen Bereich sowie in Nachrichten- und Pressearchiven gelten."

III. Einwilligung

■ *Geltendes Recht*

349 Die Einwilligung gilt als die sicherste und verlässlichste Grundlage für eine Datenverarbeitung und ist nach § 4 a Abs. 1 Satz 1 BDSG wirksam, wenn sie auf der freien Entscheidung des Betroffenen beruht.

350 Der Betroffene übt durch die Einwilligung ein Selbstbestimmungsrecht aus. Die Einwilligung ist rechtmäßig, weil der Rechteinhaber dies so will, nicht weil sie objektiv interessengerecht erscheint. Es steht dem Betroffenen frei, eine Datenverarbeitung zu billigen, an der er selbst kein Interesse hat oder die dem äußeren Anschein nach gegen seine Interessen gerichtet sein mag.

■ *Änderungen durch die DSGVO*

351 Nach Art. 6 Abs. 1 Satz 1 lit. a DSGVO bleibt die Einwilligung ein bedeutsamer Erlaubnistatbestand für die Datenverarbeitung. Art. 7 DSGVO, Art. 8 DSGVO und Art. 4 Nr. 11 DSGVO sowie die Erwägungsgründe 43 Satz 1 und 2 sowie 42 Satz 5 DSGVO enthalten indes zahlreiche Einschränkungen. Wer bei der Datenverarbeitung auf die Einwilligung setzt, muss sich auf deutlich erhöhte Anforderungen an die Wirksamkeit von Einwilligungen einstellen.

352 Folgende Anforderungen gelten für die Einwilligung:

- Form: Es genügt eine konkludente, unmissverständliche Handlung, die auch in einem Mausklick liegen kann.
- Informiertheit: Der Betroffene ist vorab über die Identität des Datenverarbeiters, über die Zwecke der Datenverarbeitung und über sein jederzeitiges, freies Widerrufsrecht zu informieren.

- AGB: Einwilligungserklärungen können Bestandteil von AGB sein, bedürfen dann jedoch einer deutlichen Hervorhebung und unterliegen dem Gebot der Klarheit und Verständlichkeit. Es ist Alltagssprache zu verwenden, und die Einwilligungserklärungen müssen einer Inhaltskontrolle nach den §§ 307 ff. BGB standhalten.
- „Kopplungsverbot": Vertragliche Einwilligungsklauseln sind in der Regel unwirksam, wenn sich auf Daten erstrecken, die für die Erfüllung des Vertrages nicht erforderlich sind.
- „Klares Ungleichgewicht": Einwilligungserklärungen sind unwirksam bei einem „klaren Ungleichgewicht" zwischen dem Verantwortlichen und dem Betroffenen.
- Widerruf: Einwilligungserklärungen sind jederzeit mit Wirkung für die Zukunft frei widerruflich.
- Minderjährige: Bei der Nutzung von Online-Diensten, die sich nicht auf Präventions- und Beratungsfunktionen beschränken, können Minderjährigen unter 16 Jahren keine wirksamen Einwilligungserklärungen abgeben. Es bedarf vielmehr einer Einwilligung der Erziehungsberechtigten. Die Mitgliedsstaaten sind befugt, das Mindestalter auf bis zu 13 Jahre herabzusetzen.

53. *In welcher Form ist die Einwilligung zu erteilen?*

■ *Geltendes Recht*

Schriftform

Nach § 4 a Abs. 1 Satz 3 BDSG ist für die Einwilligung grundsätzlich die Schriftform vorgeschrieben. Ausnahmen sind allerdings zulässig, soweit wegen besonderer Umstände eine andere Form angemessen ist. 353

Elektronische Form

Bei Telemedien kann die Einwilligung nach § 13 Abs. 2 TMG elektronisch erklärt werden, wenn der Diensteanbieter sicherstellt, dass 354

- der Nutzer seine Einwilligung bewusst und eindeutig erteilt hat (§ 13 Abs. 2 Nr. 1 TMG),
- die Einwilligung protokolliert wird (§ 13 Abs. 2 Nr. 2 TMG),
- der Nutzer den Inhalt der Einwilligung jederzeit abrufen kann (§ 13 Abs. 2 Nr. 3 TMG) und
- der Nutzer die Einwilligung jederzeit mit Wirkung für die Zukunft widerrufen kann (§ 13 Abs. 2 Nr. 4 TMG).

Der Diensteanbieter hat den Nutzer bei einer elektronischen Einwilligung auf sein Widerspruchsrecht hinzuweisen. Dieser Hinweis muss in dem Telemedium jederzeit abrufbar sein (§ 13 Abs. 3 i. V. m. § 13 Abs. 1 Satz 3 TMG). 355

356 Für den Adresshandel und für die Werbung gelten nach § 28 Abs. 3 a BDSG ähnliche Anforderungen an eine elektronische Einwilligung wie nach § 13 Abs. 2 TMG:

„Wird die Einwilligung nach § 4a Absatz 1 Satz 3 in anderer Form als der Schriftform erteilt, hat die verantwortliche Stelle dem Betroffenen den Inhalt der Einwilligung schriftlich zu bestätigen, es sei denn, dass die Einwilligung elektronisch erklärt wird und die verantwortliche Stelle sicherstellt, dass die Einwilligung protokolliert wird und der Betroffene deren Inhalt jederzeit abrufen und die Einwilligung jederzeit mit Wirkung für die Zukunft widerrufen kann. Soll die Einwilligung zusammen mit anderen Erklärungen schriftlich erteilt werden, ist sie in drucktechnisch deutlicher Gestaltung besonders hervorzuheben."

■ *Änderungen durch die DSGVO*

357 Durch die DSGVO werden die Anforderungen an die Form der Einwilligung deutlich vereinfacht. Neben der schriftlichen Einwilligung sind nach der DSGVO insbesondere auch folgende Formen der Einwilligung zulässig:

- Einwilligung durch Anklicken einer Klickbox;
- Einwilligung per Mail;
- mündliche Einwilligung;
- Einwilligung durch Voreinstellungen im Browser.

358 In Art. 4 Nr. 11 DSGVO wird der Begriff der Einwilligung definiert:

„jede freiwillig für den bestimmten Fall, in informierter Weise und unmissverständlich abgegebene Willensbekundung in Form einer Erklärung oder einer sonstigen eindeutigen bestätigenden Handlung, mit der die betroffene Person zu verstehen gibt, dass sie mit der Verarbeitung der sie betreffenden personenbezogenen Daten einverstanden ist".

Einwilligung per Mausklick

359 Die Einwilligung braucht nicht ausdrücklich („in Form einer Erklärung") abgegeben werden, eine konkludente, unzweideutige Handlung („eindeutige bestätigende Handlung"; „unmissverständlich") reicht. Für die Online-Praxis bedeutet dies, dass der Klick mit der Maus auf einem Kästchen die verbreitetste Form der Einwilligung bleiben kann.

360 Nicht ausreichend ist das Stillschweigen, so dass es nicht genügt, dem Betroffenen lediglich die Möglichkeit zu geben, vorformulierte Einwilligungserklärungen zu streichen oder ein Häkchen zu entfernen, das in einem Klickfeld bereits voreingestellt ist (Erwägungsgrund 32 Satz 3 DSGVO):

„Stillschweigen, bereits angekreuzte Kästchen oder Untätigkeit der betroffenen Person sollten daher keine Einwilligung darstellen."

Elektronische Einwilligung

Für die elektronische Einwilligung findet sich eine Vorgabe in Erwägungsgrund 32 Satz 6 DSGVO: 361

„Wird die betroffene Person auf elektronischem Weg zur Einwilligung aufgefordert, so muss die Aufforderung in klarer und knapper Form und ohne unnötige Unterbrechung des Dienstes, für den die Einwilligung gegeben wird, erfolgen."

Was die Vorgabe der Vermeidung einer „unnötigen Unterbrechung" genau bedeuten soll, wird nicht näher erläutert. Da eine „Unterbrechung" dem Nutzer Bedenkzeit verschafft, kann es nicht darum gehen, die „Informiertheit" der Einwilligung sicherzustellen. Vielmehr geht es offenkundig um den Nutzungskomfort, der durch eine allzu umständliche Benutzerführung oder durch Pop-Up-Fenster beeinträchtigt werden kann. 362

Merke:

Aus Erwägungsgrund 32 Satz 6 DSGVO lassen sich Bedenken ableiten gegen den inflationären Einsatz von „Cookie-Fenstern", mit denen die Nutzer um ihre Einwilligung in das Setzen von Cookies gebeten werden. Eine solche (weit verbreitete) Praxis kann den Nutzungskomfort erheblich beeinträchtigen, da sie unterbrechend wirkt. 363

Einwilligung per Browsereinstellung

Nach Erwägungsgrund 32 Satz 2 DSGVO kann es genügen, dass eine Einwilligung per Browsereinstellung („technische Einstellungen") erteilt wird: 364

„Dies könnte etwa durch Anklicken eines Kästchens beim Besuch einer Internetseite, durch die Auswahl technischer Einstellungen für Dienste der Informationsgesellschaft oder durch eine andere Erklärung oder Verhaltensweise geschehen, mit der die betroffene Person in dem jeweiligen Kontext eindeutig ihr Einverständnis mit der beabsichtigten Verarbeitung ihrer personenbezogenen Daten signalisiert."

Merke:

Bei der Auslegung des Art. 5 Abs. 3 der E-Privacy-Richtlinie (Richtlinie 2002/58/EG) ist es streitig, ob es für die Einwilligung in das Setzen von Cookies ausreicht, dass dem Nutzer die Möglichkeit gegeben wird, Browsereinstellungen zu wählen, die Standards für die Erlaubnis von Cookies definieren. Eine solche Praxis wird durch Erwägungsgrund 32 Satz 2 DSGVO ausdrücklich gebilligt. 365

Die E-Privacy-Richtlinie bleibt vorerst bestehen (Art. 95 DSGVO), soll allerdings nach den Vorstellungen der Europäischen Kommission bis zum Inkrafttreten der DSGVO überarbeitet werden.

Ob und inwieweit die E-Privacy-Richtlinie (oder eine neue E-Privacy-Verordnung) in Zukunft noch Maßgaben für Cookies treffen wird, bleibt abzuwarten.

Mündliche Einwilligung

366 Ausreichend ist auch eine mündliche Erklärung der Einwilligung (Erwägungsgrund 32 Satz 1 DSGVO).

54. Welche Anforderungen gelten für die „Informiertheit"?

■ *Geltendes Recht*

367 Nur die „informierte" Einwilligung ist wirksam. Nach § 4 a Abs. 1 Satz 2 BDSG ist der Betroffene auf den vorgesehenen Zweck der Erhebung, Verarbeitung oder Nutzung hinzuweisen. Es muss deutlich werden, unter welchen Bedingungen welche Daten genutzt werden sollen.

368 Der Betroffene muss aufgrund der ihm erteilten Informationen erkennen können, welchen Datenverarbeitungsprozessen er im Einzelnen zustimmt:

- Alle konkreten Arten von Daten und Datenbeständen, auf die sich die Einwilligung bezieht, sind aufzuzählen.
- Ist eine Übermittlung an Dritte geplant, bedarf es der Angabe, an welche Personen bzw. Unternehmen die Weitergabe erfolgen soll.
- Eine Übermittlung an Dritte, über die aufzuklären ist, liegt auch vor, wenn die Übermittlung an ein anderes Unternehmen innerhalb eines Konzerns geplant ist.
- Soweit die konkrete Verwendung von Daten noch unklar ist, bedarf es einer Information über alle in Betracht kommenden Verwendungen.

369 Sollen Daten zum Zwecke der Werbung oder der Markt- oder Meinungsforschung oder zur Begründung eines rechtsgeschäftlichen oder rechtsgeschäftsähnlichen Schuldverhältnisses erhoben werden, schreibt § 28 Abs. 4 Satz 2 BDSG eine Information über die Identität der verantwortlichen Stelle vor.

370 Für eine informierte Einwilligung genügt es, wenn die Einwilligung online per Anklickfeld erteilt wird („Opt In") und in unmittelbarer Nähe des Anklickfelds klar und deutlich auf die Datenschutzbestimmungen verwiesen wird, die über einen Hyperlink abrufbar sind.

■ *Änderungen durch die DSGVO*

371 Die Mindestvorgaben, die sich in Erwägungsgrund 42 Satz 3 DSGVO finden, erschöpfen sich in der Angabe der Identität des Verantwortlichen und in Angaben zu den Zwecken, denen die Datenverarbeitung dient:

> „Damit sie in Kenntnis der Sachlage ihre Einwilligung geben kann, sollte die betroffene Person mindestens wissen, wer der Verantwortliche ist und für welche Zwecke ihre personenbezogenen Daten verarbeitet werden sollen."

Nach Erwägungsgrund 32 Satz 4 und 5 DSGVO muss sich die Einwilligung auf alle Verarbeitungszwecke erstrecken, sodass auf jeden dieser Zwecke hinzuweisen ist: 372

„Die Einwilligung sollte sich auf alle zu demselben Zweck oder denselben Zwecken vorgenommenen Verarbeitungsvorgänge beziehen. Wenn die Verarbeitung mehreren Zwecken dient, sollte für alle diese Verarbeitungszwecke eine Einwilligung gegeben werden."

Merke:

Datenverarbeitende Unternehmen haben ein Interesse daran, durch die Einwilligungserklärungen einen möglichst weiten Spielraum bei der Verarbeitung und Nutzung von Daten zu erhalten. Für die Gestaltung von Einwilligungserklärungen bedeutet dies, dass vorausschauend zu überlegen ist, welche Nutzungsmöglichkeiten – neben den bereits feststehenden Zwecken – in Zukunft von Interesse sein könnten. 373

Es ist zulässig, in Einwilligungserklärungen eine Vielzahl von Verwendungszwecken zu definieren und diese Zwecke zugleich weit zu fassen.

55. Können Einwilligungserklärungen Bestandteil von AGB sein?

■ *Geltendes Recht*

Eine Einwilligung kann Bestandteil eines längeren Textes sein. Soll die Einwilligung zusammen mit anderen Erklärungen schriftlich erteilt werden, ist sie besonders hervorzuheben (§ 4 a Abs. 1 Satz 4 BDSG). 374

In seinen Urteilen zu „Payback" (Urteil vom 16.7.2008, Az. VIII ZR 348/06) und „HappyDigits" (Urteil vom 11.11.2009, Az. VIII ZR 12/08) hat der BGH entschieden, dass es zulässig ist, Einwilligungserklärungen in Allgemeine Geschäftsbedingungen aufzunehmen, wenn dem Betroffenen die Möglichkeit gegeben wird, die Einwilligung – durch Streichung der Erklärungen oder über ein Anklickfeld – zu verweigern. 375

Merke:

Auch wenn die Einwilligung Bestandteil eines längeren Textes ist (z. B. von AGB), zu dem der Betroffene seine Zustimmung erklärt, bleibt die Einwilligung eine aktive Handlung und eine ausdrückliche Erklärung des Betroffenen. Auch wenn dem Betroffenen, der keine Einwilligung erteilen möchte, lediglich die Möglichkeit der Streichung einer Einwilligungserklärung bleibt, ändert sich nichts daran, dass der Betroffene für eine Einwilligung aktiv handeln (die Zustimmung zu den AGB erklären) und nicht lediglich tatenlos bleiben (die Streichung der Einwilligungserklärung unterlassen) muss. 376

377 Einwilligungserklärungen bedürfen einer transparenten Gestaltung. Umfang und Inhalt der Einwilligung dürfen dem Betroffenen nicht verborgen bleiben. Es verstößt gegen das Transparenzgebot (§ 307 Abs. 1 Satz 2 BGB), wenn eine Einwilligungserklärung an versteckter Stelle mitten in einem vorformulierten Text untergebracht wird. Dasselbe gilt beispielsweise, wenn eine Klausel als Bevollmächtigung zur Weitergabe von Daten an Dritte „zur Formulierung von bedarfsgerechten Angeboten und Informationen" formuliert ist, da dies dazu führen kann, dass der Verwender die Daten nach Gutdünken weitergibt.

■ *Änderungen durch die DSGVO*

378 Wie nach bisherigem Recht kann eine Einwilligungserklärung nach Art. 7 Abs. 2 Satz 1 DSGVO Bestandteil von AGB sein, sofern die Erklärung im Text deutlich hervorgehoben, leicht zugänglich und verständlich formuliert ist unter Verwendung von Alltagssprache:

„Erfolgt die Einwilligung der betroffenen Person durch eine schriftliche Erklärung, die noch andere Sachverhalte betrifft, so muss das Ersuchen um Einwilligung in verständlicher und leicht zugänglicher Form in einer klaren und einfachen Sprache so erfolgen, dass es von den anderen Sachverhalten klar zu unterscheiden ist."

379 Auch Erwägungsgrund 42 Satz 3 DSGVO verlangt leicht verständliche, sprachlich einfach formulierte und leicht zugängliche Informationen und verbietet zusätzlich „missbräuchliche Klauseln":

„Gemäß der Richtlinie 93/13/EWG des Rates sollte eine vom Verantwortlichen vorformulierte Einwilligungserklärung in verständlicher und leicht zugänglicher Form in einer klaren und einfachen Sprache zur Verfügung gestellt werden, und sie sollte keine missbräuchlichen Klauseln beinhalten."

380 Das Verbot „missbräuchlicher Klauseln" und der Verweis auf die Richtlinie über missbräuchliche Klauseln in Verbraucherverträgen (Richtlinie 93/13/EWG vom 5.4.1993) erinnern daran, dass Einwilligungsklauseln einer Inhaltskontrolle nach den §§ 307 ff. BGB unterliegen.

381 In Erwägungsgrund 42 Satz 2 DSGVO wird das Erfordernis einer Hervorhebung („Garantien") betont:

„Insbesondere bei Abgabe einer schriftlichen Erklärung in anderer Sache sollten Garantien sicherstellen, dass die betroffene Person weiß, dass und in welchem Umfang sie ihre Einwilligung erteilt."

Merke:

382 Eine Hervorhebung lässt sich durch Fettdruck, Einrahmungen, farbliche Hervorhebungen oder andere Gestaltungsformen erreichen, die die Einwilligung vom übrigen Text deutlich abhebt.

Für Einwilligungsklauseln in AGB gelten somit nach der DSGVO folgende Anforderungen: 383

- deutliche Hervorhebung;
- leichte Zugänglichkeit;
- Klarheit und Verständlichkeit;
- Verwendung von Alltagssprache;
- keine „missbräuchlichen Klauseln" (Inhaltskontrolle gemäß §§ 307 ff. BGB).

Merke:

Bei der „Zugänglichkeit" geht es um die Auffindbarkeit der Einwilligungsklauseln. Dies dürfte in der Praxis eine untergeordnete Bedeutung haben, da sich bereits aus § 305 Abs. 2 BGB die Notwendigkeit eines klaren Hinweises auf die AGB und der Ermöglichung der Kenntnisnahme ergibt. Anderenfalls werden nicht nur die Einwilligungsklauseln, sondern die gesamten AGB nicht Vertragsbestandteil. 384

AGB, die nach § 305 Abs. 2 BGB einbezogen sind, sind damit auch (mitsamt der Einwilligungsklauseln, die sie enthalten) „zugänglich".

56. Gibt es ein Kopplungsverbot?

Von einem Kopplungsverbot spricht man, wenn es untersagt ist, vertragliche Leistungen oder andere Vorteile davon abhängig zu machen, dass der Betroffene in die Verarbeitung personenbezogener Daten einwilligt. 385

Nach geltendem Recht gibt es nur punktuelle Kopplungsverbote. Die DSGVO führt für Einwilligungen im Zusammenhang mit Verträgen ein allgemeines Kopplungsverbot ein. 386

■ *Geltendes Recht*

Bislang gibt es nur für den Adresshandel und die Werbung sowie für Telekommunikationsdienste Kopplungsverbote. 387

Das Kopplungsverbot für den Adresshandel und die Werbung ist in § 28 Abs. 3 b BDSG geregelt: 388

„Die verantwortliche Stelle darf den Abschluss eines Vertrags nicht von einer Einwilligung des Betroffenen nach Absatz 3 Satz 1 abhängig machen, wenn dem Betroffenen ein anderer Zugang zu gleichwertigen vertraglichen Leistungen ohne die Einwilligung nicht oder nicht in zumutbarer Weise möglich ist. Eine unter solchen Umständen erteilte Einwilligung ist unwirksam."

Eine ähnlich lautende Vorschrift für Telekommunikationsdienste findet sich in § 95 Abs. 5 TKG: 389

„Die Erbringung von Telekommunikationsdiensten darf nicht von einer Einwilligung des Teilnehmers in eine Verwendung seiner Daten für andere Zwecke abhängig gemacht werden, wenn dem Teilnehmer ein anderer Zugang zu diesen Telekommunikationsdiensten ohne die Einwilligung nicht oder in nicht zumutbarer Weise möglich ist. Eine unter solchen Umständen erteilte Einwilligung ist unwirksam."

390 Für das Kopplungsverbot maßgeblich ist jeweils, ob dem Betroffenen ein Ausweichen auf einen anderen Anbieter zumutbar ist. Dies ist nicht der Fall, wenn

- ein Anbieterwechsel aufgrund monopolistischer Marktstrukturen schwierig erscheint oder
- andere Anbieter aufgrund abgestimmten Verhaltens die Erbringung von Leistungen gleichfalls von einer Einwilligung abhängig machen oder
- die Suche nach einem anderen Anbieter mit einem hohen Zeitaufwand und/oder erheblichen Kosten verbunden wäre oder
- andere Anbieter deutlich höhere Preise fordern und/oder schlechtere Gesamtkonditionen bieten.

■ *Änderungen durch die DSGVO*

Allgemeines Kopplungsverbot bei Verträgen

Merke:

391 Die Verarbeitung von Daten, die für die Erfüllung eines Vertrages erforderlich sind, ist nach Art. 6 Abs. 1 Satz 1 lit. b DSGVO erlaubt, ohne dass es einer Einwilligung des Vertragspartners bedarf. Eine Einwilligung des Vertragspartners ist nur notwendig, wenn es um Daten geht, die für den Abschluss oder die Erfüllung eines Vertrages nicht erforderlich sind.

392 In Art. 7 Abs. 4 DSGVO findet sich eine Formulierung mit deutlichen Anklängen an ein Kopplungsverbot. Sobald vom Vertragspartner eine Einwilligung in die Verarbeitung von Daten verlangt wird, die für die Erfüllung des Vertrages nicht erforderlich sind, ist die Wirksamkeit der Einwilligung gefährdet:

„Bei der Beurteilung, ob die Einwilligung freiwillig erteilt wurde, muss dem Umstand in größtmöglichem Umfang Rechnung getragen werden, ob unter anderem die Erfüllung eines Vertrags, einschließlich der Erbringung einer Dienstleistung, von der Einwilligung zu einer Verarbeitung von personenbezogenen Daten abhängig ist, die für die Erfüllung des Vertrags nicht erforderlich sind."

393 Dass ein Kopplungsverbot vom Verordnungsgeber gewollt ist, ergibt sich auch aus Erwägungsgrund 43 Satz 2 DSGVO:

„Die Einwilligung gilt nicht als freiwillig erteilt, wenn zu verschiedenen Verarbeitungsvorgängen von personenbezogenen Daten nicht gesondert eine Einwilligung erteilt werden kann, obwohl dies im Einzelfall angebracht ist, oder wenn die Erfüllung eines Vertrags, einschließlich der Erbringung einer Dienstleistung, von der Einwilligung abhängig ist, obwohl diese Einwilligung für die Erfüllung nicht erforderlich ist."

394 Erwägungsgrund 43 Satz 2 DSGVO ist zu entnehmen, dass die Unwirksamkeit der Einwilligung in den Fällen des Art. 7 Abs. 4 DSGVO die Regel ist.

Dabei spielt es – anders als nach § 28 Abs. 3 b BDSG und § 95 Abs. 5 TKG – keine Rolle, ob der Betroffene zumutbare Ausweichmöglichkeiten hat. 395

Merke:

Da nach Art. 7 Abs. 4 DSGVO i.V.m. Erwägungsgrund 43 Satz 2 DSGVO Vertragsklauseln zur Einwilligung in die Verarbeitung „nicht erforderlicher" Daten in der Regel unwirksam sind, wird die Einwilligung als rechtssicheres Instrument zur Verarbeitung von Daten des Vertragspartners nur noch selten in Betracht kommen. Dies gilt umso mehr, als der mögliche Einwand des „klaren Ungleichgewichts" (Erwägungsgrund 43 Satz 1 DSGVO) Einwilligungslösungen zusätzlich erschwert. 396

Unternehmen, die bislang auf die Einwilligung gesetzt haben, werden überlegen müssen, ob die Prozesse umgestaltet werden können:

- Verarbeitung „erforderlicher Daten" auf der Grundlage des Art. 6 Abs. 1 Satz 1 lit. b DSGVO;
- Verarbeitung „nicht erforderlicher Daten" auf der Grundlage „berechtigter Interessen" (Art. 6 Abs. 1 Satz 1 lit. f DSGVO);
- vollständiger Verzicht auf Einwilligungen.

Kopplungsverbot außerhalb von Verträgen

Anklänge an ein Kopplungsverbot finden sich auch am Ende von Erwägungsgrund 42 Satz 5 DSGVO: 397

„Es sollte nur dann davon ausgegangen werden, dass sie ihre Einwilligung freiwillig gegeben hat, wenn sie eine echte oder freie Wahl hat und somit in der Lage ist, die Einwilligung zu verweigern oder zurückzuziehen, ohne Nachteile zu erleiden."

Jeder Nachteil, der mit einer verweigerten Einwilligung verbunden ist, eröffnet dem Betroffenen den Einwand, er habe „unfreiwillig" und somit unwirksam eingewilligt. Dabei ist es unerheblich, ob es sich um einen materiellen oder immateriellen Nachteil handelt. 398

57. Was gilt bei einem „klaren Ungleichgewicht" zwischen den Beteiligten?

■ *Geltendes Recht*

Zu den Voraussetzungen einer wirksamen Einwilligung gehört die „Freiwilligkeit" der Einwilligungserklärung (§ 4 a Abs. 1 Satz 1 BDSG). Insbesondere in Beschäftigungsverhältnissen ist streitig, ob und unter welchen Voraussetzungen es an einer „Freiwilligkeit" fehlen kann wegen des wirtschaftlichen Ungleichgewichts zwischen dem Unternehmen und dem Beschäftigten bzw. Betroffenen, der die Einwilligung erklärt hat. 399

■ *Änderungen durch die DSGVO*

400 Die DSGVO erkennt den Einwand des „klaren Ungleichgewichts" zwischen Betroffenem und Verantwortlichem als Grund für die Unwirksamkeit einer Einwilligung in Erwägungsgrund 43 Satz 1 DSGVO an:

„Um sicherzustellen, dass die Einwilligung freiwillig erfolgt ist, sollte diese in besonderen Fällen, wenn zwischen der betroffenen Person und dem Verantwortlichen ein klares Ungleichgewicht besteht, insbesondere wenn es sich bei dem Verantwortlichen um eine Behörde handelt, und es deshalb in Anbetracht aller Umstände in dem speziellen Fall unwahrscheinlich ist, dass die Einwilligung freiwillig gegeben wurde, keine gültige Rechtsgrundlage liefern."

401 Jedes „klare Ungleichgewicht" zwischen Betroffenem und Verantwortlichem gefährdet die Wirksamkeit der Einwilligung. Da von einem solchen „Ungleichgewicht" im Massenverkehr zwischen Unternehmen und Verbrauchern regelmäßig auszugehen ist, ist dies ein Damoklesschwert, das einen rechtskonformen Datenverkehr mit Verbrauchern erheblich erschwert. Einseitige Vorgaben des Unternehmens sind bei Verbraucherverträgen der Normalfall, da sich individuelle Verhandlungen nicht kosteneffizient realisieren lassen. Wo es einseitige Vorgaben gibt, lässt sich der Einwand eines „klaren Ungleichgewichts" kaum entkräften.

Merke:

402 Auch wegen des drohenden Einwands eines „klaren Ungleichgewichts" empfiehlt es sich, beispielsweise im E-Commerce umzustellen von Datenverarbeitungsprozessen, die auf Einwilligungen beruhen, zu einer Datenverarbeitung auf der Grundlage gesetzlicher Erlaubnisse (insbesondere Legitimation durch Vertrag gemäß Art. 6 Abs. 1 Satz 1 lit. b DSGVO und Legitimation durch „berechtigte Interessen" gemäß Art. 6 Abs. 1 Satz 1 lit. f DSGVO).

58. Welche Regelungen gibt es für den Widerruf von Einwilligungen?

■ *Geltendes Recht*

403 Für den Widerruf einer Einwilligung findet sich im BDSG keine allgemeine Regelung. Punktuell ist der Widerruf geregelt

- bei der elektronischen Einwilligung in die Verarbeitung oder Nutzung personenbezogener Daten für Zwecke des Adresshandels oder der Werbung (§ 28 Abs. 3 a BDSG) und
- bei der elektronischen Einwilligung nach § 13 Abs. 2 TMG.

404 In beiden Vorschriften findet sich ein freies Widerrufsrecht, das ohne Einhaltung einer Form oder Frist jederzeit mit Wirkung für die Zukunft ausgeübt werden kann. Ob ein Recht zum freien Widerruf der Einwilligung ganz allge-

mein und somit auch in den Fällen besteht, die in § 28 Abs. 3 a BDSG und § 13 Abs. 2 TMG nicht geregelt sind, ist streitig.

■ *Änderungen durch die DSGVO*

Nach Art. 7 Abs. 3 DSGVO gibt es ein allgemeines, freies Widerrufsrecht und eine Verpflichtung, den Betroffenen über die freie Widerruflichkeit der Einwilligung vorab zu unterrichten: 405

„Die betroffene Person hat das Recht, ihre Einwilligung jederzeit zu widerrufen. Durch den Widerruf der Einwilligung wird die Rechtmäßigkeit der aufgrund der Einwilligung bis zum Widerruf erfolgten Verarbeitung nicht berührt. Die betroffene Person wird vor Abgabe der Einwilligung hiervon in Kenntnis gesetzt. Der Widerruf der Einwilligung muss so einfach wie die Erteilung der Einwilligung sein."

Das Widerrufsrecht kann jederzeit ausgeübt werden. Es bedarf weder eines Grundes noch einer Begründung. Der Widerruf hat sofortige Wirkung und entzieht jedweder Datenverarbeitung, die sich auf die Einwilligung stützt, die rechtliche Grundlage. 406

Für die Datenverarbeitung, die vor dem Widerruf vorgenommen wurde, bleibt der Widerruf ohne Wirkungen. War die Datenverarbeitung in der Vergangenheit aufgrund der Einwilligung rechtmäßig, so ändert sich hieran durch den Widerruf nichts. Es gibt keine Rückwirkung des Widerrufs. 407

Merke:

Eine Belehrung über den Widerruf ist nicht nur erforderlich, wenn die Einwilligung des Betroffenen eingeholt wird. Die Belehrung muss vielmehr zusätzlich in die Datenschutzerklärung aufgenommen werden (Art. 13 Abs. 2 lit. c und Art. 14 Abs. 2 lit. d DSGVO). 408

Möchte der Verantwortliche den Verarbeitungsprozess auf Einwilligungen der Betroffenen stützen, muss er die Betroffenen im Rahmen seiner allgemeinen Informationspflichten auf die Widerruflichkeit der Einwilligung hinweisen. Zudem bedarf es der Belehrung, dass ein Widerruf nichts an der Rechtmäßigkeit der bis zum Widerruf erfolgten Verarbeitung ändert (keine Rückwirkung des Widerrufs).

59. Was gilt für die Einwilligung durch Minderjährige?

■ *Geltendes Recht*

Das BDSG kennt keine Spezialregelung für die Verarbeitung von Daten Minderjähriger. Ob und unter welchen Voraussetzungen Kinder und Jugendliche einwilligungsfähig sind, ist streitig. 409

■ *Änderungen durch die DSGVO*

Nutzung von Online-Diensten

410 Art. 8 Abs. 1 DSGVO fordert für eine Datenverarbeitung die Einwilligung der Erziehungsberechtigten, soweit es um die Nutzung von Telemedien durch Kinder und Jugendliche unter 16 Jahren geht. Zugleich eröffnet Art. 8 Abs. 1 DSGVO den Mitgliedsstaaten die Möglichkeit, das Mindestalter für die Einwilligungsfähigkeit auf bis zu 13 Jahre herabzusetzen:

> „Gilt Artikel 6 Absatz 1 Buchstabe a bei einem Angebot von Diensten der Informationsgesellschaft, das einem Kind direkt gemacht wird, so ist die Verarbeitung der personenbezogenen Daten des Kindes rechtmäßig, wenn das Kind das sechzehnte Lebensjahr vollendet hat. Hat das Kind noch nicht das sechzehnte Lebensjahr vollendet, so ist diese Verarbeitung nur rechtmäßig, sofern und soweit diese Einwilligung durch den Träger der elterlichen Verantwortung für das Kind oder mit dessen Zustimmung erteilt wird.
>
> Die Mitgliedstaaten können durch Rechtsvorschriften zu diesen Zwecken eine niedrigere Altersgrenze vorsehen, die jedoch nicht unter dem vollendeten dreizehnten Lebensjahr liegen darf."

411 Das Erfordernis einer Einwilligung der Eltern gilt nur für „Dienste der Informationsgesellschaft". Hierunter sind nach Art. 4 Nr. 25 DSGVO die Dienste zu verstehen, die von der Definition erfasst sind, die sich in Art. 1 Nr. 1 lit. b der Richtlinie (EU) 2015/1535 findet. Nach deutschem Recht entspricht dies dem Begriff der Telemedien (§ 1 Abs. 1 Satz 1 TMG).

412 Die notwendige Einholung von Einwilligungserklärungen der Erziehungsberechtigten stellt die Betreiber von Telemedien vor erhebliche Herausforderungen, da es schwierig sein wird, die Identität der Erziehungsberechtigten festzustellen und eine Authentizität von Einwilligungserklärungen zu gewährleisten. Die Anforderungen, die Art. 8 Abs. 2 DSGVO insoweit an die Betreiber stellt, sind sehr allgemein:

> „Der Verantwortliche unternimmt unter Berücksichtigung der verfügbaren Technik angemessene Anstrengungen, um sich in solchen Fällen zu vergewissern, dass die Einwilligung durch den Träger der elterlichen Verantwortung für das Kind oder mit dessen Zustimmung erteilt wurde."

413 Das Erfordernis einer Einwilligung der Eltern soll nach Erwägungsgrund 38 Satz 3 DSGVO nicht für Telemedien gelten, die Kindern in kritischen Situationen Informationen, Rat und Hilfe anbieten.

> „Die Einwilligung des Trägers der elterlichen Verantwortung sollte im Zusammenhang mit Präventions- oder Beratungsdiensten, die unmittelbar einem Kind angeboten werden, nicht erforderlich sein."

Datenverarbeitung außerhalb von Telemedien

Da Art. 8 Abs. 1 DSGVO nur für Telemedien gilt und sich in der DSGVO für andere Formen der Datenverarbeitung keine Regelungen zur Einwilligung Minderjähriger finden, bleibt die Einwilligungsfähigkeit in den von Art. 8 Abs. 1 DSGVO nicht geregelten Fällen offen. 414

Merke:

Bei der Verarbeitung von Daten Minderjähriger außerhalb von Telemedien empfiehlt es sich, vorsorglich neben der Einwilligung der Minderjährigen auch die Einwilligung der Erziehungsberechtigten einzuholen, wenn man auf die Einwilligung zur Legitimation der Datenverarbeitung setzt. Dies gilt für alle Minderjährigen unter 18 Jahren, da sich die Altersgrenzen des Art. 8 Abs. 1 DSGVO nicht ohne weiteres auf Anwendungen übertragen lassen, die keine Telemedien sind. 415

IV. Vertrag als Erlaubnis

■ *Geltendes Recht*

Der Vertrag ist in der DSRL als eigenständiger Erlaubnistatbestand verankert (Art. 7 lit. b DSRL). § 28 Abs. 1 Satz 1 Nr. 1 BDSG setzt Art. 7 lit. b DSRL um. In der Systematik des BDSG handelt es sich um einen von zahlreichen gesetzlichen Erlaubnistatbeständen (vgl. § 4 Abs. 1 BDSG: „wenn dieses Gesetz … es erlaubt oder anordnet …“). 416

§ 28 Abs. 1 Satz 1 Nr. 1 BDSG erlaubt die Erhebung, Verarbeitung und Nutzung personenbezogener Daten, 417

> „wenn es für die Begründung, Durchführung oder Beendigung eines rechtsgeschäftlichen oder rechtsgeschäftsähnlichen Schuldverhältnisses mit dem Betroffenen erforderlich ist“.

Auch das TMG erklärt eine Datenverarbeitung für zulässig, wenn sie im Zusammenhang mit einem Vertragsverhältnis zwischen dem Diensteanbieter und dem Nutzer steht. Die Verarbeitung von Bestands- und Nutzungsdaten ist nach den §§ 14 und 15 TMG erlaubt. Dies betrifft einerseits Daten, die zur Begründung, inhaltlichen Ausgestaltung oder Änderung eines Vertragsverhältnisses zwischen dem Diensteanbieter und dem Nutzer erforderlich sind (Bestandsdaten gemäß § 14 TMG). Andererseits sind auch Daten erfasst, die erforderlich sind, um die Inanspruchnahme von Telemedien zu ermöglichen und abzurechnen (Nutzungsdaten gemäß § 15 TMG). 418

■ *Änderungen durch die DSGVO*

60. Was ändert sich bei der Verarbeitung von Kundendaten?

419 Nach Art. 6 Abs. 1 Satz 1 lit. b DSGVO ist der Vertrag ein eigener Erlaubnistatbestand:

„die Verarbeitung ist für die Erfüllung eines Vertrags, dessen Vertragspartei die betroffene Person ist, oder zur Durchführung vorvertraglicher Maßnahmen erforderlich, die auf Anfrage der betroffenen Person erfolgen".

420 Im Vergleich zu § 28 Abs. 1 Satz 1 Nr. 1 BDSG fallen folgende Unterschiede auf:

- Daten, die „zur Begründung" eines Schuldverhältnisses notwendig sind, sind nur dann von Art. 6 Abs. 1 Satz 1 lit. b DSGVO erfasst, wenn es eine Anfrage des Betroffenen gegeben hat.
- Bei vielen Verträgen (Mobilfunk, Versicherungen, Kfz-Kauf, Eröffnung eines Bankkontos, Maklerauftrag) ist ein ausgefülltes Formular der erste Schritt, der zum Vertragsschluss führt (die „Anfrage"). Die Verarbeitung von Daten, die auf diese Weise erhoben werden, ist von der Befugnis des Art. 6 Abs. 1 Satz 1 lit. b DSGVO gedeckt, soweit sich die Verarbeitung auf „erforderliche" Daten beschränkt.
- Daten, die zur „Beendigung" eines Schuldverhältnisses erforderlich sind, bleiben unerwähnt, dürften jedoch zu den Daten zählen, die zur „Erfül lung" des Vertrages notwendig sind. Aus dem Verzicht der Erwähnung der „Beendigung" ergeben sich somit keine inhaltlichen Änderungen.

61. Was gilt für Bestands- und Nutzungsdaten?

421 Bestands- und Nutzungsdaten, für die bislang die §§ 14 und 15 TMG gelten, fallen zukünftig gleichfalls unter Art. 6 Abs. 1 Satz 1 lit. b DSGVO:

- Bei den Bestandsdaten (§ 14 TMG) handelt es sich um die Basisdaten des Vertragsbeziehung. Die Verarbeitung dieser Daten ist für die Erfüllung der vertraglichen Verpflichtungen des Diensteanbieters erforderlich und somit durch Art. 6 Abs. 1 Satz 1 lit. b DSGVO legitimiert.
- Bei den Nutzungsdaten (§ 15 TMG) geht es um die Daten, die zur Berechnung der Vergütung benötigt werden, die der Nutzer schuldet. Zugleich geht es um Zugangsdaten und andere Daten, die zur Inanspruchnahme der Leistung des Diensteanbieters erforderlich sind. Die Verarbeitung all diese Daten ist gleichfalls erforderlich, damit der Diensteanbieter seine vertraglich geschuldeten Leistungen erbringen kann. Auch diese Daten fallen somit unter die Erlaubnis des Art. 6 Abs. 1 Satz 1 lit. b DSGVO.

V. Berechtigte Interessen

Die Anforderungen an eine wirksame Einwilligung nach Art. 6 Abs. 1 Satz 1 lit. a DSGVO sind deutlich strenger als nach dem BDSG. Unternehmen werden daher in Zukunft verstärkt darauf angewiesen sein, bei der Verarbeitung personenbezogener Daten auf den Erlaubnistatbestand der „berechtigten Interessen“ gemäß Art. 6 Abs. 1 Satz 1 lit. f DSGVO zu setzen. 422

Die Bedeutung des Art. 6 Abs. 1 Satz 1 lit. f DSGVO zeigt sich an den Themenfeldern, die im Zusammenhang mit diesem Tatbestand stehen: 423

- allgemeiner Maßstab der „vernünftigen Erwartungen“ des Betroffenen;
- Kategorien der „berechtigten Interessen“;
- Vermutung eines „berechtigten Interesses“ bei der Verfolgung präventiver Abwehrzwecke;
- Videoüberwachung kraft „berechtigten Interesses“;
- „Whistleblowing“ kraft „berechtigten Interesses“;
- „berechtigtes Interesse“ an veröffentlichten Daten;
- „berechtigtes Interesse“ an der Verarbeitung von Daten zwecks Rechtsverfolgung und Rechtsverteidigung;
- Werbung und Adresshandel auf der Grundlage „berechtigter Interessen“;
- Datenübermittlung innerhalb des Konzerns als „berechtigtes Interesse“ („interne Verwaltungszwecke“);
- Widerspruchsrechte der Betroffenen („berechtigte Interessen“ als „Opt-Out-System“).

■ *Geltendes Recht*

Der Tatbestand der „berechtigten Interessen“ ist nicht neu. Auch nach Art. 7 lit. f DSRL ist die Datenverarbeitung erlaubt, wenn sie erforderlich ist 424

„zur Verwirklichung des berechtigten Interesses, das von dem für die Verarbeitung Verantwortlichen oder von dem bzw. den Dritten wahrgenommen wird, denen die Daten übermittelt werden sofern nicht das Interesse oder die Grundrechte und Grundfreiheiten der betroffenen Person … überwiegen.“

Art. 7 lit. f DSRL wird unter anderem durch § 28 Abs. 1 Satz 1 Nr. 2 BDSG umgesetzt. Danach ist das Erheben, Speichern, Verändern oder Übermitteln personenbezogener Daten oder ihre Nutzung als Mittel für die Erfüllung eigener Geschäftszwecke die Datenverarbeitung zulässig, 425

„soweit es zur Wahrung berechtigter Interessen der verantwortlichen Stelle erforderlich ist und kein Grund zu der Annahme besteht, dass das schutzwürdige Interesse des Betroffenen an dem Ausschluss der Verarbeitung oder Nutzung überwiegt“.

426 § 28 Abs. 1 Satz 1 Nr. 2 BDSG gilt nur für die Datenverarbeitung „zu eigenen Geschäftszwecken" und wird durch andere Abwägungstatbestände ergänzt:

- Die „Übermittlung oder Nutzung für einen anderen Zweck" (als den eigenen Geschäftszweck) ist in § 28 Abs. 2 BDSG geregelt. Auch dort geht es um eine Abwägung, die maßgeblich auf ein „berechtigtes Interesse" des Datenverarbeiters setzt. Allerdings gelten andere Abwägungskriterien als nach § 28 Abs. 1 BDSG.
- § 29 Abs. 1 BDSG regelt das „geschäftsmäßige Erheben, Speichern, Verändern oder Nutzen personenbezogener Daten zum Zweck der Übermittlung, insbesondere wenn dies der Werbung, der Tätigkeit von Auskunfteien oder dem Adresshandel dient". Implizit erkennt § 29 Abs. 1 BDSG an, dass es sich bei der Werbung, beim Adresshandel und bei Auskunfteien um Aktivitäten handelt, denen „berechtigte Interessen" zugrunde liegen. Die Datenverarbeitung zu diesen Zwecken steht unter einem Abwägungsvorbehalt, der in § 29 Abs. 1 BDSG näher ausgestaltet wird.
- § 29 Abs. 2 BDSG enthält einen gesonderten Abwägungstatbestand mit eigenen Kriterien für die Übermittlung von personenbezogenen Daten zu den in § 29 Abs. 1 BDSG aufgeführten Zwecken.
- § 30 Abs. 2 BDSG regelt die inhaltliche Umgestaltung („Veränderung", § 3 Abs. 4 Nr. 2 BDSG) anonymisierter Daten und enthält gleichfalls einen Abwägungsvorbehalt.
- Ein weiterer Abwägungstatbestand findet sich in § 30 a Abs. 1 BDSG für die geschäftsmäßige Datenerhebung und -speicherung für Zwecke der Markt- oder Meinungsforschung.
- § 32 Abs. 1 Satz 2 BDSG stellt die Verarbeitung der personenbezogenen Daten von Beschäftigten unter Abwägungsvorbehalt, wenn die Datenverarbeitung die Aufdeckung von Straftaten bezweckt.
- § 6 b Abs. 1 BDSG sieht für die Videoüberwachung öffentlich zugänglicher Räume eine Abwägung der wechselseitigen Interessen vor.

■ *Änderungen durch die DSGVO*

427 Die DSGVO enthält nur einen Grundtatbestand für die Abwägung (Art. 6 Abs. 1 Satz 1 lit. f DSGVO):

> „die Verarbeitung ist zur Wahrung der berechtigten Interessen des Verantwortlichen oder eines Dritten erforderlich, sofern nicht die Interessen oder Grundrechte und Grundfreiheiten der betroffenen Person, die den Schutz personenbezogener Daten erfordern, überwiegen, insbesondere dann, wenn es sich bei der betroffenen Person um ein Kind handelt."

428 „Berechtigte Interessen" reichen nach Art. 6 Abs. 1 Satz 1 lit. f DSGVO für die Datenverarbeitung aus. Zwei Einschränkungen sind dabei zu beachten:

- Die Datenverarbeitung muss für die verfolgten, berechtigten Interessen „erforderlich" sein. Eine bloße Zweckmäßigkeit reicht nicht aus.
- Wenn schutzwürdige Interessen des Betroffenen die Interessen des Verantwortlichen überwiegen, ist die Datenverarbeitung nicht erlaubt.

62. Gibt es einen allgemeinen Maßstab für „berechtigte Interessen"?

Der Begriff des „berechtigten Interesses" ist weit. In Betracht kommt jedes von der Rechtsordnung gebilligte – wirtschaftliche oder ideelle – Interesse. 429

Merke:

Um festzustellen, ob eine Datenverarbeitung von einem „berechtigten Interesse" gedeckt ist, muss zunächst das „Interesse" festgestellt werden, das der Datenverarbeitung zugrunde liegt. Für diese Feststellung ist der Zweck maßgebend, den der Verantwortliche verfolgt. 430

Erst wenn das „Interesse" identifiziert ist, das der Datenverarbeitung zugrunde liegt, lässt sich die „Berechtigung" untersuchen. Bei der „Berechtigung" handelt es sich um eine Wertung, die sich unter anderem an den allgemeinen Datenschutzprinzipien des Art. 5 Abs. 1 DSGVO orientiert.

Interesse

Mit jeder Form der Datenverarbeitung wird ein bestimmtes Interesse verfolgt. 431
Dieses Interesse kann unterschiedliche Ausprägungen haben, wie folgende Beispiele zeigen:

- Datensammlung: Das Interesse kann darin liegen, einen bestimmten Datenbestand zu errichten und diesen Datenbestand wirtschaftlich oder ideell zu nutzen. Dies ist etwa bei Datenbanken, Auskunfteien und Adressverzeichnissen der Fall.
- Datenauswertung: Das Interesse kann darin liegen, einen größeren Datenbestand zu errichten, um diesen Datenbestand algorithmisch oder auf andere Weise auszuwerten, wie dies bei Big Data-Anwendungen der Fall sind. Die Daten sind bei einer solchen Auswertung lediglich Mittel zum Zweck, da es dem Verarbeiter nicht um die Daten geht, sondern um Erkenntnisse, die er aus den Daten gewinnen möchte.
- Informationsverschaffung: Daten sind Träger von Informationen. Insbesondere bei der Übermittlung und Nutzung von Daten liegt das Interesse zumeist darin, dem Empfänger oder Nutzer Informationen zu verschaffen.

Merke:

432 **Möchte der Verantwortliche den Verarbeitungsprozess auf berechtigte Interessen gemäß Art. 6 Abs. 1 Satz 1 lit. f DSGVO stützen, muss er im Rahmen seiner allgemeinen Informationspflichten angeben, um welche Interessen es sich handelt (Art. 13 Abs. 1 lit. d und Art. 14 Abs. 2 lit. b DSGVO).**

„Berechtigung"

433 Ob das „Interesse", das der Datenverarbeiter verfolgt, „berechtigt" ist, ist eine reine Wertungsfrage. Für diese Wertung lassen sich aus den allgemeinen Datenschutzprinzipien des Art. 5 Abs. 1 DSGVO Maßstäbe ableiten, wie folgende Beispiele zeigen:

- Datensparsamkeit (Art. 5 Abs. 1 lit. c DSGVO): Sollen größere Datenbestände verarbeitet werden, kann der Grundsatz der Datensparsamkeit gegen die „Berechtigung" des Interesses sprechen.
- Datenrichtigkeit (Art. 5 Abs. 1 lit. d DSGVO): Soll eine Datenbank durch zusätzliche Datenbestände ergänzt werden, weil man sich hiervon eine größere Genauigkeit der Informationen verspricht, kann der Grundsatz der Datenrichtigkeit für eine „Berechtigung" des Interesses an einer zusätzlichen Speicherung von Informationen sprechen.

„Vernünftige Erwartungen"

434 Nach Erwägungsgrund 47 Satz 1 bis 4 DSGVO kommt es bei der Beurteilung nach Art. 6 Abs. 1 Satz 1 lit. f DSGVO auf die „vernünftigen Erwartungen" der Betroffenen an. Die „vernünftigen Erwartungen" der Betroffenen werden zum zentralen Bezugspunkt der Abwägung, die nach Art. 6 Abs. 1 Satz 1 lit. f DSGVO vorzunehmen ist:

> „Die Rechtmäßigkeit der Verarbeitung kann durch die berechtigten Interessen eines Verantwortlichen, auch eines Verantwortlichen, dem die personenbezogenen Daten offengelegt werden dürfen, oder eines Dritten begründet sein, sofern die Interessen oder die Grundrechte und Grundfreiheiten der betroffenen Person nicht überwiegen; dabei sind die vernünftigen Erwartungen der betroffenen Person, die auf ihrer Beziehung zu dem Verantwortlichen beruhen, zu berücksichtigen. Ein berechtigtes Interesse könnte beispielsweise vorliegen, wenn eine maßgebliche und angemessene Beziehung zwischen der betroffenen Person und dem Verantwortlichen besteht, z.B. wenn die betroffene Person ein Kunde des Verantwortlichen ist oder in seinen Diensten steht. Auf jeden Fall wäre das Bestehen eines berechtigten Interesses besonders sorgfältig abzuwägen, wobei auch zu prüfen ist, ob eine betroffene Person zum Zeitpunkt der Erhebung der personenbezogenen Daten und angesichts der Umstände, unter denen sie erfolgt, vernünftigerweise absehen kann, dass möglicherweise eine Verarbeitung für diesen Zweck erfolgen wird. Insbesondere dann, wenn personenbezogene Daten in Situationen verarbeitet werden, in denen eine betroffene Person vernünftigerweise nicht mit einer weiteren Verarbeitung rechnen muss, könnten die Inte-

ressen und Grundrechte der betroffenen Person das Interesse des Verantwortlichen überwiegen.“

Merke:

In Erwägungsgrund 47 nähert sich die DSGVO in erstaunlichem Maße US-amerikanischen Vorstellungen des Privatsphäreschutzes an. Seit der Entscheidung „Katz v. United States" (Urteil vom 18.12.1967, Az. 389 U.S. 347) wendet der US Supreme Court in ständiger Rechtsprechung den „reasonable expectations of privacy test" an, wenn es um die Frage geht, ob ein rechtswidriger Eingriff in die Privatsphäre vorliegt. 435

Nach Erwägungsgrund 47 Satz 2 DSGVO kommt es für die Beurteilung der „vernünftigen Erwartungen“ maßgeblich darauf an, in welcher Beziehung der Verantwortliche zu dem Betroffenen steht. Handelt es sich um eine vertragliche oder vertragsähnliche Beziehung, muss der Betroffene regelmäßig damit rechnen, dass es zu einer Verarbeitung personenbezogener Daten kommt. Vertragsverhältnisse, bei denen keinerlei Kundendaten verarbeitet werden, sind ein seltener Ausnahmefall. 436

Die „vernünftigen Erwartungen“ der Betroffenen werden in aller Regel auch das Webtracking legitimieren. Der durchschnittliche Internetnutzer weiß, dass bei den meisten Online-Diensten über Cookies, IP-Adressen und andere „Online-Kennungen“ (vgl. Erwägungsgrund 30 DSGVO) ein Webtracking stattfindet. Nur wenn ein solches Webtracking durch neuere Technologien fortentwickelt werden und zusätzlich an Intensität gewinnen sollte, wird man einwenden können, dass die betroffenen Internetnutzer mit einer solchen Intensität nicht rechnen können und das Webtracking nicht mehr den „vernünftigen Erwartungen“ der Betroffenen entspricht. 437

63. Welche Kategorien von „berechtigten Interessen" lassen sich unterscheiden?

Drei Kategorien des „berechtigten Interesses“ lassen sich unterscheiden: 438

- Gesetzlich vermutetes Interesse: In den Erwägungsgründe werden Fälle genannt, in denen stets von einem berechtigten Interesse auszugehen ist. Auch aus Art. 9 DSGVO lassen sich derartige Fälle ableiten.
- Gesetzlich anerkanntes Interesse: In den Erwägungsgründen werden die Direktwerbung und „interne Verwaltungszwecke“ als Fälle genannt, in denen ein berechtigtes Interesse vorliegen kann (aber nicht muss). Das ausdrückliche Anerkenntnis als (mögliches) berechtigtes Interesse ist im einzelnen Abwägungsfall ein gewichtiges Argument für die Zulässigkeit der Datenverarbeitung.

- Perspektive der Betroffenen: Ob ein Interesse des Datenverarbeiters im Einzelfall „berechtigt" ist, richtet sich im Übrigen nach den „vernünftigen Erwartungen" der Betroffenen.

64. Gibt es Regelungen für die Datenverarbeitung zu präventiven Abwehrzwecken?

439 Die Betrugsbekämpfung und die Abwehr von Angriffen auf Computer- und Kommunikationssysteme werden in den Erwägungsgründen ausdrücklich als „berechtigte Interessen" anerkannt. Dies kommt einer gesetzlichen Vermutung einer Erlaubnis gemäß Art. 6 Abs. 1 Satz 1 lit. f DSGVO zumindest nahe. Eine solche Vermutung lässt sich auch bejahen in vergleichbaren Fällen, in denen eine Datenverarbeitung die Verhinderung von Straftaten bzw. die Schadensabwehr bezweckt. Aus den Erwägungsgründen lässt sich der Rechtsgedanke ableiten, dass eine Datenverarbeitung, die präventive Abwehrzwecke verfolgt, in der Regel von einem „berechtigten Interesse" gemäß Art. 6 Abs. 1 Satz 1 lit. f DSGVO gedeckt ist, sofern sie sich auf zwingend notwendige Maßnahmen beschränkt und keine Intensität erreicht, die zu den verfolgten Zwecken außer Verhältnis steht.

Betrugsbekämpfung

440 Erwägungsgrund 47 Satz 6 DSGVO erlaubt die Datenverarbeitung, sofern es um die Bekämpfung von Betrug geht:

> „Die Verarbeitung personenbezogener Daten im für die Verhinderung von Betrug unbedingt erforderlichen Umfang stellt ebenfalls ein berechtigtes Interesse des jeweiligen Verantwortlichen dar."

441 Die Verarbeitung personenbezogener Daten zur Betrugsbekämpfung ist somit unter zwei Voraussetzungen zulässig:

- Es muss sich um Daten handeln, deren Verarbeitung zu Zwecken der Prävention „unbedingt erforderlich" ist.
- Es muss um Prävention gehen und nicht ausschließlich um die Aufdeckung und Verfolgung von Betrugshandlungen.

442 Erwägungsgrund 47 Satz 6 DSGVO dürfte beispielsweise die Praxis der Banken und Kreditkarteninstitute decken, Zahlungsbewegungen algorithmisch zu untersuchen, um Auffälligkeiten festzustellen. Hierdurch schützt sich das Institut gegen Kreditkartenbetrug.

Daten- und IT-Sicherheit

443 Erwägungsgrund 49 DSGVO erlaubt die Datenverarbeitung zu Zwecken der Daten- und IT-Sicherheit:

„Die Verarbeitung von personenbezogenen Daten durch Behörden, Computer-Notdienste (Computer Emergency Response Teams – CERT, beziehungsweise Computer Security Incident Response Teams – CSIRT), Betreiber von elektronischen Kommunikationsnetzen und -diensten sowie durch Anbieter von Sicherheitstechnologien und -diensten stellt in dem Maße ein berechtigtes Interesse des jeweiligen Verantwortlichen dar, wie dies für die Gewährleistung der Netz- und Informationssicherheit unbedingt notwendig und verhältnismäßig ist, d. h. soweit dadurch die Fähigkeit eines Netzes oder Informationssystems gewährleistet wird, mit einem vorgegebenen Grad der Zuverlässigkeit Störungen oder widerrechtliche oder mutwillige Eingriffe abzuwehren, die die Verfügbarkeit, Authentizität, Vollständigkeit und Vertraulichkeit von gespeicherten oder übermittelten personenbezogenen Daten sowie die Sicherheit damit zusammenhängender Dienste, die über diese Netze oder Informationssysteme angeboten werden bzw. zugänglich sind, beeinträchtigen. Ein solches berechtigtes Interesse könnte beispielsweise darin bestehen, den Zugang Unbefugter zu elektronischen Kommunikationsnetzen und die Verbreitung schädlicher Programmcodes zu verhindern sowie Angriffe in Form der gezielten Überlastung von Servern („Denial of service"-Angriffe) und Schädigungen von Computer- und elektronischen Kommunikationssystemen abzuwehren."

Die Abwehr folgender Arten von Angriffen stellt grundsätzlich ein „berechtig- 444
tes Interesse" zur Verarbeitung personenbezogener Daten dar:

- Verbreitung von Trojanern, Viren und anderer Schadsoftware;
- „Denial of Service"-Attacken, das heißt die absichtliche Überlastung eines Servers durch eine Vielzahl von Anfragen;
- das „Phishing" und andere Formen des Erschleichens eines unberechtigten Zugriffs auf Daten und Netzwerke;
- die Beschädigung von Systemen der Computer- und elektronischen Kommunikationstechnik.

Die Erlaubnis der Datenverarbeitung zur Abwehr von Angriffen steht unter 445
dem Vorbehalt der

- unbedingten Notwendigkeit und der
- Verhältnismäßigkeit.

Abwehr sonstiger Schäden

Erwägungsgrund 47 Satz 6 DSGVO und Erwägungsgrund 49 DSGVO liegt der 446
Gedanke zugrunde, dass das Interesse an einer Verarbeitung personenbezogener Daten grundsätzlich überwiegt, wenn hiermit eine Schadensabwehr bezweckt ist. Diesen Rechtsgedanken wird man auf andere Konstellationen übertragen können mit der Folge, dass ein „berechtigtes Interesse" die Datenverarbeitung grundsätzlich legitimiert, wenn sie beispielsweise folgenden Zwecken dient:

- Verhinderung anderer Straftaten, z. B.
  - Untreue- und Diebstahlshandlungen, die von Beschäftigten begangen werden;

  - Ladendiebstahl;
  - Vandalismus und Sachbeschädigung;
  - Körperverletzungs- und Tötungsdelikte;
  - Äußerungsdelikte (Volksverhetzung, Beleidigung, Verleumdung);
- Verhinderung von Verkehrsunfällen.

65. Was gilt für die Videoüberwachung?

447 Wenn es einer Bank grundsätzlich erlaubt ist, Kontobewegungen zu analysieren, um Fälle des Betrugsverdachts zu ermitteln und Maßnahmen zur Unterbindung solcher Fälle zu treffen, kann nichts anderes für eine Videoüberwachung gelten, die der Verhinderung von Straftaten dient.

Merke:

448 Anders als das BDSG (§ 6 b BDSG) kennt die DSGVO keinen gesonderten Tatbestand für die Videoüberwachung. Ob eine Videoüberwachung zulässig ist, wird sich daher in Zukunft nach Art. 6 Abs. 1 Satz 1 lit. f DSGVO bestimmen. Da sich Erwägungsgrund 47 Satz 6 DSGVO und Erwägungsgrund 49 DSGVO entnehmen lässt, dass der präventive Zweck einer Überwachungsmaßnahme ein gewichtiges Argument für deren Zulässigkeit ist, dürften für die Zulässigkeit der Videoüberwachung in Zukunft geringere Anforderungen gelten als bisher.

Folgende Anforderungen an eine Videoüberwachung lassen sich aus Erwägungsgrund 47 Satz 6 DSGVO und Erwägungsgrund 49 DSGVO ableiten:

- Die Videoüberwachung muss sich auf ein „unbedingt notwendiges" Maß beschränken.
- Die Intensität der Überwachung darf nicht außer Verhältnis zu den dabei verfolgten (präventiven) Zwecken stehen.

Die Verpflichtung zur Kennzeichnung überwachter Bereiche (§ 6 b Abs. 2 BDSG) fällt fort. Die DSGVO enthält keine Vorschrift, aus der sich eine Kennzeichnungspflicht ableiten lässt.

66. Welche Regelungen gibt es für das „Whistleblowing"?

449 Nach Erwägungsgrund 50 Satz 9 DSGVO ist der Verantwortliche stets berechtigt, staatlichen Behörden personenbezogene Daten zu übermitteln, wenn es Hinweise auf strafbare Handlungen oder Bedrohungen der öffentlichen Sicherheit gibt:

„Der Hinweis des Verantwortlichen auf mögliche Straftaten oder Bedrohungen der öffentlichen Sicherheit und die Übermittlung der maßgeblichen personenbezogenen Daten in Einzelfällen oder in mehreren Fällen, die im Zusammenhang mit derselben

Straftat oder derselben Bedrohung der öffentlichen Sicherheit stehen, an eine zuständige Behörde sollten als berechtigtes Interesse des Verantwortlichen gelten."

Merke:

Erwägungsgrund 50 Satz 9 DSGVO regelt eine Befugnis des Verantwortlichen, von der dieser Gebrauch machen kann, aber nicht muss. Erwägungsgrund 50 Satz 9 DSGVO ist zudem keine Norm, die staatliche Stellen zur Erhebung von Daten ermächtigt. 450

Aus der Befugnis eines Unternehmens, personenbezogene Daten an eine Behörde zu übermitteln, ergibt sich noch keine Befugnis des Staates, diese Daten zu erheben. Für eine solche Erhebungsbefugnis bedarf es vielmehr einer gesonderten Rechtsgrundlage (vgl. BVerfG vom 24.1.2012, Az. 1 BvR 1299/05 – Bestandsdatenauskunft).

Erwägungsgrund 50 Satz 10 DSGVO nimmt Unternehmen, die einer Verschwiegenheitspflicht unterliegen, von der Befugnis zum „Whistleblowing" aus: 451

„Eine derartige Übermittlung personenbezogener Daten im berechtigten Interesse des Verantwortlichen oder deren Weiterverarbeitung sollte jedoch unzulässig sein, wenn die Verarbeitung mit einer rechtlichen, beruflichen oder sonstigen verbindlichen Pflicht zur Geheimhaltung unvereinbar ist."

Die nach Erwägungsgrund 50 Satz 10 DSGVO relevanten Geheimhaltungspflichten können sich ergeben: 452

- aus einem allgemeinen Gesetz, z. B. aus § 203 StGB (Privatgeheimnis) und aus § 17 UWG (Geschäfts- und Betriebsgeheimnis),
- aus Berufsrecht, z. B. aus § 43 a Abs. 2 BRAO und § 2 BORA (Rechtsanwälte) sowie aus § 9 Muster-Berufsordnung (Ärzte),
- oder aus sonstigen bindenden Verpflichtungen, insbesondere aus vertraglichen Geheimhaltungspflichten.

Keine der von Erwägungsgrund 50 Satz 10 DSGVO erfassten Verschwiegenheitspflichten gilt ausnahmslos. Erfährt beispielsweise ein Arzt von Mordplänen seines Patienten, darf er die Polizei verständigen, ohne gegen seine Verschwiegenheitspflicht zu verstoßen (vgl. §§ 32 und 34 StGB). An dieser Befugnis ändert Erwägungsgrund 50 Satz 10 DSGVO nichts. Datenschutzrechtlich ist der Bruch einer Verschwiegenheitspflicht rechtmäßig, wenn das Interesse an einer Aufdeckung das Geheimhaltungsinteresse überwiegt (Art. 6 Abs. 1 Satz 1 lit. f DSGVO). Ob dies der Fall ist, hängt von Wertungen außerhalb des Datenschutzrechts ab (z. B. von den Voraussetzungen der §§ 32 und 34 StGB – Notwehr und Notstand). 453

67. Was gilt für allgemein zugängliche bzw. veröffentlichte Daten?

■ *Geltendes Recht*

454 Auch Informationen, die der Öffentlichkeit bereits bekannt sind, unterliegen dem Datenschutzrecht. Allerdings erleichtert das BDSG die Verarbeitung entsprechender Daten:

- Nach § 28 Abs. 1 Satz 1 Nr. 3 BDSG ist die Erhebung und Verarbeitung von personenbezogenen Daten zu eigenen Geschäftszwecken unter erleichterten Voraussetzungen erlaubt, wenn die Daten allgemein zugänglich sind (oder die verantwortliche Stelle sie veröffentlichen dürfte).
- Entsprechendes gilt nach § 29 Abs. 1 Satz 1 Nr. 2 BDSG für die geschäftsmäßige Verarbeitung allgemein zugänglicher Daten zum Zweck der Übermittlung.
- Das Listenprivileg gilt gemäß § 28 Abs. 3 Satz 2 Nr. 1 BDSG für Daten, die aus allgemein zugänglichen Verzeichnissen entnommen worden sind.
- Erleichterungen für die Verarbeitung allgemein zugänglicher Daten finden sich auch in den §§ 30 Abs. 2 Nr. 2, 30 a Abs. 1 Satz 1 Nr. 2, 30 a Abs. 2 Satz 2, 33 Abs. 2 Satz 1 Nr. 7 lit. a und Nr. 9, 35 Abs. 6 und 43 Abs. 2 Nr. 1 bis 4 BDSG.

455 Der Begriff der allgemein zugänglichen Daten wird in § 10 Abs. 5 Satz 2 BDSG gesetzlich definiert:

> „Allgemein zugänglich sind Daten, die jedermann, sei es ohne oder nach vorheriger Anmeldung, Zulassung oder Entrichtung eines Entgelts, nutzen kann."

456 § 28 Abs. 6 Nr. 2 BDSG privilegiert die Verarbeitung besonders sensitiver Daten gemäß § 3 Abs. 9 BDSG, wenn der Betroffene diese Daten bereits selbst veröffentlicht hat:

> „Das Erheben, Verarbeiten und Nutzen von besonderen Arten personenbezogener Daten (§ 3 Abs. 9) für eigene Geschäftszwecke ist zulässig, soweit nicht der Betroffene nach Maßgabe des § 4 a Abs. 3 eingewilligt hat, wenn es sich um Daten handelt, die der Betroffene offenkundig öffentlich gemacht hat".

457 § 28 Abs. 6 Nr. 2 BDSG beruht auf einer wortgenauen Umsetzung des Art. 8 Abs. 2 lit. e, 1. Alt. DSRL.

■ *Änderungen durch die DSGVO*

458 Die DSGVO verwendet den Begriff der „allgemein zugänglichen Daten" nicht. Allerdings findet sich in Art. 9 Abs. 2 lit. e DSGVO der Begriff der „Veröffentlichung". Die Verarbeitung der in Art. 9 Abs. 1 DSGVO genannten sensitiven Daten ist nach Art. 9 Abs. 2 lit. e DSGVO (weitgehend wortgleich mit Art. 8 Abs. 2 lit. e, 1. Alt. DSRL) erlaubt, wenn die Verarbeitung sich auf personenbezogene Daten bezieht,

> „die die betroffene Person offensichtlich öffentlich gemacht hat".

Aus Art. 9 Abs. 2 lit. e DSGVO lässt sich ableiten, dass der Betroffene eine Datenverarbeitung hinnehmen muss, wenn er die Daten selbst öffentlich verbreitet hat. Wenn dies für die sensitiven Daten nach Art. 9 Abs. 1 DSGVO gilt, muss dies erst für personenbezogene Daten minderer Sensitivität gelten. Da Art. 6 DSGVO keine entsprechende Regelung enthält, wird man davon ausgehen können, dass die Verarbeitung von Daten, die der Betroffene selbst veröffentlicht hat, stets durch ein überwiegendes berechtigtes Interesse gemäß Art. 6 Abs. 1 Satz 1 lit. f DSGVO legitimiert ist. 459

Merke:

Der Begriff der „Veröffentlichung" ist in der DSGVO nicht definiert. Man wird ihn so verstehen müssen, dass damit die Ermöglichung des Zugriffs durch einen unbestimmten Personenkreis gemeint ist. 460

68. Welche Regelungen gibt es für die Rechtsverfolgung und Rechtsverteidigung?

■ *Geltendes Recht*

§ 28 Abs. 6 Nr. 3 BDSG regelt die Verarbeitung besonders sensitiver Daten gemäß § 3 Abs. 9 BDSG für den Fall, dass eine Verarbeitung dieser Daten zur Verfolgung oder Abwehr rechtlicher Ansprüche notwendig ist: 461

„Das Erheben, Verarbeiten und Nutzen von besonderen Arten personenbezogener Daten (§ 3 Abs. 9) für eigene Geschäftszwecke ist zulässig, soweit nicht der Betroffene nach Maßgabe des § 4a Abs. 3 eingewilligt hat, wenn dies zur Geltendmachung, Ausübung oder Verteidigung rechtlicher Ansprüche erforderlich ist und kein Grund zu der Annahme besteht, dass das schutzwürdige Interesse des Betroffenen an dem Ausschluss der Erhebung, Verarbeitung oder Nutzung überwiegt".

§ 28 Abs. 6 Nr. 3 BDSG setzt Art. 8 Abs. 2 lit. e, 2. Alt. DSRL um, dies allerdings abgeschwächt durch den Einwand „schutzwürdiger Interessen" des Betroffenen, der nur in § 28 Abs. 6 Nr. 3 BDSG, nicht jedoch in Art. 8 Abs. 2 lit. e, 2. Alt. DSRL vorgesehen ist. 462

■ *Änderungen durch die DSGVO*

Art. 9 Abs. 2 lit. f DSGVO erlaubt bei besonders sensitiven Daten eine Verarbeitung mit folgender Maßgabe: 463

„die Verarbeitung ist zur Geltendmachung, Ausübung oder Verteidigung von Rechtsansprüchen oder bei Handlungen der Gerichte im Rahmen ihrer justiziellen Tätigkeit erforderlich".

Anders als § 28 Abs. 6 Nr. 3 BDSG sieht Art. 9 Abs. 2 lit. f DSGVO keine Abwägung mit den Interessen der Betroffenen vor. Die Verarbeitung sensitiver 464

Daten zur Rechtsverfolgung und Rechtsverteidigung wird somit durch Art. 9 Abs. 2 lit. f DSGVO erleichtert.

465 Aus Art. 9 Abs. 2 lit. f DSGVO lässt sich ableiten, dass der Betroffene eine Datenverarbeitung hinnehmen muss, wenn die Datenverarbeitung zur Geltendmachung rechtlicher Ansprüche oder zur Rechtsausübung oder Rechtsverteidigung erforderlich ist. Wenn dies für die sensitiven Daten nach Art. 9 Abs. 1 DSGVO gilt, muss dies erst recht für alle anderen personenbezogenen Daten gelten. Da eine entsprechende Regelung in Art. 6 DSGVO fehlt, kann man davon ausgehen, dass die Verarbeitung von Daten, die zur Rechtsverfolgung, Rechtsausübung oder Rechtsverteidigung erforderlich ist, stets von einem überwiegenden berechtigten Interesse gemäß Art. 6 Abs. 1 Satz 1 lit. f DSGVO gedeckt ist.

Merke:

466 Dass es sich bei der Rechtsverfolgung, Rechtsausübung und Rechtsverteidigung um ein „berechtigtes Interesse" handelt, zeigt sich auch an Art. 17 Abs. 3 lit. e DSGVO und Art. 18 Abs. 2 DSGVO:

- Der Betroffene hat nach Art. 17 Abs. 3 lit. e DSGVO keinen Anspruch auf Löschung personenbezogener Daten nach Art. 17 Abs. 1 DSGVO („Recht auf Vergessenwerden"), wenn es um Daten geht, die der Verantwortliche zur Rechtsverfolgung, Rechtsausübung oder Rechtsverteidigung benötigt.
- Art. 18 Abs. 2 DSGVO gibt dem Verantwortlichen, der nach Art. 18 Abs. 1 DSGVO zur Sperrung von Daten verpflichtet ist, das Recht, die gesperrten Daten zur Rechtsverfolgung, Rechtsausübung und Rechtsverteidigung zu verarbeiten.

69. Was gilt für die Werbung und den Adresshandel?

■ *Geltendes Recht*

467 Für die Werbung und für den Adresshandel gelten die Sonderbestimmungen des § 28 Abs. 3 bis 4 BDSG. Die Verarbeitung und Nutzung personenbezogener Daten ist nach § 28 Abs. 3 BDSG nur zulässig, wenn

- der Betroffene eingewilligt hat oder
- die verantwortliche Stelle im Rahmen des „Listenprivilegs" gehandelt hat.

468 Zu unterscheiden sind bei dem „Listenprivileg" die Werbung für eigene Angebote, die Werbung für fremde Angebote sowie der Adresshandel, da sich die Zulässigkeitsvoraussetzungen leicht unterschieden. Das „Listenprivileg" wird zudem überlagert durch § 7 UWG.

Werbung für eigene Angebote

469 Das „Listenprivileg“ gestattet die Verarbeitung und Nutzung von Daten zwecks Werbung für eigene Angebote unter folgenden Bedingungen:

- Die Daten sind in einer Liste oder auf ähnliche Weise zusammengefasst.
- Bei den Personen auf der Liste handelt es sich um Angehörige einer Personengruppe.
- Die Daten beschränken sich auf
  - die Zugehörigkeit der Personen zu der jeweiligen Gruppe;
  - die Berufs-, Branchen- oder Geschäftsbezeichnung;
  - Namen, Titel, akademische Grade sowie
  - Anschrift und Geburtsjahr.
- Sollen die Daten zur Werbung für eigene Angebote des Verantwortlichen verwendet werden, müssen sie aus allgemein zugänglichen Adress-, Rufnummern-, Branchen- oder vergleichbaren Verzeichnissen entnommen worden sein (mit Ausnahme der Angaben zur Gruppenzugehörigkeit).
- Die Verarbeitung oder Nutzung der Daten ist erforderlich
  - zur Werbung für eigene Angebote der verantwortlichen Stelle (§ 28 Abs. 3 Satz 2 Nr. 1 BDSG);
  - zur Werbung im Hinblick auf die berufliche Tätigkeit des Empfängers unter dessen beruflichen Anschrift (§ 28 Abs. 3 Satz 2 Nr. 2 BDSG) oder
  - zur Werbung für Spenden, die steuerlich begünstigt (absetzbar) sind (§ 28 Abs. 3 Satz 2 Nr. 3 BDSG).
- Eine Verarbeitung oder Nutzung der Daten ist nur zulässig, soweit schutzwürdige Interessen des Betroffenen nicht entgegenstehen (§ 28 Abs. 3 Satz 6 BDSG).

Werbung für fremde Angebote

470 Nach § 28 Abs. 3 Satz 5 BDSG ist die Verarbeitung und Nutzung von listenmäßig zusammengefassten Daten zum Zwecke der Werbung für fremde Angebote nur zulässig, wenn für den Betroffenen bei der Ansprache die für die Nutzung der Daten verantwortliche Stelle eindeutig erkennbar ist. Der Adressat der Werbung darf nicht darüber im Unklaren gelassen werden, von wem die Werbung stammt.

471 § 28 Abs. 3 Satz 5 BDSG ist verwirrend formuliert, entgegen seinem Wortlaut jedoch so zu verstehen, dass die dort geregelte Kennzeichnungspflicht ergänzend zu den Bedingungen tritt, die auch für die Werbung für eigene Angebote gelten. § 28 Abs. 3 Satz 2 und 5 BDSG sind bei der Werbung für fremde Angebote kumulativ anwendbar.

Adresshandel

472 Der Handel mit Listendaten ist zulässig,

- wenn die Herkunft der Daten und der Empfänger für die Dauer von zwei Jahren nach der Übermittlung der Daten beim Händler und beim Empfänger gespeichert werden (§ 34 Abs. 1 a BDSG);
- dem Betroffenen auf Verlangen Auskunft über die Herkunft der Daten und den Empfänger erteilt wird (§ 34 Abs. 1 a BDSG);
- die Stelle, die die Daten erstmalig erhoben hat, aus der Werbung eindeutig hervorgeht, wenn die Daten zu Zwecken der Werbung eingesetzt werden (§ 28 Abs. 3 Satz 4 BDSG).

Widerspruch

473 Für den Bereich der Direktwerbung sieht Art. 14 Satz 1 lit. b DSRL eine Verpflichtung der Mitgliedstaaten vor, Widerspruchsrechte der Betroffenen zu schaffen. Hierbei muss es sich um freie Widerrufsrechte handeln, für die es keiner Gründe oder Fristen bedarf.

474 In § 28 Abs. 4 BDSG wurde Art. 14 Satz 1 lit. b DSRL umgesetzt. Das Widerspruchsrecht erstreckt sich danach auf die Datenverarbeitung zum Zwecke der Werbung sowie der Markt- oder Meinungsforschung. Der Betroffene ist über sein Widerspruchsrecht zu belehren (§ 28 Abs. 4 Satz 2 BDSG). Der Widerspruch führt dazu, dass die Daten, die sich auf den Betroffenen beziehen, in Zukunft nicht mehr verarbeitet werden dürfen (§ 28 Abs. 4 Satz 1 BDSG).

Beschränkungen nach § 7 Abs. 2 UWG

475 § 28 Abs. 3 BDSG und § 34 Abs. 1 a BDSG regeln nur die Voraussetzungen, unter denen Adressdaten verarbeitet und genutzt werden dürfen. Der Postversand von Werbung ist hiermit weitgehend abschließend geregelt, nicht jedoch die werbende Ansprache des Empfängers per Telefon, E-Mail oder einem anderen elektronischen Kommunikationsmittel, für die zusätzlich die Einschränkungen des § 7 Abs. 2 Nr. 2 UWG gelten.

476 § 7 Abs. 2 Nr. 2 UWG verlangt für die telefonische Werbung

- gegenüber einem Verbraucher dessen vorherige ausdrückliche Einwilligung;
- gegenüber einem Unternehmer dessen zumindest mutmaßliche Einwilligung.

477 § 7 Abs. 2 Nr. 3 UWG verlangt für die Werbung per E-Mail, SMS oder auf einem sonstigen elektronischen Übermittlungsweg eine vorherige ausdrückliche Einwilligung des Adressaten.

§ 7 Abs. 2 Nr. 4 UWG, der für alle Versandarten (auch für den Postversand) gilt, enthält eine Reihe von Kennzeichnungspflichten für die Werbung. 478

■ *Änderungen durch die DSGVO*

Vorschriften, die § 28 Abs. 3 BDSG oder § 34 Abs. 1 a BDSG entsprechen, finden sich in der DSGVO nicht. Allerdings stellt Erwägungsgrund 47 Satz 7 DSGVO klar, dass die Datenverarbeitung zu Zwecken der Direktwerbung von einem berechtigten Interesse getragen sein kann (aber nicht muss): 479

„Die Verarbeitung personenbezogener Daten zum Zwecke der Direktwerbung kann als eine einem berechtigten Interesse dienende Verarbeitung betrachtet werden."

Nach Inkrafttreten der DSGVO bleibt es somit dabei, dass die Verarbeitung und Nutzung von Adressdaten zu Werbezwecken eine Einwilligung des Betroffenen nicht zwingend erfordert. Wie bisher gibt es eine Alternative zur Einwilligung. An die Stelle der umständlichen Regelungen rund um das „Listenprivileg" tritt die Möglichkeit des Werbenden, auf der Grundlage „berechtigter Interessen" gemäß Art. 6 Abs. 1 Satz 1 lit. f DSGVO zu handeln. 480

Bei der Werbung ist Folgendes zu beachten: 481

- Werbung für eigene Angebote: Die Anforderungen an ein „berechtigtes Interesse" können bei der Werbung nicht allzu streng sein, da Erwägungsgrund 47 Satz 7 DSGVO ausdrücklich klar stellt, dass die Werbung ein „berechtigtes Interesse" sein kann.
- Werbung für fremde Angebote: Ein berechtigtes Drittinteresse reicht für eine Datenverarbeitung auf der Grundlage des Art. 6 Abs. 1 Satz 1 lit. f DSGVO aus („Wahrung der berechtigten Interessen des Verantwortlichen oder eines Dritten").
- Adresshandel: Auch beim Adresshandel besteht die Möglichkeit einer Legitimation durch ein berechtigtes Drittinteresse (des Empfängers, an den die Daten übermittelt werden).
- Beschränkungen nach § 7 Abs. 2 UWG: Die Beschränkungen nach § 7 Abs. 2 UWG bleiben bestehen. § 7 Abs. 2 UWG liegt die E-Privacy-Richtlinie zugrunde (Richtlinie 2002/58/EG vom 12.7.2002). Diese Richtlinie bleibt auch nach Inkrafttreten der DSGVO bestehen (Art. 89 DSGVO)

Art. 21 Abs. 2 und 3 DSGVO sieht für die Direktwerbung ein umfassenderes Widerspruchsrecht vor. Der Widerspruch führt (ebenso wie bisher nach § 28 Abs. 4 Satz 1 BDSG) dazu, dass die Nutzung der Daten des Betroffenen zu Zwecken der Direktwerbung eingestellt werden muss: 482

„(2) Werden personenbezogene Daten verarbeitet, um Direktwerbung zu betreiben, so hat die betroffene Person das Recht, jederzeit Widerspruch gegen die Verarbeitung sie betreffender personenbezogener Daten zum Zwecke derartiger Werbung einzulegen;

dies gilt auch für das Profiling, soweit es mit solcher Direktwerbung in Verbindung steht.

(3) Widerspricht die betroffene Person der Verarbeitung für Zwecke der Direktwerbung, so werden die personenbezogenen Daten nicht mehr für diese Zwecke verarbeitet.“

483 Art. 21 Abs. 4 DSGVO sieht eine Belehrungspflicht über das Widerspruchsrecht vor, die spätestens bei der ersten Kommunikation mit dem Betroffenen zu erfüllen ist:

„Die betroffene Person muss spätestens zum Zeitpunkt der ersten Kommunikation mit ihr ausdrücklich auf das in den Absätzen 1 und 2 genannte Recht hingewiesen werden; dieser Hinweis hat in einer verständlichen und von anderen Informationen getrennten Form zu erfolgen.“

70. Was gilt für den Datenaustausch innerhalb eines Konzerns?

■ *Geltendes Recht*

484 Nach dem BDSG gelten für die Übermittlung von personenbezogenen Daten innerhalb eines Konzerns keine besonderen Regelungen. Es gibt kein „Konzernprivileg“; der Begriff des Konzerns ist dem BDSG fremd.

485 Wenn innerhalb eines Konzerns die Datenübermittlung rechtlich abgesichert werden soll, gibt es im Wesentlichen drei gangbare Wege:

- Einwilligung: Alle Betroffenen müssen der Übermittlung von Daten innerhalb des Konzerns (d. h. von einem konzernangehörigen Unternehmen an ein anderes Unternehmen desselben Konzerns) gemäß § 4 a Abs. 1 BDSG zustimmen. Dies ist sehr aufwändig und vielfach nicht praktikabel.
- Gesetzliche Erlaubnis: Alternativ lässt sich die konzerninterne Übermittlung von Daten auf gesetzliche Erlaubnistatbestände (§§ 28 ff. BDSG) stützen. Dies ist mit Rechtsunsicherheit verbunden. Soweit es um Beschäftigtendaten geht, ist beispielsweise offen, ob § 28 Abs. 1 Satz Nr. 2 BDSG eine Datenübermittlung überhaupt noch legitimieren kann, seit es den Sondertatbestand des § 32 Abs. 1 Satz 1 BDSG gibt, der den – schwer zu führenden – Nachweis verlangt, dass die konzerninterne Datenübermittlung für die Durchführung des Beschäftigungsverhältnisses „erforderlich“ ist.
- Auftragsdatenverarbeitung: Die Auftragsdatenverarbeitung ist als Instrument des konzerninternen Datenaustausches weit verbreitet. Eine entsprechende Struktur einzurichten, ist wegen der Notwendigkeit zahlreicher Vereinbarungen gemäß § 11 BDSG aufwändig. Bei internationalen Konzernen ist eine Auftragsdatenverarbeitung zudem nicht immer praktikabel wegen der regulatorischen Anforderungen, die bei der Übermittlung personenbezogener Daten in Drittländer zu beachten sind (§§ 4 b und 4 c BDSG).

■ *Änderungen durch die DSGVO*

In Art. 4 Nr. 19 DSGVO findet sich eine Definition des Begriffs des Konzerns („Unternehmensgruppe"): 486

„eine Gruppe, die aus einem herrschenden Unternehmen und den von diesem abhängigen Unternehmen besteht".

Der Datenaustausch im Konzern auf der Grundlage von Einwilligungen oder mit dem Instrument der Auftragsdatenverarbeitung wird durch die DSGVO erschwert. Bei den Einwilligungen erhöht Art. 7 DSGVO die Anforderungen an die Wirksamkeit. Die Auftragsdatenverarbeitung bleibt zwar als Gestaltungsmittel erhalten, unterliegt jedoch modifizierten Bedingungen (Art. 28 DSGVO). Der Auftragsverarbeiter wird in deutlich stärkerem Maße für den Schutz der verarbeiteten Daten und für die Einhaltung des Datenschutzrechts verantwortlich, als dies nach dem BDSG der Fall ist. 487

Der konzerninterne Datenaustausch auf gesetzlicher Grundlage wird durch die DSGVO erheblich vereinfacht und erleichtert. Er richtet sich im Wesentlichen nach Art. 6 Abs. 1 Satz 1 lit. f DSGVO („berechtigte Interessen"), wobei bei sensitiven Daten zusätzlich die Anforderungen des Art. 9 DSGVO zu beachten sind. 488

Der konzerninterne Datenaustausch ist durch Erwägungsgrund 48 Satz 1 DSGVO als „berechtigtes Interesse" privilegiert. Erwägungsgrund 48 Satz 1 DSGVO erkennt für den Konzern „interne Verwaltungszwecke" als ein „berechtigtes Interesse" an: 489

„Verantwortliche, die Teil einer Unternehmensgruppe oder einer Gruppe von Einrichtungen sind, die einer zentralen Stelle zugeordnet sind, können ein berechtigtes Interesse haben, personenbezogene Daten innerhalb der Unternehmensgruppe für interne Verwaltungszwecke, einschließlich der Verarbeitung personenbezogener Daten von Kunden und Beschäftigten, zu übermitteln."

Erwägungsgrund 48 Satz 1 DSGVO erleichtert den konzerninternen Datenaustausch, stellt ihn jedoch nicht von sämtlichen datenschutzrechtlichen Anforderungen frei: 490

- Es bedarf jeweils gemäß Art. 6 Abs. 1 Satz 1 lit. f DSGVO einer Abwägung mit entgegenstehenden schutzwürdigen Interessen der Betroffenen.
- Für den Transfer an konzernangehörige Unternehmen in Drittstaaten gelten die Anforderungen der Art. 44 ff. DSGVO (vgl. Erwägungsgrund 48 Satz 2 DSGVO). Hier werden sich Binding Corporate Rules (BCR) regelmäßig als Gestaltungsmittel anbieten, deren Aufstellung in Art. 47 DSGVO geregelt ist.

Merke:

491 Anders als das geltende Recht sieht Art. 37 Abs. 2 DSGVO die Möglichkeit der Bestellung eines Konzern-Datenschutzbeauftragten ausdrücklich vor.

71. Hat der Betroffene ein Widerspruchsrecht?

492 Die recht niedrigen Anforderungen an ein berechtigtes Interesse gemäß Art. 6 Abs. 1 Satz 1 lit. f DSGVO werden in Art. 21 Abs. 1 DSGVO durch ein Widerspruchsrecht des Betroffenen kompensiert. Hierdurch wird für den Bereich der Datenverarbeitung auf Grundlage „berechtigter Interessen" (Art. 6 Abs. 1 Satz 1 lit. f DSGVO) ein Opt-out-System geschaffen. Unternehmen, die Datenverarbeitungsprozesse auf der Basis „berechtigter Interessen" betreiben, stehen vor der Herausforderung, diese Prozesse so auszugestalten, dass personenbezogene Daten schnell und zuverlässig im System erkannt und von einer weiteren Verarbeitung ausgeschlossen werden können, wenn der Betroffene von seinem Widerspruchsrecht Gebrauch macht.

■ *Geltendes Recht*

493 Art. 14 Satz 1 lit. a DSRL gibt den Mitgliedsstaaten die Option, für die Datenverarbeitung auf der Grundlage „berechtigter Interessen" (Art. 7 lit. f DSRL) ein Widerspruchsrecht der Betroffenen zu regeln, wenn überwiegende, schutzwürdige Gründe vorliegen, die sich aus der „besonderen Situation" der Betroffenen ergeben.

494 Eine entsprechende Regelung findet sich in § 35 Abs. 5 BDSG:

„Personenbezogene Daten dürfen nicht für eine automatisierte Verarbeitung oder Verarbeitung in nicht automatisierten Dateien erhoben, verarbeitet oder genutzt werden, soweit der Betroffene dieser bei der verantwortlichen Stelle widerspricht und eine Prüfung ergibt, dass das schutzwürdige Interesse des Betroffenen wegen seiner besonderen persönlichen Situation das Interesse der verantwortlichen Stelle an dieser Erhebung, Verarbeitung oder Nutzung überwiegt. Satz 1 gilt nicht, wenn eine Rechtsvorschrift zur Erhebung, Verarbeitung oder Nutzung verpflichtet."

495 Ein gesondert ausgestaltetes Widerspruchsrecht gibt es für die Datenverarbeitung zum Zwecke der Werbung oder der Markt- oder Meinungsforschung (§ 28 Abs. 4 BDSG, vgl. Art. 14 Satz 1 lit. b DSRL).

■ *Änderungen durch die DSGVO*

496 Durch Art. 21 Abs. 1 DSGVO wird ein Widerspruchsrecht für alle Fälle geschaffen, in denen personenbezogene Daten auf der Grundlage „berechtigter Interessen" (Art. 6 Abs. 1 Satz 1 lit. f DSGVO) verarbeitet werden:

„Die betroffene Person hat das Recht, aus Gründen, die sich aus ihrer besonderen Situation ergeben, jederzeit gegen die Verarbeitung sie betreffender personenbezogener

Daten, die aufgrund von Artikel 6 Absatz 1 Buchstaben e oder f erfolgt, Widerspruch einzulegen; dies gilt auch für ein auf diese Bestimmungen gestütztes Profiling. Der Verantwortliche verarbeitet die personenbezogenen Daten nicht mehr, es sei denn, er kann zwingende schutzwürdige Gründe für die Verarbeitung nachweisen, die die Interessen, Rechte und Freiheiten der betroffenen Person überwiegen, oder die Verarbeitung dient der Geltendmachung, Ausübung oder Verteidigung von Rechtsansprüchen"

Für den Widerspruch gilt somit eine zweistufige Prüfung: 497

- Persönlicher Grund (Art. 21 Abs. 1 Satz 1 DSGVO): Es bedarf eines Grundes, der sich aus „der besonderen Situation" des Betroffenen ergibt. Allgemeine Einwände und Bedenken gegen eine Datenverarbeitung reichen nicht aus. Dass der Betroffene generell keine Speicherung von Daten in einer Kundendatenbank oder kein Webtracking wünscht, genügt nicht. Vielmehr muss der Betroffene persönliche Gründe darlegen können, weshalb ihm – anders als anderen Kunden oder Internetnutzern – die Verarbeitung von Daten über seine Person unzumutbar ist.
- Interessenabwägung (Art. 21 Abs. 1 Satz 2 DSGVO): Auch wenn ein „persönlicher Grund" vorliegt, der den Betroffenen zum Widerspruch berechtigt, kann eine weitere Verarbeitung der Daten, die sich auf seine Person beziehen, zulässig sein. Hierfür gelten allerdings strenge Anforderungen, die deutlich über § 35 Abs. 5 BDSG hinausgehen:
  - Die Zulässigkeit ist zu bejahen, wenn der Verantwortliche „zwingende schutzwürdige Gründe" für die weitere Verarbeitung nachweisen kann, die die Interessen, Rechte und Freiheiten des Betroffenen überwiegen (Art. 21 Abs. 1 Satz 2, 1. Alt. DSGVO).
  - Die Zulässigkeit ist auch zu bejahen, wenn der Verantwortliche nachweisen kann, dass die Verarbeitung der Daten des Betroffenen erforderlich ist zur Rechtsverfolgung, Rechtsausübung oder Rechtsverteidigung (Art. 21 Abs. 1 Satz 2, 2. Alt. DSGVO).

Merke:

Nach Erhalt eines Widerspruchs ist der Verantwortliche zur Sperrung verpflichtet. Die Pflicht zur Sperrung besteht für die Zeit, die der Verantwortliche benötigt, um festzustellen, ob er das Überwiegen schutzwürdiger Gründe nach Art. 21 Abs. 1 Satz 2 DSGVO geltend machen kann (Art. 18 Abs. 1 lit. d DSGVO). 498

Nach Art. 21 Abs. 4 DSGVO ist der Betroffene über sein Widerspruchsrecht zu informieren, und zwar 499

- spätestens bei der ersten Kommunikation mit dem Betroffenen;
- klar formuliert und
- separat, das heißt räumlich getrennt von anderen Informationen.

500 Der Zusammenhang zwischen Art. 21 Abs. 4 DSGVO und den allgemeinen Informationspflichten gemäß Art. 13 und 14 DSGVO liegt auf der Hand:

- Wenn es um Daten geht, die bei dem Betroffenen erhoben werden, ergänzt die Information über das Widerspruchsrecht die Kataloge der Pflichtangaben gemäß Art. 13 DSGVO.
- Geht es um Daten, die nicht bei dem Betroffenen erhoben werden, tritt die Belehrung über das Widerspruchsrecht zu den Pflichtangaben gemäß Art. 14 DSGVO hinzu.

Merke:

501 Nach Art. 89 Abs. 2 und 3 DSGVO sind die Mitgliedsstaaten zu gesetzlichen Ausnahmen von Art. 21 DSGVO berechtigt für den Fall, dass die Datenverarbeitung zu wissenschaftlichen oder statistischen Zwecken erfolgt oder zu Zwecken der historischen Forschung oder des Archivwesens im öffentlichen Interesse.

72. Welche Anforderungen gelten für das Widerspruchsrecht?

Monatsfrist

502 Macht der Betroffene sein Widerspruchsrecht nach Art. 21 DSGVO geltend, muss der Verantwortliche gemäß Art. 12 Abs. 3 Satz 1 DSGVO unverzüglich tätig werden, spätestens jedoch innerhalb eines Monats. Die Monatsfrist kann auf bis zu drei Monate verlängert werden, dies jedoch nur, wenn dem Betroffenen innerhalb eines Monats nach Antragstellung die Gründe für die Verlängerung mitgeteilt werden (Art. 12 Abs. 3 Satz 2 und 3 sowie Art. 12 Abs. 4 DSGVO).

Formfreiheit

503 Nach Art. 21 Abs. 5 DSGVO soll dem Betroffenen die Ausübung des Widerrufsrechts bei Telemedien durch „technische Spezifikationen" erleichtert werden. Hiermit sind ersichtlich Online-Formulare und ähnliche Vorrichtungen gemeint, die einen „Widerspruch per Mausklick" ermöglichen (vgl. auch Erwägungsgrund 59 Satz 2 DSGVO).

Identitätsfeststellung:

504 Wenn der Datenverarbeiter Anlass zu Zweifeln an der Identität des Betroffenen hat, ist er nach Art. 12 Abs. 6 DSGVO berechtigt, eine Ausweiskopie oder andere Informationen und Dokumente beim Betroffenen anzufordern, die ihm eine Feststellung der Identität ermöglichen. Insbesondere kann der Betroffene aufgefordert werden, sich per Benutzername und Passwort in den Dienst einzuloggen, den der Verantwortliche betreibt (Erwägungsgrund 57 Satz 3 DSGVO).

Keine Zuordnungspflicht

Der Verantwortliche ist nicht verpflichtet, seine Datenbestände so aufzubereiten und zu organisieren, dass er einzelne Daten jederzeit einem einzelnen Betroffenen zuordnen kann (Art. 11 Abs. 1 DSGVO). 505

Macht ein Betroffener sein Widerspruchsrecht nach Art. 21 DSGVO geltend, 506 muss der Verantwortliche den Nachweis führen, dass ihm eine Zuordnung von Daten zu dem gewünschten Zweck unmöglich ist. Nur wenn dem Verantwortlichen ein solcher Nachweis gelingt, wird er gemäß Art. 11 Abs. 2 DSGVO von seinen Pflichten gemäß Art. 21 DSGVO frei.

Unentgeltlichkeit

Der Verantwortliche darf für die Bearbeitung eines Widerspruchs nach Art. 21 507 DSGVO nur im Ausnahmefall ein Entgelt berechnen, wenn er nachweisen kann, dass ein Widerspruch offensichtlich unbegründet ist oder missbräuchlich („exzessiv") eingelegt wurde (Art. 12 Abs. 5 DSGVO).

Rechtsbehelfsbelehrung und Begründungspflicht

Art. 12 Abs. 4 DSGVO verpflichtet den Verantwortlichen zu einer Rechtsbe- 508 helfsbelehrung, wenn er eine Unterlassung der Datenverarbeitung ablehnt. Die Ablehnung ist zudem zu begründen.

VI. „Vereinbarkeit" mit dem Erhebungszweck (Zweckänderung)

Art. 6 Abs. 4 DSGVO führt den „vereinbaren Zweck" als eigenen Erlaubnistat- 509 bestand ein. Daten, die bereits zu einem bestimmten Zweck erhoben worden sind, dürfen (auch) mit einer anderen Zweckbestimmung verarbeitet und genutzt werden, wenn der geänderte Zweck mit dem Zweck der Erhebung vereinbar ist.

■ *Geltendes Recht*

Ein Gebot der Zweckfestlegung und ein Verbot der „Weitervereinbarung" zu 510 einem Zweck, der mit dem Ursprungszweck unvereinbar ist, findet sich in Art. 6 Abs. 1 Satz 1 lit. b DSRL:

„Die Mitgliedstaaten sehen vor, dass personenbezogene Daten … für festgelegte eindeutige und rechtmäßige Zwecke erhoben und nicht in einer mit diesen Zweckbestimmungen nicht zu vereinbarenden Weise weiterverarbeitet werden …"

Zweckfestlegung

511 Das BDSG kennt das Gebot der Zweckfestlegung. Der Datenverarbeiter hat den Verarbeitungszweck festzulegen, wenn er Einwilligungen der Betroffenen einholt (§ 4 a Abs. 1 Satz 2 BDSG). Dasselbe gilt für die Datenverarbeitung auf der Grundlage der §§ 28 und 29 BDSG (§ 28 Abs. 1 Satz 2 und § 29 Abs. 1 Satz 2 BDSG).

512 Das Gebot der Zweckfestlegung gilt nach dem BSDG für jeden einzelnen Verarbeitungsschritt. Wenn ein Unternehmen beispielsweise Kundendaten erheben, speichern und zur Versendung von Werbung nutzen möchte, bedürfen die Erhebung, die Speicherung und die Nutzung einer jeweils gesonderten Zweckfestlegung. Zugleich ist für jeden Verarbeitungsschritt gesondert zu prüfen, ob dieser Schritt im Hinblick auf den festgelegten Zweck von einer Einwilligung oder einer gesetzlichen Erlaubnisnorm (§ 4 Abs. 1 BDSG) gedeckt ist.

Weiterverarbeitung zu „vereinbarem Zweck"

513 Allgemeine Regeln für die Zweckänderung kennt das BDSG nicht. Wegen der Kleinschrittigkeit des Verbotsprinzips gibt es kein Regelungsbedürfnis.

■ *Änderungen durch die DSGVO*

73. Ist der „vereinbare Zweck" eine eigenständige Erlaubnisgrundlage?

514 Ein Zweckfestlegungsgebot findet sich auch in Art. 5 Abs. 1 lit. b DSGVO. Dort wird zudem – wie in Art. 6 Abs. 1 Satz 1 lit. b DSRL – vorgeschrieben, dass Daten nicht zu Zwecken weiterverarbeitet werden dürfen, die mit dem festgelegten Zweck „unvereinbar" sind:

> „Personenbezogene Daten müssen … für festgelegte, eindeutige und legitime Zwecke erhoben werden und dürfen nicht in einer mit diesen Zwecken nicht zu vereinbarenden Weise weiterverarbeitet werden … (Zweckbindung)."

515 Anders als nach dem BDSG eröffnet die Zweckfestlegung einen Spielraum nicht nur für die ausdrücklich festgelegten, sondern auch für „vereinbare" Zwecke. Erfolgt somit eine „Weiterverarbeitung" zu einem „vereinbaren" Zweck, so bedarf es keiner gesonderten Rechtsgrundlage für eine solche „Weiterverarbeitung":

516 Der erweiterte Spielraum („keine andere gesonderte Rechtsgrundlage") ergibt sich deutlich aus Erwägungsgrund 50 Satz 1 und 2 DSGVO:

> „Die Verarbeitung personenbezogener Daten für andere Zwecke als die, für die die personenbezogenen Daten ursprünglich erhoben wurden, sollte nur zulässig sein, wenn die Verarbeitung mit den Zwecken, für die die personenbezogenen Daten ursprünglich erhoben wurden, vereinbar ist. In diesem Fall ist keine andere gesonderte Rechtsgrundlage erforderlich als diejenige für die Erhebung der personenbezogenen Daten."

74. Unter welchen Voraussetzungen lässt sich eine „Vereinbarkeit" bejahen?

Welche Zwecke einer Datenverarbeitung mit dem Ursprungszweck „vereinbar" sind, regelt Art. 6 Abs. 4 DSGVO: 517

„Beruht die Verarbeitung zu einem anderen Zweck als zu demjenigen, zu dem die personenbezogenen Daten erhoben wurden, nicht auf der Einwilligung der betroffenen Person oder auf einer Rechtsvorschrift der Union oder der Mitgliedstaaten, die in einer demokratischen Gesellschaft eine notwendige und verhältnismäßige Maßnahme zum Schutz der in Artikel 23 Absatz 1 genannten Ziele darstellt, so berücksichtigt der Verantwortliche – um festzustellen, ob die Verarbeitung zu einem anderen Zweck mit demjenigen, zu dem die personenbezogenen Daten ursprünglich erhoben wurden, vereinbar ist – unter anderem

a) jede Verbindung zwischen den Zwecken, für die die personenbezogenen Daten erhoben wurden, und den Zwecken der beabsichtigten Weiterverarbeitung,

b) den Zusammenhang, in dem die personenbezogenen Daten erhoben wurden, insbesondere hinsichtlich des Verhältnisses zwischen den betroffenen Personen und dem Verantwortlichen,

c) die Art der personenbezogenen Daten, insbesondere ob besondere Kategorien personenbezogener Daten gemäß Artikel 9 verarbeitet werden oder ob personenbezogene Daten über strafrechtliche Verurteilungen und Straftaten gemäß Artikel 10 verarbeitet werden,

d) die möglichen Folgen der beabsichtigten Weiterverarbeitung für die betroffenen Personen,

e) das Vorhandensein geeigneter Garantien, wozu Verschlüsselung oder Pseudonymisierung gehören kann."

Erwägungsgrund 50 Satz 6 DSGVO zeigt, dass es auch bei der Abwägung nach Art. 6 Abs. 4 DSGVO maßgeblich auf die „vernünftigen Erwartungen" der Betroffenen ankommt. Müssen die Betroffenen redlicherweise mit einer Zweckänderung rechnen, spricht dies für deren Zulässigkeit: 518

„Um festzustellen, ob ein Zweck der Weiterverarbeitung mit dem Zweck, für den die personenbezogenen Daten ursprünglich erhoben wurden, vereinbar ist, sollte der Verantwortliche nach Einhaltung aller Anforderungen für die Rechtmäßigkeit der ursprünglichen Verarbeitung unter anderem prüfen, ob ein Zusammenhang zwischen den Zwecken, für die die personenbezogenen Daten erhoben wurden, und den Zwecken der beabsichtigten Weiterverarbeitung besteht, in welchem Kontext die Daten erhoben wurden, insbesondere die vernünftigen Erwartungen der betroffenen Person, die auf ihrer Beziehung zu dem Verantwortlichen beruhen, in Bezug auf die weitere Verwendung dieser Daten, um welche Art von personenbezogenen Daten es sich handelt, welche Folgen die beabsichtigte Weiterverarbeitung für die betroffenen Personen hat und ob sowohl beim ursprünglichen als auch beim beabsichtigten Weiterverarbeitungsvorgang geeignete Garantien bestehen."

Für die Zulässigkeit einer Zweckänderung sprechen folgende Faktoren: 519

- Nähe des geänderten Zwecks zum Ursprungszweck (Art. 6 Abs. 4 lit. a DSGVO);

- Vorhersehbarkeit der Zweckänderung für den Betroffenen (Art. 6 Abs. 4 lit. b DSGVO);
- Maßnahmen der Datensicherheit (insbesondere Verschlüsselung und Pseudonymisierung) bei der ursprünglichen Verarbeitung der Daten und bei der beabsichtigten Weiterverarbeitung mit geändertem Zweck (Art. 6 Abs. 4 lit. e DSGVO).

520 Gegen die Zulässigkeit einer Zweckänderung sprechen folgende Faktoren:

- Sensitivität der Daten gemäß Art. 9 und 10 DSGVO (Art. 6 Abs. 4 lit. c DSGVO);
- Intensität des Eingriffs in die Rechte der Betroffenen (Art. 6 Abs. 4 lit. d DSGVO).

75. Welche Besonderheiten gibt es bei Einwilligungen?

521 Weshalb die Regelung zur „Zweckänderung“ in Art. 6 Abs. 4 DSGVO nicht für die Datenverarbeitung auf der Grundlage von Einwilligungen gilt, erklärt Erwägungsgrund 50 Satz 7 DSGVO:

> „Hat die betroffene Person ihre Einwilligung erteilt ..., so sollte der Verantwortliche die personenbezogenen Daten ungeachtet der Vereinbarkeit der Zwecke weiterverarbeiten dürfen.“

522 Dies klingt wie ein Freibrief für eine Datenverarbeitung auf der Grundlage von Einwilligungen „unabhängig von der Vereinbarkeit der Zwecke“. Gemeint ist damit jedoch, dass der oder die bei der Einwilligung festgelegten Zwecke die Zulässigkeit der Datenverarbeitung begrenzen und eine „Zweckänderung“ ohne erneute Einwilligung (oder eine andere Legitimation) ausscheidet. Für eine solche Deutung spricht auch Erwägungsgrund 32 Satz 4 und 5 DSGVO, der für jeden Zweck eine „unzweideutige“ Einwilligung vorschreibt:

> „Die Einwilligung sollte sich auf alle zu demselben Zweck oder denselben Zwecken vorgenommenen Verarbeitungsvorgänge beziehen. Wenn die Verarbeitung mehreren Zwecken dient, sollte für alle diese Verarbeitungszwecke eine Einwilligung gegeben werden.“

Merke:

523 Durch eine weite Festlegung der Zwecke einer Einwilligung lässt sich vermeiden, dass bei späteren Erweiterungen der Verarbeitung eine neue, erweiterte Einwilligung benötigt wird.

76. Kommt es bei „berechtigten Interessen“ zu einer „doppelten Abwägung“?

524 Art. 6 Abs. 4 DSGVO bezieht sich im Wesentlichen auf Art. 6 Abs. 1 Satz 1 lit. f DSGVO und schreibt für die „Zweckänderung“ eine erneute Abwägung vor. Es kommt somit zu einer doppelten Abwägung:

- Für den ursprünglich festgelegten Zweck ist abzuwägen, ob die Datenverarbeitung zu diesem Zweck wegen eines überwiegenden „berechtigten Interesses" durch Art. 6 Abs. 1 Satz 1 lit. f DSGVO erlaubt ist.
- Bei dem geänderten Zweck kommt es auf dessen „Vereinbarkeit" mit dem Ursprungszweck an. Hierfür gelten die Abwägungskriterien des Art. 6 Abs. 4 DSGVO.

77. Müssen die Betroffenen über „Zweckänderungen" informiert werden?

Dass ein Zweck „vereinbar" mit dem Ursprungszweck ist, befreit den Datenverarbeiter nicht von der Verpflichtung, den Betroffenen über die Zweckänderung zu informieren. Dies ergibt sich aus Erwägungsgrund 50 Satz 8 DSGVO: 525

„In jedem Fall sollte gewährleistet sein, dass die in dieser Verordnung niedergelegten Grundsätze angewandt werden und insbesondere die betroffene Person über diese anderen Zwecke und über ihre Rechte einschließlich des Widerspruchsrechts unterrichtet wird."

Auch in Art. 13 Abs. 3 DSGVO und in Art. 14 Abs. 4 DSGVO heißt es, der Betroffene sei über alle „Zweckänderungen" vorab zu informieren. 526

Merke:

Die Notwendigkeit, alle Betroffenen über eine „Zweckänderung" vorab zu informieren, stellt eine beträchtliche Herausforderung für die betrieblichen Verarbeitungsprozesse dar: 527

- Die beabsichtigte „Zweckänderung" muss rechtzeitig als Compliance-Aufgabe erkannt werden.
- Sodann müssen die Betroffenen identifiziert und ein geeigneter Informationskanal gefunden werden.
- Die Information über die beabsichtigte „Zweckänderung" muss einen Hinweis auf das Widerspruchsrecht enthalten, das den Betroffenen gemäß Art. 21 Abs. 1 DSGVO zusteht (Art. 13 Abs. 2 lit. b DSGVO und in Art. 14 Abs. 2 lit. c DSGVO).

VII. Gesundheitsdaten und andere besonders sensitive Daten

Das Verbotsprinzip gilt auch für Gesundheitsdaten und andere besonders sensitive Daten. Art. 9 Abs. 2 DSGVO sieht für eine Verarbeitung dieser Daten erhöhte Anforderungen vor. Insbesondere reichen berechtigte Interessen des Verantwortlichen nicht für eine Verarbeitungserlaubnis aus. 528

■ *Geltendes Recht*

In § 3 Abs. 9 BDSG werden „besondere Arten personenbezogener Daten" definiert als Angaben über die rassische und ethnische Herkunft, politische Mei- 529 nungen, religiöse oder philosophische Überzeugungen, Gewerkschaftszugehörigkeit, Gesundheit oder Sexualleben.

530 Gesetzliche Erlaubnisse einer Verarbeitung „besonderer Arten personenbezogener Daten" finden sich in § 28 Abs. 6 bis 9 BDSG (vgl. auch § 29 Abs. 5 BDSG).

■ *Änderungen durch die DSGVO*

531 Alle Regelungen zu besonders sensitiven Daten sind in Art. 9 DSGVO zusammengefasst. Art. 9 Abs. 1 DSGVO bekräftigt, dass das Verbotsprinzip auch für sensitive Daten gilt. Erlaubnistatbestände finden sich in Art. 9 Abs. 2 DSGVO.

532 In Art. 10 DSGVO findet sich eine Sonderregelung für Daten über strafrechtliche Verurteilungen und Straftaten sowie damit zusammenhängende Sicherungsmaßregeln. Für deren Verarbeitung gilt im Wesentlichen das Recht der einzelnen EU-Mitgliedsstaaten.

78. Für welche Daten gilt der besondere Schutz des Art. 9 DSGVO?

533 Art. 9 Abs. 1 DSGVO verbietet die Verarbeitung besonders sensitiver Daten und legt zugleich fest, welche Daten unter dem besonderen Schutz des Art. 9 DSGVO stehen:

> „Die Verarbeitung personenbezogener Daten, aus denen die rassische und ethnische Herkunft, politische Meinungen, religiöse oder weltanschauliche Überzeugungen oder die Gewerkschaftszugehörigkeit hervorgehen, sowie die Verarbeitung von genetischen Daten, biometrischen Daten zur eindeutigen Identifizierung einer natürlichen Person, Gesundheitsdaten oder Daten zum Sexualleben oder der sexuellen Orientierung einer natürlichen Person ist untersagt."

534 Gesundheitsdaten und Angaben über das Sexualleben sowie Angaben über die rassische und ethnische Herkunft, politische Meinungen, religiöse oder weltanschauliche Überzeugungen und eine Gewerkschaftszugehörigkeit sind auch nach § 3 Abs. 9 BDSG in besonderem Maße geschützt. Neu ist lediglich der besondere Schutz genetischer und biometrischer Daten sowie von Angaben über die sexuelle Orientierung.

79. Was versteht die DSGVO unter „Gesundheitsdaten"?

■ *Geltendes Recht*

535 Weder in der DSRL noch im BDSG wird der Begriff der Gesundheitsdaten definiert.

■ *Änderungen durch die DSGVO*

536 In Art. 3 Nr. 15 DSGVO findet sich folgende Definition von Gesundheitsdaten:

> „personenbezogene Daten, die sich auf die körperliche oder geistige Gesundheit einer natürlichen Person, einschließlich der Erbringung von Gesundheitsdienstleistungen, beziehen und aus denen Informationen über deren Gesundheitszustand hervorgehen".

Nähere Erläuterungen finden sich in Erwägungsgrund 35 DSGVO: 537

„Zu den personenbezogenen Gesundheitsdaten sollten alle Daten zählen, die sich auf den Gesundheitszustand einer betroffenen Person beziehen und aus denen Informationen über den früheren, gegenwärtigen und künftigen körperlichen oder geistigen Gesundheitszustand der betroffenen Person hervorgehen. Dazu gehören auch Informationen über die natürliche Person, die im Zuge der Anmeldung für sowie der Erbringung von Gesundheitsdienstleistungen im Sinne der Richtlinie 2011/24/EU des Europäischen Parlaments und des Rates für die natürliche Person erhoben werden, Nummern, Symbole oder Kennzeichen, die einer natürlichen Person zugeteilt wurden, um diese natürliche Person für gesundheitliche Zwecke eindeutig zu identifizieren, Informationen, die von der Prüfung oder Untersuchung eines Körperteils oder einer körpereigenen Substanz, auch aus genetischen Daten und biologischen Proben, abgeleitet wurden, und Informationen etwa über Krankheiten, Behinderungen, Krankheitsrisiken, Vorerkrankungen, klinische Behandlungen oder den physiologischen oder biomedizinischen Zustand der betroffenen Person unabhängig von der Herkunft der Daten, ob sie nun von einem Arzt oder sonstigem Angehörigen eines Gesundheitsberufes, einem Krankenhaus, einem Medizinprodukt oder einem In-Vitro-Diagnostikum stammen."

Der Begriff des Gesundheitsdatums ist demnach weit zu verstehen. Er umfasst 538
alle Informationen über den Zustand des Körpers unabhängig von der Quelle, aus der diese Informationen stammen. Nicht nur die Befunde ärztlicher Untersuchungen sind als Gesundheitsdaten geschützt. Der Schutz erstreckt sich vielmehr auch auf alle körperlichen Leistungsdaten, deren Messung und Verarbeitung beispielweise im Fitnessbereich sehr verbreitet ist.

Merke:

> Die gesamte Fitnessbranche wird sich darauf einstellen müssen, dass körper- 539
> liche Leistungsdaten den Anforderungen des Art. 9 DSGVO unterliegen. Dies gilt für die Pulsmessung im Fitnessstudio ebenso wie für den Schrittzähler in einer Fitness-App.

80. Gibt es besondere Regeln für das Gesundheitswesen?

■ *Geltendes Recht*

§ 28 Abs. 7 BDSG regelt die Verarbeitung besonders geschützter Daten 540
(§ 3 Abs. 9 BDSG) bei der ärztlichen Behandlung und sieht eine Verarbeitungserlaubnis vor, die an die gesetzlichen Geheimhaltungspflichten anknüpft, denen die Angehörigen ärztlicher Berufe unterliegen. Soweit Gesundheitsdaten im Zusammenhang mit ärztlichen Untersuchungen steht, sind für ihre Verarbeitung ausschließlich die Regeln zur ärztlichen Schweigepflicht maßgebend (§ 203 StGB und § 9 (Muster)-Berufsordnung der Ärzte).

Andere spezifische Regelungen für das Gesundheitswesen enthält das BDSG 541
nicht. Zahlreiche Sonderregelungen gibt es allerdings im Recht der gesetzli-

chen Krankenversicherung (§§ 284 ff. SGB V) und in anderen Bereichen des Sozialrechts.

■ *Änderungen durch die DSGVO*

Ärztliche Behandlung

542 Eine Sonderregel für das Gesundheitswesen findet sich in Art. 9 Abs. 2 lit. h DSGVO:

> „die Verarbeitung ist für Zwecke der Gesundheitsvorsorge oder der Arbeitsmedizin, für die Beurteilung der Arbeitsfähigkeit des Beschäftigten, für die medizinische Diagnostik, die Versorgung oder Behandlung im Gesundheits- oder Sozialbereich oder für die Verwaltung von Systemen und Diensten im Gesundheits- oder Sozialbereich auf der Grundlage des Unionsrechts oder des Rechts eines Mitgliedstaats oder aufgrund eines Vertrags mit einem Angehörigen eines Gesundheitsberufs und vorbehaltlich der in Absatz 3 genannten Bedingungen und Garantien erforderlich".

543 Art. 9 Abs. 2 lit. h DSGVO wird durch Art. 9 Abs. 3 DSGVO ergänzt:

> „Die in Absatz 1 genannten personenbezogenen Daten dürfen zu den in Absatz 2 Buchstabe h genannten Zwecken verarbeitet werden, wenn diese Daten von Fachpersonal oder unter dessen Verantwortung verarbeitet werden und dieses Fachpersonal nach dem Unionsrecht oder dem Recht eines Mitgliedstaats oder den Vorschriften nationaler zuständiger Stellen dem Berufsgeheimnis unterliegt, oder wenn die Verarbeitung durch eine andere Person erfolgt, die ebenfalls nach dem Unionsrecht oder dem Recht eines Mitgliedstaats oder den Vorschriften nationaler zuständiger Stellen einer Geheimhaltungspflicht unterliegt."

544 Wenn die Datenverarbeitung im Zusammenhang mit einer ärztlichen Behandlung steht, sind somit die Regeln für die ärztliche Schweigepflicht auch nach der DSGVO maßgeblich. Da Art. 9 Abs. 3 DSGVO auf das Recht der EU-Mitgliedsstaaten verweist, bleibt es bei einer Regelung, die § 28 Abs. 7 BDSG entspricht.

Öffentliches Gesundheitswesen

545 Art. 9 Abs. 2 lit. i DSGVO bezieht sich auf das öffentliche Gesundheitswesen und verweist gleichfalls auf das Recht der einzelnen EU-Mitgliedsstaaten:

> „die Verarbeitung ist aus Gründen des öffentlichen Interesses im Bereich der öffentlichen Gesundheit, wie dem Schutz vor schwerwiegenden grenzüberschreitenden Gesundheitsgefahren oder zur Gewährleistung hoher Qualitäts- und Sicherheitsstandards bei der Gesundheitsversorgung und bei Arzneimitteln und Medizinprodukten, auf der Grundlage des Unionsrechts oder des Rechts eines Mitgliedstaats, das angemessene und spezifische Maßnahmen zur Wahrung der Rechte und Freiheiten der betroffenen Person, insbesondere des Berufsgeheimnisses, vorsieht, erforderlich".

Erwägungsgrund 54 Satz 4 DSGVO stellt klar, dass sich aus Art. 9 Abs. 2 lit. i DSGVO keine Befugnisse von Unternehmen zur Verarbeitung von Gesundheitsdaten ableiten lassen: 546

„Eine solche Verarbeitung von Gesundheitsdaten aus Gründen des öffentlichen Interesses darf nicht dazu führen, dass Dritte, unter anderem Arbeitgeber oder Versicherungs- und Finanzunternehmen, solche personenbezogene Daten zu anderen Zwecken verarbeiten."

Merke:

Nach Art. 17 Abs. 3 lit. c DSGVO sind Löschungsansprüche nach Art. 17 Abs. 1 DSGVO ausgeschlossen, wenn es um Daten geht, die zu den Zwecken benötigt werden, die in Art. 9 Abs. 2 lit. h und i sowie in Art. 9 Abs. 3 DSGVO genannt werden. 547

Medizinische Forschung und Entwicklung

Die Erlaubnisse nach Art. 9 Abs. 2 lit. h und i DSGVO sollen die medizinische Versorgung des einzelnen Patienten und das öffentliche Gesundheitswesen fördern, nicht jedoch – umfassend – die medizinische Forschung und Entwicklung. Dies ergibt sich deutlich aus Erwägungsgrund 53 DSGVO: 548

„Besondere Kategorien personenbezogener Daten, die eines höheren Schutzes verdienen, sollten nur dann für gesundheitsbezogene Zwecke verarbeitet werden, wenn dies für das Erreichen dieser Zwecke im Interesse einzelner natürlicher Personen und der Gesellschaft insgesamt erforderlich ist, insbesondere im Zusammenhang mit der Verwaltung der Dienste und Systeme des Gesundheits- oder Sozialbereichs, einschließlich der Verarbeitung dieser Daten durch die Verwaltung und die zentralen nationalen Gesundheitsbehörden zwecks Qualitätskontrolle, Verwaltungsinformationen und der allgemeinen nationalen und lokalen Überwachung des Gesundheitssystems oder des Sozialsystems und zwecks Gewährleistung der Kontinuität der Gesundheits- und Sozialfürsorge und der grenzüberschreitenden Gesundheitsversorgung oder Sicherstellung und Überwachung der Gesundheit und Gesundheitswarnungen oder für im öffentlichen Interesse liegende Archivzwecke, zu wissenschaftlichen oder historischen Forschungszwecken oder statistischen Zwecken, die auf Rechtsvorschriften der Union oder der Mitgliedstaaten beruhen, die einem im öffentlichen Interesse liegenden Ziel dienen müssen, sowie für Studien, die im öffentlichen Interesse im Bereich der öffentlichen Gesundheit durchgeführt werden. Diese Verordnung sollte daher harmonisierte Bedingungen für die Verarbeitung besonderer Kategorien personenbezogener Gesundheitsdaten im Hinblick auf bestimmte Erfordernisse harmonisieren, insbesondere wenn die Verarbeitung dieser Daten für gesundheitsbezogene Zwecke von Personen durchgeführt wird, die gemäß einer rechtlichen Verpflichtung dem Berufsgeheimnis unterliegen. Im Recht der Union oder der Mitgliedstaaten sollten besondere und angemessene Maßnahmen zum Schutz der Grundrechte und der personenbezogenen Daten natürlicher Personen vorgesehen werden. Den Mitgliedstaaten sollte gestattet werden, weitere Bedingungen – einschließlich Beschränkungen – in Bezug auf die Verarbeitung von genetischen Daten, biometrischen Daten oder Gesundheitsdaten beizubehalten oder einzuführen. Dies sollte jedoch den freien Verkehr personenbezogener Daten innerhalb der Union nicht beeinträchtigen, falls die betreffenden Bedingungen für die grenzüberschreitende Verarbeitung solcher Daten gelten."

549 Eine skeptische Haltung gegenüber der medizinischen Forschung und Entwicklung kommt auch in Erwägungsgrund 159 Satz 4 DSGVO zum Ausdruck. Dort findet sich eine Klarstellung, dass das Wissenschaftsprivileg gemäß Art. 89 DSGVO für die medizinische Forschung nur im Bereich des öffentlichen Gesundheitswesens gilt:

„Die wissenschaftlichen Forschungszwecke sollten auch Studien umfassen, die im öffentlichen Interesse im Bereich der öffentlichen Gesundheit durchgeführt werden."

550 Für die Forschungsbereiche der Pharmaunternehmen und der Unternehmen aus dem Bereich der Biochemie gelten die Beschränkungen des Art. 9 DSGVO somit ausnahmslos.

81. Welche Regeln gelten für die Einwilligung?

■ *Geltendes Recht*

551 Für die Verarbeitung „besonderer Arten personenbezogener Daten" (§ 3 Abs. 9 BDSG) genügt eine Einwilligung der Betroffenen. Dies gilt allerdings nur, wenn sich die Einwilligung ausdrücklich (auch) auf diese Daten bezieht (§ 4 a Abs. 3 BDSG).

■ *Änderungen durch die DSGVO*

552 Auch nach Art. 9 Abs. 2 lit. a DSGVO genügt die Einwilligung für eine Verarbeitung besonders sensitiver Daten. Allerdings muss die Einwilligung ausdrücklich erteilt werden, eine konkludente Einwilligung genügt nicht:

„Die betroffene Person hat in die Verarbeitung der genannten personenbezogenen Daten für einen oder mehrere festgelegte Zwecke ausdrücklich eingewilligt, es sei denn, nach Unionsrecht oder dem Recht der Mitgliedstaaten kann das Verbot nach Absatz 1 durch die Einwilligung der betroffenen Person nicht aufgehoben werden".

553 Die Öffnungsklausel in Art. 9 Abs. 2 lit. a DSGVO lässt es zu, dass einzelne EU-Mitgliedsstaaten die Einwilligung für bestimmte Arten von sensitiven Daten ausschließen oder weiteren Beschränkungen unterwerfen.

82. Welche gesetzlichen Erlaubnisse gibt es?

■ *Geltendes Recht*

554 Gesetzliche Erlaubnisse für die Verarbeitung besonders sensitiver Daten finden sich in § 28 Abs. 6 BDSG:

„Das Erheben, Verarbeiten und Nutzen von besonderen Arten personenbezogener Daten (§ 3 Abs. 9) für eigene Geschäftszwecke ist zulässig, soweit nicht der Betroffene nach Maßgabe des § 4a Abs. 3 eingewilligt hat, wenn

1. dies zum Schutz lebenswichtiger Interessen des Betroffenen oder eines Dritten erforderlich ist, sofern der Betroffene aus physischen oder rechtlichen Gründen außerstande ist, seine Einwilligung zu geben,

2. es sich um Daten handelt, die der Betroffene offenkundig öffentlich gemacht hat,

3. dies zur Geltendmachung, Ausübung oder Verteidigung rechtlicher Ansprüche erforderlich ist und kein Grund zu der Annahme besteht, dass das schutzwürdige Interesse des Betroffenen an dem Ausschluss der Erhebung, Verarbeitung oder Nutzung überwiegt, oder

4. dies zur Durchführung wissenschaftlicher Forschung erforderlich ist, das wissenschaftliche Interesse an der Durchführung des Forschungsvorhabens das Interesse des Betroffenen an dem Ausschluss der Erhebung, Verarbeitung und Nutzung erheblich überwiegt und der Zweck der Forschung auf andere Weise nicht oder nur mit unverhältnismäßigem Aufwand erreicht werden kann."

Eine weitere Erlaubnisnorm für die Verarbeitung besonders sensitiver Daten 555
findet sich in § 28 Abs. 9 BDSG:

„Organisationen, die politisch, philosophisch, religiös oder gewerkschaftlich ausgerichtet sind und keinen Erwerbszweck verfolgen, dürfen besondere Arten personenbezogener Daten (§ 3 Abs. 9) erheben, verarbeiten oder nutzen, soweit dies für die Tätigkeit der Organisation erforderlich ist. Dies gilt nur für personenbezogene Daten ihrer Mitglieder oder von Personen, die im Zusammenhang mit deren Tätigkeitszweck regelmäßig Kontakte mit ihr unterhalten. Die Übermittlung dieser personenbezogenen Daten an Personen oder Stellen außerhalb der Organisation ist nur unter den Voraussetzungen des § 4 a Abs. 3 zulässig. Absatz 2 Nummer 2 Buchstabe b gilt entsprechend."

■ *Änderungen durch die DSGVO*

NGOs

Ähnlich wie in § 28 Abs. 9 BDSG findet sich in Art. 9 Abs. 2 lit. d DSGVO eine 556
Sonderbestimmung für Nicht-Regierungs-Organisationen (NGOs), die die Verarbeitung sensitiver Daten von gegenwärtigen und ehemaligen Mitgliedern und Kontaktpersonen erlaubt, sofern geeignete Maßnahmen zum Schutz dieser Daten ergriffen werden:

„die Verarbeitung erfolgt auf der Grundlage geeigneter Garantien durch eine politisch, weltanschaulich, religiös oder gewerkschaftlich ausgerichtete Stiftung, Vereinigung oder sonstige Organisation ohne Gewinnerzielungsabsicht im Rahmen ihrer rechtmäßigen Tätigkeiten und unter der Voraussetzung, dass sich die Verarbeitung ausschließlich auf die Mitglieder oder ehemalige Mitglieder der Organisation oder auf Personen, die im Zusammenhang mit deren Tätigkeitszweck regelmäßige Kontakte mit ihr unterhalten, bezieht und die personenbezogenen Daten nicht ohne Einwilligung der betroffenen Personen nach außen offengelegt werden".

Forschung, Archivzwecke, Statistik

557 Eine Erlaubnis zur Verarbeitung sensitiver Daten zu Zwecken der wissenschaftlichen Forschung (§ 28 Abs. 6 Nr. 4 BDSG) sowie zur historischen Forschung, zu statistischen Zwecken und zu Archivzwecken findet sich in Art. 9 Abs. 2 lit. j DSGVO:

„die Verarbeitung ist auf der Grundlage des Unionsrechts oder des Rechts eines Mitgliedstaats, das in angemessenem Verhältnis zu dem verfolgten Ziel steht, den Wesensgehalt des Rechts auf Datenschutz wahrt und angemessene und spezifische Maßnahmen zur Wahrung der Grundrechte und Interessen der betroffenen Person vorsieht, für im öffentlichen Interesse liegende Archivzwecke, für wissenschaftliche oder historische Forschungszwecke oder für statistische Zwecke gemäß Artikel 89 Absatz 1 erforderlich."

Erlaubnisse gemäß § 28 Abs. 6 Nr. 1 bis 3 BDSG

558 Die Erlaubnisse gemäß § 28 Abs. 6 Nr. 1 bis 3 BDSG finden sich nahezu wortgleich in Art. 9 Abs. 2 lit. c, e und f DSGVO:

„c) die Verarbeitung ist zum Schutz lebenswichtiger Interessen der betroffenen Person oder einer anderen natürlichen Person erforderlich und die betroffene Person ist aus körperlichen oder rechtlichen Gründen außerstande, ihre Einwilligung zu geben,

e) die Verarbeitung bezieht sich auf personenbezogene Daten, die die betroffene Person offensichtlich öffentlich gemacht hat,

f) die Verarbeitung ist zur Geltendmachung, Ausübung oder Verteidigung von Rechtsansprüchen oder bei Handlungen der Gerichte im Rahmen ihrer justiziellen Tätigkeit erforderlich".

559 Einen Unterschied gibt es lediglich bei dem Tatbestand der Datenverarbeitung zu Rechtsverfolgung, Rechtsausübung und Rechtsverteidigung. Art. 9 Abs. 2 lit. f DSGVO lockert die Anforderungen an eine Erlaubnis. Anders als nach § 28 Abs. 6 Nr. 3 BDSG hängt die Erlaubnis nicht von einer Abwägung mit schutzwürdigen Interessen des Betroffenen ab.

Arbeits- und Sozialrecht

560 Für das Arbeits- und Sozialrecht gibt Art. 9 Abs. 2 lit. b DSGVO den einzelnen EU-Mitgliedsstaaten die Befugnis, erweiterte Erlaubnisse der Verarbeitung sensitiver Daten gesetzlich zu regeln:

„die Verarbeitung ist erforderlich, damit der Verantwortliche oder die betroffene Person die ihm bzw. ihr aus dem Arbeitsrecht und dem Recht der sozialen Sicherheit und des Sozialschutzes erwachsenden Rechte ausüben und seinen bzw. ihren diesbezüglichen Pflichten nachkommen kann, soweit dies nach Unionsrecht oder dem Recht der Mitgliedstaaten oder einer Kollektivvereinbarung nach dem Recht der Mitgliedstaaten, das geeignete Garantien für die Grundrechte und die Interessen der betroffenen Person vorsieht, zulässig ist".

Allgemeine Öffnungsklausel

Eine allgemeine Öffnungsklausel für die Verarbeitung sensitiver Daten „im erheblichen öffentlichen Interesse" findet sich in Art. 9 Abs. 2 lit. g DSGVO: 561

„die Verarbeitung ist auf der Grundlage des Unionsrechts oder des Rechts eines Mitgliedstaats, das in angemessenem Verhältnis zu dem verfolgten Ziel steht, den Wesensgehalt des Rechts auf Datenschutz wahrt und angemessene und spezifische Maßnahmen zur Wahrung der Grundrechte und Interessen der betroffenen Person vorsieht, aus Gründen eines erheblichen öffentlichen Interesses erforderlich".

83. Welche Regeln gelten für die Verarbeitung von Daten über strafrechtliche Verurteilungen und Delikte?

■ *Geltendes Recht*

Weder die DSRL noch das BDSG kennen gesonderte Regelungen für die Verarbeitung von Daten über strafrechtliche Verurteilungen und strafrechtliche Delikte. Der Umgang mit diesen Daten ist jedoch zum erheblichen Teil im Gesetz über das Zentralregister und das Erziehungsregister (BZRG) geregelt. 562

■ *Änderungen durch die DSGVO*

Art. 10 DSGVO stellt die Verarbeitung von Daten über strafrechtliche Verurteilungen und Straftaten unter besonderen Schutz. Die Ausgestaltung des Schutzes bleibt jedoch den einzelnen EU-Mitgliedsstaaten überlassen: 563

„Die Verarbeitung personenbezogener Daten über strafrechtliche Verurteilungen und Straftaten oder damit zusammenhängende Sicherungsmaßregeln aufgrund von Artikel 6 Absatz 1 darf nur unter behördlicher Aufsicht vorgenommen werden oder wenn dies nach dem Unionsrecht oder dem Recht der Mitgliedstaaten, das geeignete Garantien für die Rechte und Freiheiten der betroffenen Personen vorsieht, zulässig ist. Ein umfassendes Register der strafrechtlichen Verurteilungen darf nur unter behördlicher Aufsicht geführt werden."

Für das BZRG dürfte sich aus Art. 10 DSGVO kein nennenswerter Änderungsbedarf ergeben. 564

Teil C Cloud Computing und Big Data

In Teil C geht es um die großen Zukunftsthemen des Datenschutzes, um Cloud Computing, Big Data, Profiling und Scoring. Es geht darum, wie die arbeitsteilige, dezentrale Datenverarbeitung mit dem Instrument der Auftragsverarbeitung angegangen wird. Des Weiteren geht es um die Regelungen zu automatisierten Entscheidungen im Einzelfall, mit denen die Fragen des Datenschutzes beim Profiling und Scoring und ähnlichen Formen der algorithmischen Datenverarbeitung beantwortet werden. 565

Cloud Computing und Big Data haben das Datenschutzrecht in den vergangenen Jahren vor erhebliche Herausforderungen gestellt. Beim Cloud Computing bemüht man sich um rechtskonforme Lösungen durch eine Ausgestaltung der Dienste nach dem Modell der Auftrags(daten)verarbeitung. Bei Big Data stellt sich das Problem einer kaum möglichen Konformität mit dem Prinzip der Datensparsamkeit. Zudem ist die Auswertung der Daten mit Risiken verbunden, die den herkömmlichen Instrumentarien des Datenschutzrechts fremd sind. 566

Die DSGVO baut das Instrumentarium der Auftragsverarbeitung, das bislang vor allem auf das Outsourcing von Datenverarbeitungsprozessen zugeschnitten war, zu einem System geteilter und verteilter Verantwortung aus, das in allen Fällen gilt, in denen ein Unternehmen einen Dienstleister mit der Verarbeitung personenbezogener Daten beauftragt. 567

Das Spannungsverhältnis zwischen Big Data und dem Grundsatz der Datensparsamkeit wird durch die DSGVO nicht aufgelöst. Auch bei der Entwicklung von Regeln für die algorithmische Auswertung großer Datenbestände hält sich die DSGVO zurück. Zur Regulierung spezifischer Risiken von Big Data setzt die DSGVO ausschließlich auf das fortentwickelte Regelwerk für automatisierte Einzelentscheidungen. Dieses Regelwerk wird ausdrücklich auf das „Profiling" erstreckt. 568

I. Auftragsverarbeitung

Die Auftragsdatenverarbeitung (BDSG) bzw. Auftragsverarbeitung (DSGVO) ist die datenschutzrechtliche Antwort auf fortschreitende Prozesse des Outsourcing und der Verlagerung der Datenverarbeitung in die Cloud. Sie ist in § 11 BDSG geregelt. Art. 28 und 29 DSGVO werden § 11 BDSG ersetzen. 569

84. Bleibt ausschließlich der Auftraggeber für die Datenverarbeitung verantwortlich?

■ *Geltendes Recht*

Verantwortlichkeit des Auftraggebers

570 Die Auftragsdatenverarbeitung ist in § 11 BDSG geregelt. Sie fußt auf der Vorstellung, dass der Auftragnehmer ausschließlich nach den Weisungen des Auftraggebers handelt (§ 11 Abs. 3 Satz 1 BDSG). Die Verantwortlichkeit für die Verarbeitung bleibt daher vollständig beim Auftraggeber.

571 Um den Anforderungen des § 11 BDSG zu genügen, müssen die umfangreichen Weisungsrechte des Auftraggebers (§ 11 Abs. 3 Satz 1 BDSG) tatsächlich bestehen. Dem Auftragnehmer dürfen beim Umgang mit den von ihm verarbeiteten personenbezogenen Daten keine Entscheidungsspielräume offen stehen. Der Auftraggeber muss „Herr der Daten" bleiben.

572 Nach § 11 Abs. 4 BDSG ist der Auftragnehmer von einer Einhaltung der Bestimmungen des Datenschutzrechts in weitem Umfang befreit. Die Verantwortung für eine rechtskonforme Datenverarbeitung bleibt nahezu vollständig beim Auftraggeber.

Merke:

573 Nach § 3 Abs. 8 Satz 3 BDSG sind Personen und Stellen, die personenbezogene Daten „im Auftrag" erheben, verarbeiten oder nutzen, keine „Dritten". Die Übermittlung von Daten an den Auftragnehmer stellt daher selbst keine Datenverarbeitung im Sinne des § 3 Abs. 4 Nr. 3 BDSG dar mit der Folge, dass das Verbotsprinzip (§ 4 Abs. 1 BDSG) nicht gilt. Die Übermittlung bedarf somit keiner weiteren datenschutzrechtlichen Legitimation.

Kontroll- und Dokumentationspflichten

574 Nach § 11 Abs. 2 Satz 4 BDSG hat sich der Auftraggeber vor Beginn der Datenverarbeitung und sodann regelmäßig von der Einhaltung der beim Auftragnehmer getroffenen technischen und organisatorischen Maßnahmen zu überzeugen. Das Ergebnis ist zu dokumentieren (§ 11 Abs. 2 Satz 5 BDSG).

Abgrenzung zur „Funktionsübertragung"

575 Wenn es an einer Auftragsverarbeitung fehlt, weil der Auftragnehmer bei der Datenverarbeitung nach den mit dem Auftraggeber getroffenen Absprachen eigenverantwortliche Entscheidungen treffen kann, spricht man von einer „Funktionsübertragung". Dieser Begriff dient ausschließlich einer Negativabgrenzung gegenüber der Auftragsverarbeitung. Beispielsfälle sind der Forderungseinzug durch ein Inkassounternehmen oder die Anfertigung von Steuer-

erklärungen durch ein Steuerbüro. In beiden Fällen ist eine sinnvolle Datenverarbeitung durch den Auftragnehmer ohne ein eigenverantwortliches Handeln nicht vorstellbar.

Merke:

Große Dienstleister, die breitflächige Standardprodukte anbieten, prägen weite Bereiche des Cloud Computing-Marktes. Weisungsrechte der Auftraggeber sind unter diesen Bedingungen schwer durchsetzbar. Dennoch tragen die Aufsichtsbehörden die verbreitete Praxis grundsätzlich mit, Cloud Computing-Verträge als Verträge über eine Auftragsdatenverarbeitung gemäß § 11 BDSG auszugestalten. 576

■ *Änderungen durch die DSGVO*

Begriffsdefinitionen

In Art. 4 Nr. 7 DSGVO wird der Begriff des Verantwortlichen (Auftraggebers) definiert: 577

„die natürliche oder juristische Person, Behörde, Einrichtung oder andere Stelle, die allein oder gemeinsam mit anderen über die Zwecke und Mittel der Verarbeitung von personenbezogenen Daten entscheidet; sind die Zwecke und Mittel dieser Verarbeitung durch das Unionsrecht oder das Recht der Mitgliedstaaten vorgegeben, so können der Verantwortliche beziehungsweise die bestimmten Kriterien seiner Benennung nach dem Unionsrecht oder dem Recht der Mitgliedstaaten vorgesehen werden“.

Der Begriff des Auftragsverarbeiters wird in Art. 4 Nr. 8 DSGVO definiert: 578

„eine natürliche oder juristische Person, Behörde, Einrichtung oder andere Stelle, die personenbezogene Daten im Auftrag des Verantwortlichen verarbeitet“.

Merke:

Die Definition des Art. 4 Nr. 8 DSGVO stellt lediglich auf ein Auftragsverhältnis ab, nicht jedoch auf Weisungsrechte und Verantwortlichkeiten. Ein eigenverantwortliches Handeln des Auftragsverarbeiters ist nach der Definition ebenso wenig ausgeschlossen wie Entscheidungsspielräume des Auftragsverarbeiters. Das Cloud Computing lässt sich zwanglos mit der Definition vereinbaren. Die herkömmliche Abgrenzung zur „Funktionsübertragung" wird obsolet. 579

Mitverantwortung und Pflichten des Auftragsverarbeiters

Die DSGVO nimmt den Auftragnehmer weitaus stärker in die Pflicht zur Einhaltung des Datenschutzrechts, als dies nach dem BDSG der Fall ist. Nach dem BDSG ist ausschließlich der Auftraggeber für die Datenverarbeitung verantwortlich, durch die DSGVO wird der Auftragnehmer für die Verarbeitung der Daten mitverantwortlich. 580

581 An zahlreichen Stellen der DSGVO finden sich selbstständige datenschutzrechtliche Pflichten, die sich (auch) an den Auftragsverarbeiter richten:

- Art. 27 Abs. 1 DSGVO: Die Pflicht zur Bestellung eines „Vertreters“ trifft auch den Auftragsverarbeiter.
- Art. 30 Abs. 2 DSGVO: Der Auftragsverarbeiter ist zur Führung von Verfahrensverzeichnissen verpflichtet.
- Art. 31 DSGVO: Die Pflicht zur Zusammenarbeit mit der Datenschutzaufsicht trifft auch den Auftragsverarbeiter.
- Art. 32 Abs. 1 DSGVO: Die Pflicht zu technischen und organisatorischen Maßnahmen der Datensicherheit gilt auch für den Auftragsverarbeiter.
- Art. 37 Abs. 1 DSGVO: Die Pflicht zur Bestellung eines betrieblichen Datenschutzbeauftragten trifft auch den Auftragsverarbeiter.
- Art. 44 DSGVO: Die Beschränkungen für den Datentransfer in Drittländer sind auch vom Auftragsverarbeiter zu beachten.

Merke:

582 Aus Art. 83 Abs. 3 und Abs. 4 lit. a DSGVO ergibt sich, dass die Aufsichtsbehörden Bußgelder gegen Auftragsverarbeiter verhängen können. Für diese Bußgelder gilt derselbe Bußgeldrahmen wie für Bußgelder, die gegen Verantwortliche verhängt werden (bis zu 20 Mio. Euro bzw. 4 % des weltweiten Jahresumsatzes, Art. 83 Abs. 5 DSGVO).

Weisungsunterworfenheit des Auftragsverarbeiters

583 Nach Art. 29 DSGVO bleibt es dabei, dass der Auftragsverarbeiter grundsätzlich verpflichtet ist, bei der Datenverarbeitung ausschließlich auf Weisung des Verantwortlichen zu handeln:

„Der Auftragsverarbeiter und jede dem Verantwortlichen oder dem Auftragsverarbeiter unterstellte Person, die Zugang zu personenbezogenen Daten hat, dürfen diese Daten ausschließlich auf Weisung des Verantwortlichen verarbeiten, es sei denn, dass sie nach dem Unionsrecht oder dem Recht der Mitgliedstaaten zur Verarbeitung verpflichtet sind.“

Befreiung vom Verbotsprinzip

Eine Vorschrift, die die Parteien – parallel zu § 3 Abs. 8 Satz 3 BDSG – vom Verbotsprinzip befreit, fehlt. Dies dürfte allerdings in der Praxis keine allzu großen Schwierigkeiten bereiten:

- Entweder stellt man die Frage, ob der Verantwortliche zur Einschaltung des Auftragsverarbeiters gemäß Art. 6 Abs. 1 Satz 1 lit. f DSGVO aufgrund „berechtigter Interessen“ befugt ist. Hiervon wird auszugehen sein, wenn die Voraussetzungen des Art. 28 DSGVO eingehalten werden.

- Oder man versteht Art. 28 DSGVO als eine eigenständige Befugnisnorm für die Datenverarbeitung. Wenn die Voraussetzungen des Art. 28 DSGVO erfüllt sind, reicht dies für eine rechtmäßige Übertragung der Datenverarbeitung an den Auftragsverarbeiter aus.
- Oder man betrachtet die Datenverarbeitung durch den Auftragsverarbeiter für den Verantwortlichen als einheitlichen Vorgang der Datenverarbeitung gemäß Art. 4 Nr. 2 DSGVO, für den es auch nur eine einheitliche Prüfung der Rechtmäßigkeit nach Art. 6 Abs. 1 DSGVO geben kann.

Entlastung des Auftraggebers

Anders als nach dem BDSG hat der Auftraggeber bei der Auftragsverarbeitung 584
zwar Kontrollrechte (vgl. Art. 28 Abs. 2 Satz 1 lit. h DSGVO), aber keine Kontroll- oder Dokumentationspflichten. Die Kontroll- und Dokumentationspflichten des Auftraggebers gemäß § 11 Abs. 2 Satz 4 und 5 BDSG werden durch die DSGVO nicht übernommen.

85. Welche Pflichten treffen den Auftraggeber bei der Auswahl des Auftragsverarbeiters?

■ *Geltendes Recht*

Der Auftraggeber ist zur sorgfältige Auswahl des Auftragnehmers verpflichtet 585
(§ 11 Abs. 2 Satz 1 BDSG):

„Der Auftragnehmer ist unter besonderer Berücksichtigung der Eignung der von ihm getroffenen technischen und organisatorischen Maßnahmen sorgfältig auszuwählen."

■ *Änderungen durch die DSGVO*

Eine Verpflichtung zur sorgfältigen Auswahl des Auftragnehmers, die § 11 586
Abs. 2 Satz 1 BDSG entspricht, findet sich in Art. 28 Abs. 1 DSGVO:

„Erfolgt eine Verarbeitung im Auftrag eines Verantwortlichen, so arbeitet dieser nur mit Auftragsverarbeitern, die hinreichend Garantien dafür bieten, dass geeignete technische und organisatorische Maßnahmen so durchgeführt werden, dass die Verarbeitung im Einklang mit den Anforderungen dieser Verordnung erfolgt und den Schutz der Rechte der betroffenen Person gewährleistet."

86. Welche Änderungen gibt es bei Verträgen über die Auftragsdatenverarbeitung?

■ *Geltendes Recht*

Die Verpflichtungen des Auftragnehmers sind nach Maßgabe des § 11 Abs. 2 587
Satz 2 BDSG in einem schriftlichen Vertrag festzulegen:

„Der Auftrag ist schriftlich zu erteilen, wobei insbesondere im Einzelnen festzulegen sind:

1. der Gegenstand und die Dauer des Auftrags,

2. der Umfang, die Art und der Zweck der vorgesehenen Erhebung, Verarbeitung oder Nutzung von Daten, die Art der Daten und der Kreis der Betroffenen,

3. die nach § 9 zu treffenden technischen und organisatorischen Maßnahmen,

4. die Berichtigung, Löschung und Sperrung von Daten,

5. die nach Absatz 4 bestehenden Pflichten des Auftragnehmers, insbesondere die von ihm vorzunehmenden Kontrollen,

6. die etwaige Berechtigung zur Begründung von Unterauftragsverhältnissen,

7. die Kontrollrechte des Auftraggebers und die entsprechenden Duldungs- und Mitwirkungspflichten des Auftragnehmers,

8. mitzuteilende Verstöße des Auftragnehmers oder der bei ihm beschäftigten Personen gegen Vorschriften zum Schutz personenbezogener Daten oder gegen die im Auftrag getroffenen Festlegungen,

9. der Umfang der Weisungsbefugnisse, die sich der Auftraggeber gegenüber dem Auftragnehmer vorbehält,

10. die Rückgabe überlassener Datenträger und die Löschung beim Auftragnehmer gespeicherter Daten nach Beendigung des Auftrags.“

■ *Änderungen durch die DSGVO*

588 An die Stelle des Kataloges des § 11 Abs. 2 Satz 2 BDSG tritt Art. 28 Abs. 3 Satz 1 und 2 DSGVO:

„Die Verarbeitung durch einen Auftragsverarbeiter erfolgt auf der Grundlage eines Vertrags oder eines anderen Rechtsinstruments nach dem Unionsrecht oder dem Recht der Mitgliedstaaten, der bzw. das den Auftragsverarbeiter in Bezug auf den Verantwortlichen bindet und in dem Gegenstand und Dauer der Verarbeitung, Art und Zweck der Verarbeitung, die Art der personenbezogenen Daten, die Kategorien betroffener Personen und die Pflichten und Rechte des Verantwortlichen festgelegt sind. Dieser Vertrag bzw. dieses andere Rechtsinstrument sieht insbesondere vor, dass der Auftragsverarbeiter

a) die personenbezogenen Daten nur auf dokumentierte Weisung des Verantwortlichen – auch in Bezug auf die Übermittlung personenbezogener Daten an ein Drittland oder eine internationale Organisation – verarbeitet, sofern er nicht durch das Recht der Union oder der Mitgliedstaaten, dem der Auftragsverarbeiter unterliegt, hierzu verpflichtet ist; in einem solchen Fall teilt der Auftragsverarbeiter dem Verantwortlichen diese rechtlichen Anforderungen vor der Verarbeitung mit, sofern das betreffende Recht eine solche Mitteilung nicht wegen eines wichtigen öffentlichen Interesses verbietet;

b) gewährleistet, dass sich die zur Verarbeitung der personenbezogenen Daten befugten Personen zur Vertraulichkeit verpflichtet haben oder einer angemessenen gesetzlichen Verschwiegenheitspflicht unterliegen;

c) alle gemäß Artikel 32 erforderlichen Maßnahmen ergreift;

d) die in den Absätzen 2 und 4 genannten Bedingungen für die Inanspruchnahme der Dienste eines weiteren Auftragsverarbeiters einhält;

e) angesichts der Art der Verarbeitung den Verantwortlichen nach Möglichkeit mit geeigneten technischen und organisatorischen Maßnahmen dabei unterstützt, seiner Pflicht zur Beantwortung von Anträgen auf Wahrnehmung der in Kapitel III genannten Rechte der betroffenen Person nachzukommen;

f) unter Berücksichtigung der Art der Verarbeitung und der ihm zur Verfügung stehenden Informationen den Verantwortlichen bei der Einhaltung der in den Artikeln 32 bis 36 genannten Pflichten unterstützt;

g) nach Abschluss der Erbringung der Verarbeitungsleistungen alle personenbezogenen Daten nach Wahl des Verantwortlichen entweder löscht oder zurückgibt, sofern nicht nach dem Unionsrecht oder dem Recht der Mitgliedstaaten eine Verpflichtung zur Speicherung der personenbezogenen Daten besteht,

h) dem Verantwortlichen alle erforderlichen Informationen zum Nachweis der Einhaltung der in diesem Artikel niedergelegten Pflichten zur Verfügung stellt und Überprüfungen – einschließlich Inspektionen –, die vom Verantwortlichen oder einem anderen von diesem beauftragten Prüfer durchgeführt werden, ermöglicht und dazu beiträgt."

Zur Form des Vertrages heißt es in Art. 28 Abs. 9 DSGVO: 589

„Der Vertrag oder das andere Rechtsinstrument im Sinne der Absätze 3 und 4 ist schriftlich abzufassen, was auch in einem elektronischen Format erfolgen kann."

Merke:

Einige Änderungen lassen sich feststellen: 590

- Ein Vertrag ist nicht mehr zwingend vorgeschrieben. Es reicht vielmehr ein „Rechtsakt", beispielsweise eine einseitig bindende Verpflichtung des Auftragnehmers.
- Die elektronische Form reicht aus (Art. 28 Abs. 9 DSGVO).
- Der Auftragsverarbeiter muss sich verpflichten, die Auftragsdaten ausschließlich aufgrund von Weisungen des Verantwortlichen zu verarbeiten, wobei es einer Dokumentation der Weisungen bedarf (Art. 28 Abs. 3 Satz 2 lit. a DSGVO).
- Neu ist die zu regelnde Verpflichtung des Auftragnehmers, bei der Datenverarbeitung ausschließlich Personen einzusetzen, die sich zur Verschwiegenheit verpflichtet haben oder einer gesetzlichen Verschwiegenheitspflicht unterliegen (Art. 28 Abs. 3 Satz 2 lit. b DSGVO).
- Regelungen zur Berichtigung, Löschung und Sperrung von Daten fehlen (§ 12 Abs. 2 Satz 2 Nr. 4 BDSG). Stattdessen wird der Auftragsverarbeiter verpflichtet, den Verantwortlichen zu unterstützen, wenn Betroffene ihre entsprechenden Rechte gemäß Art. 12 ff. DSGVO geltend machen (Art. 28 Abs. 3 Satz 2 lit. e DSGVO).

- Neu ist die gemäß Art. 28 Abs. 3 Satz 2 lit. f DSGVO zu regelnde Verpflichtung des Auftragsverarbeiters, den Verantwortlichen zu unterstützen bei der Erfüllung seiner gesetzlichen Verpflichtungen
  - zu technischen und organisatorischen Maßnahmen der Datensicherheit gemäß Art. 32 DSGVO;
  - zur Meldung von Datenpannen an die Aufsichtsbehörden und die Betroffenen gemäß Art. 33 und 34 DSGVO;
  - zur Durchführung von Datenschutz-Folgenabschätzungen nach Maßgabe des Art. 35 DSGVO;
  - zur vorherigen Konsultation der zuständigen Aufsichtsbehörde unter den Voraussetzungen des Art. 36 DSGVO.

87. Dürfen Subunternehmer eingeschaltet werden?

■ *Geltendes Recht*

591 Nach § 11 Abs. 2 Satz 2 Nr. 4 BDSG sind etwaige Befugnisse des Auftragsdatenverarbeiters zur Begründung von Unterauftragsverhältnissen in den Vertrag über die Auftragsdatenverarbeitung aufzunehmen. Daraus lässt sich schließen, dass der Auftragsdatenverarbeiter berechtigt ist, Subunternehmer einzuschalten.

■ *Änderungen durch die DSGVO*

Zustimmungserfordernis

592 Nach der DSGVO ist die Einschaltung von Subunternehmern nicht mehr ohne weiteres zulässig. Vielmehr bedarf es nach Art. 28 Abs. 2 DSGVO der vorherigen Zustimmung des Auftraggebers:

> „Der Auftragsverarbeiter nimmt keinen weiteren Auftragsverarbeiter ohne vorherige gesonderte oder allgemeine schriftliche Genehmigung des Verantwortlichen in Anspruch. Im Fall einer allgemeinen schriftlichen Genehmigung informiert der Auftragsverarbeiter den Verantwortlichen immer über jede beabsichtigte Änderung in Bezug auf die Hinzuziehung oder die Ersetzung anderer Auftragsverarbeiter, wodurch der Verantwortliche die Möglichkeit erhält, gegen derartige Änderungen Einspruch zu erheben."

593 Der Verantwortliche kann die Zustimmung spezifisch für einzelne Subunternehmer oder pauschal für mehrere Subunternehmer erklären. Im letztgenannten Fall ist der Auftragsverarbeiter verpflichtet, den Verantwortlichen über den Austausch von Subunternehmern und über zusätzlich hinzukommende Subunternehmer zu informieren, um dem Verantwortlichen die Möglichkeit des Einspruchs zu geben.

Einstandspflicht des Auftragsverarbeiters

594 Wenn der Auftragsverarbeiter Subunternehmer einschaltet, bedarf es nach Art. 28 Abs. 4 DSGVO einer Vereinbarung oder eines „Rechtsakts", der im Un-

terauftragsverhältnis alle Regelungen verbindlich trifft, die in Art. 28 Abs. 3 DSGVO für den Hauptauftrag vorgeschrieben sind:

„Nimmt der Auftragsverarbeiter die Dienste eines weiteren Auftragsverarbeiters in Anspruch, um bestimmte Verarbeitungstätigkeiten im Namen des Verantwortlichen auszuführen, so werden diesem weiteren Auftragsverarbeiter im Wege eines Vertrags oder eines anderen Rechtsinstruments nach dem Unionsrecht oder dem Recht des betreffenden Mitgliedstaats dieselben Datenschutzpflichten auferlegt, die in dem Vertrag oder anderen Rechtsinstrument zwischen dem Verantwortlichen und dem Auftragsverarbeiter gemäß Absatz 3 festgelegt sind, wobei insbesondere hinreichende Garantien dafür geboten werden muss, dass die geeigneten technischen und organisatorischen Maßnahmen so durchgeführt werden, dass die Verarbeitung entsprechend den Anforderungen dieser Verordnung erfolgt. Kommt der weitere Auftragsverarbeiter seinen Datenschutzpflichten nicht nach, so haftet der erste Auftragsverarbeiter gegenüber dem Verantwortlichen für die Einhaltung der Pflichten jenes anderen Auftragsverarbeiters."

Der Auftragsverarbeiter steht für alle Datenschutzverstöße des Subunternehmers vollumfänglich ein und ist für diese Verstöße gegenüber dem Verantwortlichen uneingeschränkt haftbar. 595

Regelung im Hauptvertrag

Nach Art. 28 Abs. 3 Satz 2 lit. d DSGVO ist in den Hauptvertrag die ausdrückliche Verpflichtung des Auftragsverarbeiters aufzunehmen, bei der Einschaltung von Subunternehmern die Verpflichtungen gemäß Art. 28 Abs. 2 und 4 DSGVO zu beachten. 596

II. Automatisierte Einzelentscheidungen

Übersicht: Datenschutzrechtliche Fragen bei Big Data-Verfahren 597

- Zulässigkeit der Erhebung, Speicherung und Vorhaltung von Daten („Datenbasis"): Hier gelten nach Erwägungsgrund 72 DSGVO die allgemeinen Bestimmungen des Datenschutzrechts, insbesondere
  - das Gebot der Datensparsamkeit (Art. 5 Abs. 1 lit. c DSGVO) und
  - das Verbotsprinzip (Art. 6 Abs. 1 DSGVO).
- Zulässigkeit der Auswertung (Datenanalyse): Für die Datenanalyse gilt das Gebot der menschlichen Intervention bei automatisierten Einzelentscheidungen (Art. 22 DSGVO).
  - Automatisierte Einzelentscheidung: Nach Art. 22 Abs. 1 DSGVO gilt das Gebot nur, wenn die Datenanalyse gegenüber dem Betroffenen „rechtliche Wirkung" hat oder ihn „in ähnlicher Weise erheblich beeinträchtigt".
    - Beispiele von „erheblichen Beeinträchtigungen" sind Entscheidungen über eine Kreditvergabe und eine Einstellung als Arbeitnehmer (Erwägungsgrund 71 Satz 1 DSGVO).

  - Ob personalisierte Werbung eine „erhebliche Beeinträchtigung" darstellt, ist unklar.
  - Fehlt es an einer „erheblichen Beeinträchtigung", lassen sich weder aus Art. 22 DSGVO noch aus anderen Bestimmungen der DSGVO Beschränkungen für die Datenanalyse ableiten.
- Menschliche Intervention: Liegt eine automatisierte Einzelentscheidung vor, bedarf es im Normalfall einer menschlichen Intervention, um den Anforderungen des Art. 22 DSGVO zu genügen. Dies kann beispielsweise für eine Kreditvergabe bedeuten, dass eine negative Entscheidung erst getroffen werden darf, nachdem ein Sachbearbeiter die Ergebnisse des Scorings manuell überprüft hat.
- Ausnahmen vom Gebot menschlicher Intervention
  - Einer menschlichen Intervention bedarf es nicht, wenn die automatisierte Einzelentscheidung zum Abschluss oder zur Erfüllung eines Vertrages erforderlich ist (Art. 22 Abs. 2 lit. a DSGVO).
  - Einer menschlichen Intervention bedarf es nicht, wenn der Betroffene in die automatisierte Einzelentscheidung ausdrücklich eingewilligt hat (Art. 22 Abs. 2 lit. c DSGVO).
  - Öffnungsklausel (Art. 22 Abs. 2 lit. b DSGVO): Dem nationalen Gesetzgeber steht es frei, weitere Ausnahmen zu regeln (z. B. für das Scoring oder für Nutzungsprofile bei Telemedien, vgl. § 28 b BDSG und § 15 Abs. 3 TMG).
  - In den Ausnahmefällen des Art. 22 Abs. 1 a lit. a DSGVO (Vertrag) und des Art. 22 Abs. 1 a lit. c DSGVO (Einwilligung) muss dem Betroffenen die Möglichkeit gegeben werden, Beschwerde gegen die Entscheidung einzulegen und eine manuelle („menschliche") Überprüfung der Entscheidung zu erwirken (Art. 22 Abs. 3 DSGVO).
- Ausnahmen von den Ausnahmen:
  - Für besonders sensitive Daten (Art. 9 DSGVO) gelten die Ausnahmen gemäß Art. 22 Abs. 2 DSGVO grundsätzlich nicht (Art. 22 Abs. 4 DSGVO). Allerdings genügt eine (ausdrückliche) Einwilligung, die den Anforderungen des Art. 9 Abs. 1 DSGVO entspricht.
  - Für das Profiling „sollen" – auch in den Fällen des Art. 22 Abs. 2 DSGVO keine Daten von Kindern verwendet werden (Erwägungsgrund 71 Satz 5 DSGVO).
- „Neutralität der Algorithmen": Bei der Datenanalyse ist ein geeignetes mathematisches oder statistisches Verfahren anzuwenden (Erwägungsgrund 71 Satz 5 DSGVO).

88. Um welche Art von Verfahren geht es bei „Big Data"?

Big Data-Verfahren zeichnen sich dadurch aus, dass große Datenbestände erhoben, gespeichert und vorgehalten werden. Diese Datenbestände werden sodann mit Hilfe von Algorithmen ausgewertet, um hieraus Erkenntnisse zu gewinnen. 598

Unternehmen nutzen in vielfacher Hinsicht Big Data-Techniken: 599

- Scoring: Angaben zu den persönlichen und wirtschaftlichen Verhältnissen eines (potenziellen) Kunden werden unter Verwendung mathematisch-statistischer Verfahren ausgewertet. Die Auswertung ergibt eine Prognose der Wahrscheinlichkeit, dass der Kunde eine Forderung begleichen oder einen Kredit bedienen wird.
- Profiling zum Zwecke des Produktabsatzes: Angaben zu den Gewohnheiten und Interessen eines (potenziellen) Kunden werden ausgewertet, um Aussagen über Produkte zu erhalten, für die sich der Kunde mit großer Wahrscheinlichkeit interessieren wird. Die Datenbasis kann beispielsweise bestehen aus Daten über
  - Produkte, die der Kunde in der Vergangenheit bereits erworben hat;
  - Internetseiten, die der Kunde besucht hat;
  - Standorte, an denen sich der Kunde aufgehalten hat;
  - Personen, zu denen der Kunde in Kontakt steht;
  - Begriffen, die der Kunde in E-Mails oder anderen Nachrichten verwendet hat.
- Profiling zu anderen Zwecken: Angaben zu den Gewohnheiten und Interessen der Kunden können auch zu zahlreichen anderen Zwecken ausgewertet werden:
  - „Smart Home": Die Energieverbrauchsgewohnheiten des Kunden werden analysiert, um dem Kunden Vorschläge für ein sparsameres Verbrauchsverhalten zu unterbreiten.
  - „Smart Traffic": Aus den Standortdaten von Fahrzeugen werden Routenvorschläge errechnet, um den Autofahrer schneller zum Ziel zu bringen.
  - „Smart Pricing": Aus Daten über den Buchungsstand und die Auslastung können Preise errechnet werden, die zu einer Optimierung von Umsätzen führen. Dies ist ein Verfahren, das insbesondere bei Flugreisen und Hotelangeboten schon seit langem sehr verbreitet ist.
  - „Smart Maintenance": Aus der Analyse von „Maschinendaten" werden Prognosen über den Verschleiß errechnet mit dem Ziel, Wartungsarbeiten zu optimalen Zeitpunkten durchzuführen.
- Screening: Aus größeren Datenbeständen (z. B. Kontobewegungen, Aufenthaltsorte einer Person, körperliche Leistungsdaten) werden Elemente herausgefiltert, die bestimmte Eigenschaften aufweisen. Dies kann dazu dienen, Betrugsfälle, andere Straftaten oder Unregelmäßigkeiten aufzudecken.

Zugleich kann das Screening bei der Individualisierung von Produktangeboten hilfreich sein.

600 Die DSGVO spricht die Probleme, die Big Data-Anwendungen mit sich bringen, verschiedentlich an, dies allerdings ausschließlich unter dem Gesichtspunkt des „Profiling".

89. Welche datenschutzrechtlichen Fragen können sich bei „Big Data" stellen?

601 „Big Data"-Verfahren zeichnen sich durch einen zweistufigen Prozess aus:

- Datenbasis: Größere Datenbestände werden erhoben, gespeichert und vorgehalten.
- Analyse: Mit Hilfe von Algorithmen werden diese Datenbestände analysiert.

Datenbasis

602 Soweit es um die Datenbasis geht, stellen sich alle „klassischen" Fragen des Datenschutzrechts:

- Das Verhältnis zum Prinzip der Datensparsamkeit (§ 3 a Satz 1 BDSG und Art. 5 Abs. 1 lit. c DSGVO) ist konfliktreich.
- Jedes einzelne personenbezogene Datum, das Bestandteil der Datenbasis ist, unterliegt dem Verbotsprinzip nach § 4 Abs. 1 BDSG bzw. nach Art. 6 Abs. 1 DSGVO und bedarf einer Legitimation durch eine Erlaubnis.
- Die Daten sollten so strukturiert sein, dass sich feststellen lässt, ob Daten vorhanden sind, die sich auf eine bestimmte Person beziehen. Anderenfalls ist es beispielsweise unmöglich, Ansprüche auf Auskunft, Berichtigung, Löschung und Sperrung zu erfüllen, die einzelne Betroffene nach den §§ 34 und 35 BDSG bzw. den Art. 15 bis 18 DSGVO geltend machen (vgl. Art. 11 DSGVO).

Datenanalyse

603 Die Analyse personenbezogener Daten wirft die Frage auf, wie der Betroffene gegen Diskriminierung, Manipulation und Fremdbestimmung geschützt werden kann und wie sich Analysefehler vermeiden lassen. Regelungen gab es hierzu bereits in Art. 15 DSRL unter dem Gesichtspunkt der „automatisierten Einzelentscheidungen". Art. 15 DSRL wird durch § 6 a BDSG umgesetzt.

604 Art. 22 DSGVO knüpft an Art. 15 DSRL an. Wie bereits in der DSRL wird Big Data in der DSGVO unter dem Gesichtspunkt der „automatisierten Einzelentscheidungen" (DSRL) bzw. der „automatisierten Entscheidungen im Einzelfall" (DSGVO) behandelt.

90. Wie behandelt die DSGVO das „Profiling"?

Begriffsdefinition

Der Begriff des „Profiling“ wird in Art. 4 Nr. 4 DSGVO definiert: 605

„jede Art der automatisierten Verarbeitung personenbezogener Daten, die darin besteht, dass diese personenbezogenen Daten verwendet werden, um bestimmte persönliche Aspekte, die sich auf eine natürliche Person beziehen, zu bewerten, insbesondere um Aspekte bezüglich Arbeitsleistung, wirtschaftliche Lage, Gesundheit, persönliche Vorlieben, Interessen, Zuverlässigkeit, Verhalten, Aufenthaltsort oder Ortswechsel dieser natürlichen Person zu analysieren oder vorherzusagen“.

Die Definition ist weit und stellt die Datenauswertung zu Zwecken der Analyse oder Prognose in den Mittelpunkt. 606

Merke:

> Aufgrund der weiten Definition fallen auch das „Scoring" und das „Screening" unter den Begriff des „Profiling". 607

Datenbasis

Auf den Datenbestand, der mittels „Profiling“ ausgewertet wird, finden die allgemeinen Bestimmungen der DSGVO uneingeschränkt Anwendung. Erwägungsgrund 72 DSGVO stellt dies klar: 608

„Das Profiling unterliegt den Vorschriften dieser Verordnung für die Verarbeitung personenbezogener Daten, wie etwa die Rechtsgrundlage für die Verarbeitung oder die Datenschutzgrundsätze. Der durch diese Verordnung eingerichtete Europäische Datenschutzausschuss (im Folgenden ‚Ausschuss‘) sollte, diesbezüglich Leitlinien herausgeben können.“

Daten, die erhoben, gespeichert und vorgehalten werden, um sie mit Big Data-Techniken auszuwerten, unterliegen somit insbesondere 609

- dem Gebot der Datensparsamkeit gemäß Art. 5 Abs. 1 lit. c DSGVO und
- dem Verbotsprinzip gemäß Art. 6 Abs. 1 DSGVO.

Datenanalyse

Die DSGVO sieht die Datenanalyse, die beim „Profiling“ vorgenommen wird, als eine „automatisierte Entscheidung im Einzelfall“ an, auf die Art. 22 DSGVO anwendbar ist. 610

91. Welche Regelungen gibt es für „automatisierte Entscheidungen im Einzelfall"?

■ *Geltendes Recht*

Definition

611 Automatisierte Einzelentscheidungen sind in § 6 a BDSG geregelt. Nach § 6 a Abs. 1 Satz 1 BDSG handelt es sich hierbei um

> „Entscheidungen, die für den Betroffenen eine rechtliche Folge nach sich ziehen oder ihn erheblich beeinträchtigen".

Gebot der menschlichen Intervention

612 Für automatisierte Einzelentscheidungen gilt nach § 6 a Abs. 1 BDSG das Gebot der menschlichen Intervention:

> „Entscheidungen, die für den Betroffenen eine rechtliche Folge nach sich ziehen oder ihn erheblich beeinträchtigen, dürfen nicht ausschließlich auf eine automatisierte Verarbeitung personenbezogener Daten gestützt werden, die der Bewertung einzelner Persönlichkeitsmerkmale dienen. Eine ausschließlich auf eine automatisierte Verarbeitung gestützte Entscheidung liegt insbesondere dann vor, wenn keine inhaltliche Bewertung und darauf gestützte Entscheidung durch eine natürliche Person stattgefunden hat."

Ausnahmen

613 § 6 a Abs. 2 BDSG regelt Ausnahmen von dem Gebot der menschlichen Intervention:

> „Dies gilt nicht, wenn
>
> 1. die Entscheidung im Rahmen des Abschlusses oder der Erfüllung eines Vertragsverhältnisses oder eines sonstigen Rechtsverhältnisses ergeht und dem Begehren des Betroffenen stattgegeben wurde oder
>
> 2. die Wahrung der berechtigten Interessen des Betroffenen durch geeignete Maßnahmen gewährleistet ist und die verantwortliche Stelle dem Betroffenen die Tatsache des Vorliegens einer Entscheidung im Sinne des Absatzes 1 mitteilt sowie auf Verlangen die wesentlichen Gründe dieser Entscheidung mitteilt und erläutert."

■ *Änderungen durch die DSGVO*

Gebot der menschlichen Intervention

614 In Art. 22 Abs. 1 DSGVO findet sich eine Regelung für automatisierten Entscheidungen im Einzelfall, die inhaltlich § 6 a Abs. 1 BDSG entspricht:

> „Die betroffene Person hat das Recht, nicht einer ausschließlich auf einer automatisierten Verarbeitung – einschließlich Profiling – beruhenden Entscheidung unterworfen zu werden, die ihr gegenüber rechtliche Wirkung entfaltet oder sie in ähnlicher Weise erheblich beeinträchtigt."

Hieraus ergibt sich in Übereinstimmung mit § 6 a Abs. 1 BDSG, 615

- dass eine „automatisierte Entscheidung im Einzelfall“ nicht nur vorliegt, wenn die Entscheidung rechtliche Folgen mit sich bringt, sondern bereits dann, wenn sie zu einer „erheblichen Beeinträchtigung“ des Betroffenen führt, und
- dass eine „menschliche Intervention“ grundsätzlich geboten ist.

In Erwägungsgrund 71 Satz 1 und 2 DSGVO finden sich einige Beispiele für 616 automatisierte Entscheidungen im Einzelfall und für das Profiling:

„Die betroffene Person sollte das Recht haben, keiner Entscheidung – was eine Maßnahme einschließen kann – zur Bewertung von sie betreffenden persönlichen Aspekten unterworfen zu werden, die ausschließlich auf einer automatisierten Verarbeitung beruht und die rechtliche Wirkung für die betroffene Person entfaltet oder sie in ähnlicher Weise erheblich beeinträchtigt, wie die automatische Ablehnung eines Online-Kreditantrags oder Online-Einstellungsverfahren ohne jegliches menschliche Eingreifen. Zu einer derartigen Verarbeitung zählt auch das ‚Profiling‘, das in jeglicher Form automatisierter Verarbeitung personenbezogener Daten unter Bewertung der persönlichen Aspekte in Bezug auf eine natürliche Person besteht, insbesondere zur Analyse oder Prognose von Aspekten bezüglich Arbeitsleistung, wirtschaftliche Lage, Gesundheit, persönliche Vorlieben oder Interessen, Zuverlässigkeit oder Verhalten, Aufenthaltsort oder Ortswechsel der betroffenen Person, soweit dies rechtliche Wirkung für die betroffene Person entfaltet oder sie in ähnlicher Weise erheblich beeinträchtigt.“

Art. 22 DSGVO ist somit beispielsweise auf das Scoring („Online-Kreditantrag“) und auf die automatisierte Bearbeitung von Bewerbungen um einen Arbeitsplatz („Online-Einstellungsverfahren“) anwendbar. Allgemein wird man zudem „rechtliche Wirkungen“ oder jedenfalls eine „erhebliche Beeinträchtigung“ stets bejahen müssen, wenn ein Vertragsschluss mit dem Betroffenen aufgrund eines Profilings verweigert wird. 617

Merke:

Ob personalisierte Werbung mit einer „erheblichen Beeinträchtigung“ des Betroffenen verbunden ist, ist unklar. Hierzu finden sich keinerlei Hinweise in Art. 22 DSGVO oder Erwägungsgrund 71 DSGVO: 618

- Einerseits dürften die in Erwägungsgrund 71 Satz 1 DSGVO genannten Beispiele (Scoring, E-Recruiting) dagegen sprechen, dass die Personalisierung von Werbung eine „erhebliche Beeinträchtigung“ des Betroffenen darstellt, da personalisierte Werbung nicht so weitreichende Folgen für die Lebensführung haben kann wie ein verweigerter Kredit oder eine gescheiterte Bewerbung.
- Andererseits spricht die Aufnahme des „Profilings“ in die Überschrift des Art. 22 DSGVO dafür, dass Art. 22 DSGVO das Profiling möglichst umfassend regeln und daher auch die sehr verbreitete Praxis der Profilbildung bei der Nutzung von Telemedien erfassen möchte.

Ausnahme für Verträge

619 In Art. 22 Abs. 2 lit. a DSGVO findet sich eine Ausnahme von dem Gebot der menschlichen Intervention, wenn es um den Abschluss oder die Erfüllung eines Vertrages geht:

„Absatz 1 gilt nicht, wenn die Entscheidung

a) für den Abschluss oder die Erfüllung eines Vertrags zwischen der betroffenen Person und dem Verantwortlichen erforderlich ist".

620 Die Ausnahme, die Art. 22 Abs. 2 lit. a DSGVO für den Vertragsschluss und die Vertragserfüllung vorsieht, weist deutliche Unterschiede zu § 6 a Abs. 2 Nr. 1 BDSG auf:

- Anders als nach § 6 a Abs. 2 Nr. 1 BDSG kommt es nicht mehr darauf an, ob einem „Begehren des Betroffenen" stattgegeben wird.
- Stattdessen stellt Art. 22 Abs. 2 lit. a DSGVO auf die „Erforderlichkeit" der automatisierten Entscheidung für den Abschluss oder die Erfüllung eines Vertrages ab.
- „Erforderlich" ist eine automatisierte Entscheidung insbesondere dann, wenn das Profiling zu den Dienstleistungen gehört, die der Verantwortliche vertraglich schuldet. Wer ein Unternehmen mit Energieverbrauchsanalysen im „Smart Home" beauftragt, hat einen vertraglichen Anspruch auf „automatisierte Entscheidungen im Einzelfall", auf den die Ausnahme des Art. 22 Abs. 2 lit. a DSGVO anwendbar ist.

Merke:

621 Für die „Erforderlichkeit" dürfte ein objektiver Maßstab gelten. Es kommt somit nicht darauf an, ob das Profiling subjektiv aus Sicht des Unternehmens „erforderlich" ist, das einen Vertrag mit einem Verbraucher schließen möchte oder bereits geschlossen hat. Die Entscheidung über einen Kreditantrag fällt somit nicht unter die Ausnahme gemäß Art. 22 Abs. 2 lit. a DSGVO. Aus Sicht des Kreditgebers mag ein Scoring vor Vertragsschluss sinnvoll, nützlich und sogar unerlässlich sein. Objektiv erforderlich ist das Scoring für den Vertragsschluss jedoch nicht.

Ausnahme bei ausdrücklicher Einwilligung

622 Art. 22 Abs. 2 lit. c DSGVO sieht eine Ausnahme von dem Gebot der menschlichen Intervention für den Fall der ausdrücklichen Einwilligung des Betroffenen vor:

„Absatz 1 gilt nicht, wenn die Entscheidung

c) mit ausdrücklicher Einwilligung der betroffenen Person erfolgt."

Art. 22 Abs. 2 lit. c DSGVO lässt das Profiling auf der Grundlage einer „ausdrücklichen Einwilligung" zu. Anders als nach Art. 7 Abs. 1 i. V. m. Art. 4 Nr. 11 DSGVO reicht somit eine konkludente, „unmissverständliche" Einwilligung nicht aus. 623

§ 6 a Abs. 2 BDSG lässt eine Einwilligung des Betroffenen für eine automatisierte Einzelentscheidung nicht genügen, sodass Art. 22 Abs. 2 lit. c DSGVO im Vergleich zum BDSG eine Erleichterung für das Profiling schafft. 624

Merke:

Wegen der hohen Anforderungen an die Wirksamkeit einer Einwilligung nach Art. 7 DSGVO werden Einwilligungen nicht immer eine tragfähige Grundlage für ein rechtssicheres Profiling sein. 625

Einspruchsrecht der Betroffenen

Auch wenn das Profiling zum Abschluss oder zur Erfüllung eines Vertrages notwendig (Art. 22 Abs. 2 lit. a DSGVO) oder durch eine ausdrückliche Einwilligung des Betroffenen legitimiert ist (Art. 22 Abs. 2 lit. c DSGVO), darf es nur eingesetzt werden, wenn dem Betroffenen ein Einspruchsrecht eingeräumt wird. Dies ergibt sich aus Art. 22 Abs. 3 DSGVO: 626

„In den in Absatz 2 Buchstaben a und c genannten Fällen trifft der Verantwortliche angemessene Maßnahmen, um die Rechte und Freiheiten sowie die berechtigten Interessen der betroffenen Person zu wahren, wozu mindestens das Recht auf Erwirkung des Eingreifens einer Person seitens des Verantwortlichen, auf Darlegung des eigenen Standpunkts und auf Anfechtung der Entscheidung gehört."

Merke:

Unternehmen, die Profiling einsetzen und sich dabei auf die Ausnahmen gemäß Art. 22 Abs. 2 lit. a und lit. c DSGVO stützen möchten, stehen vor der Aufgabe, Verfahren zu implementieren, die den Betroffenen das Recht geben, Analyseergebnisse zu beanstanden und einer nicht-automatisierten („menschlichen") Prüfung zu unterziehen. 627

Keine Nutzung besonders sensitiver Daten

Die Nutzung besonders sensitiver Daten (Art. 9 DSGVO) ist beim Profiling nach Art. 22 Abs. 4 DSGVO grundsätzlich untersagt: 628

„Entscheidungen nach Absatz 2 dürfen nicht auf besonderen Kategorien personenbezogener Daten nach Artikel 9 Absatz 1 beruhen, sofern nicht Artikel 9 Absatz 2 Buchstabe a oder g gilt und angemessene Maßnahmen zum Schutz der Rechte und Freiheiten sowie der berechtigten Interessen der betroffenen Person getroffen wurden."

629 Da das Verbot nicht gilt, wenn eine ausdrückliche Einwilligung des Betroffenen vorliegt (Art. 9 Abs. 2 lit. a DSGVO), hat Art. 22 Abs. 4 DSGVO nur im Rahmen von Art. 22 Abs. 2 lit. a DSGVO Relevanz.

Besonders sensitive Daten dürfen ohne ausdrückliche Einwilligung des Betroffenen auch dann nicht zum Profiling genutzt werden, wenn das Profiling für den Abschluss oder die Erfüllung eines Vertrages erforderlich ist.

Merke:

630 Wer Gesundheitsdaten oder andere besonders sensitive Daten (Art. 9 Abs. 1 DSGVO) einem Profiling unterziehen möchte, bedarf hierzu einer Einwilligung, die den Anforderungen des Art. 9 Abs. 1 lit. a DSGVO entspricht. Dies bedeutet insbesondere, dass die Einwilligung ausdrücklich (nicht nur konkludent und „unmissverständlich") erteilt worden sein muss.

Keine Nutzung von Daten Minderjähriger

631 Nach Erwägungsgrund 71 Satz 5 DSGVO sollen Daten Minderjähriger beim Profiling nicht verwendet werden:

„Diese Maßnahme sollte kein Kind betreffen."

632 Dies wird man so verstehen müssen, dass weder Einwilligungen noch der Abschluss oder die Erfüllung eines Vertrages die Nutzung von Daten Minderjähriger beim Profiling legitimieren sollen und eine Anwendung des Art. 22 Abs. 1 lit. a und lit. c DSGVO in diesen Fällen ausscheidet.

„Neutralität der Algorithmen"

633 In Erwägungsgrund 71 Satz 6 DSGVO findet sich eine Verpflichtung zur „Neutralität von Algorithmen" Ähnlich wie für das Scoring in § 28 b Nr. 1 BDSG wird ein „geeignetes mathematisches oder statistisches Verfahren" für das Profiling ebenso verlangt wie der Ausschluss diskriminierender Rechenverfahren:

„Um unter Berücksichtigung der besonderen Umstände und Rahmenbedingungen, unter denen die personenbezogenen Daten verarbeitet werden, der betroffenen Person gegenüber eine faire und transparente Verarbeitung zu gewährleisten, sollte der für die Verarbeitung Verantwortliche geeignete mathematische oder statistische Verfahren für das Profiling verwenden, technische und organisatorische Maßnahmen treffen, mit denen in geeigneter Weise insbesondere sichergestellt wird, dass Faktoren, die zu unrichtigen personenbezogenen Daten führen, korrigiert werden und das Risiko von Fehlern minimiert wird, und personenbezogene Daten in einer Weise sichern, dass den potenziellen Bedrohungen für die Interessen und Rechte der betroffenen Person Rechnung getragen wird und mit denen verhindert wird, dass es gegenüber natürlichen Personen aufgrund von Rasse, ethnischer Herkunft, politischer Meinung, Religion oder Weltanschauung, Gewerkschaftszugehörigkeit, genetischer Anlagen oder Gesundheitszustand sowie sexueller Orientierung zu diskriminierenden Wirkungen oder zu Maßnahmen kommt, die eine solche Wirkung haben."

Merke:

Wenn ein Profiling oder eine andere Art von automatisierter Entscheidung im Einzelfall gemäß Art. 22 DSGVO beabsichtigt ist, ist hierauf im Rahmen der allgemeinen Informationspflichten gemäß Art. 13 Abs. 2 lit. f und Art. 14 Abs. 2 lit. g DSGVO hinzuweisen. Es bedarf zudem nachvollziehbarer Angaben zur verwendeten „Logik" und eines Hinweises auf die Bedeutung und die beabsichtigten Konsequenzen des Profilings für den Betroffenen. 634

Öffnungsklausel

Nach Art. 22 Abs. 2 lit. b DSGVO sind die EU-Mitgliedsstaaten berechtigt, per Gesetz zusätzliche Ausnahmen von Art. 22 Abs. 1 DSGVO zu schaffen: 635

„Absatz 1 gilt nicht, wenn die Entscheidung

b) aufgrund von Rechtsvorschriften der Union oder der Mitgliedstaaten, denen der Verantwortliche unterliegt, zulässig ist und diese Rechtsvorschriften angemessene Maßnahmen zur Wahrung der Rechte und Freiheiten sowie der berechtigten Interessen der betroffenen Person enthalten."

Die Öffnungsklausel ist unter anderem für die bislang von § 6 a Abs. 2 Nr. 2 636
BDSG erfassten Fälle der „Wahrung berechtigter Interessen" von Bedeutung. Die dort geregelte Ausnahme, die automatisierte Einzelentscheidungen in weitem Umfang erlaubt, findet sich in Art. 22 DSGVO nicht. Sie kann jedoch vom deutschen Gesetzgeber in das zukünftige nationale Datenschutzrecht ohne weiteres übernommen werden.

Merke:

Wegen der Öffnungsklausel lassen sich derzeit noch keine sicheren Aussagen darüber treffen, inwieweit das Profiling, Scoring und Screening durch die DSGVO erschwert oder erleichtert wird. 637

92. Gibt es Sonderregelungen für das Scoring?

■ *Geltendes Recht*

Eine Sonderregelung zum Scoring findet sich in § 28 b BDSG: 638

„Zum Zweck der Entscheidung über die Begründung, Durchführung oder Beendigung eines Vertragsverhältnisses mit dem Betroffenen darf ein Wahrscheinlichkeitswert für ein bestimmtes zukünftiges Verhalten des Betroffenen erhoben oder verwendet werden, wenn

1. die zur Berechnung des Wahrscheinlichkeitswerts genutzten Daten unter Zugrundelegung eines wissenschaftlich anerkannten mathematisch-statistischen Verfahrens nachweisbar für die Berechnung der Wahrscheinlichkeit des bestimmten Verhaltens erheblich sind,

2. im Fall der Berechnung des Wahrscheinlichkeitswerts durch eine Auskunftei die Voraussetzungen für eine Übermittlung der genutzten Daten nach § 29 und in allen anderen Fällen die Voraussetzungen einer zulässigen Nutzung der Daten nach § 28 vorliegen,

3. für die Berechnung des Wahrscheinlichkeitswerts nicht ausschließlich Anschriftendaten genutzt werden,

4. im Fall der Nutzung von Anschriftendaten der Betroffene vor Berechnung des Wahrscheinlichkeitswerts über die vorgesehene Nutzung dieser Daten unterrichtet worden ist; die Unterrichtung ist zu dokumentieren."

639 Das Scoring ist somit in aller Regel zulässig, wenn ein wissenschaftlich anerkanntes mathematisch-statistisches Verfahren verwendet wird und die in § 28 b Nr. 3 und 4 BDSG geregelten Maßgaben für den Umgang mit Adressdaten beachtet werden.

640 § 28 b BDSG trifft eine Regelung im Vorfeld einer automatisierten Entscheidung gemäß § 6 a BDSG. Werden die Maßgaben des § 28 b BDSG eingehalten, legitimiert § 6 a Abs. 2 Nr. 2 BDSG die Entscheidung über den Vertragsschluss bzw. die Kreditgewährung, die sich auf den Scorewert stützt.

■ *Änderungen durch die DSGVO*

641 Die DSGVO enthält keine Regelungen, die § 28 b BDSG entsprechen. Auch im Übrigen finden sich in der DSGVO keine Spezialvorschriften für das Scoring. Dem deutschen Gesetzgeber steht es allerdings nach Art. 22 Abs. 2 lit. b DSGVO frei, Spezialvorschriften zu erlassen, sodass abzuwarten bleibt, ob und inwieweit § 28 b BDSG nach Inkrafttreten der DSGVO bestehen bleibt.

93. Gibt es Sonderregelungen für Nutzungsprofile bei Telemedien?

■ *Geltendes Recht:*

642 Für Nutzungsprofile, die durch Anbieter von Telemedien erstellt werden, gilt § 15 Abs. 3 TMG. Nach § 15 Abs. 3 Satz 1 TMG darf der Diensteanbieter für Zwecke der Werbung, der Marktforschung oder zur bedarfsgerechten Gestaltung der Telemedien Nutzungsprofile bei Verwendung von Pseudonymen erstellen, sofern der Nutzer dem nicht widerspricht.

Merke:

643 § 15 Abs. 3 TMG legitimiert die Auswertung von Daten über das Nutzerverhalten, nicht jedoch deren Sammlung (Datenbasis). Für die Erhebung, Speicherung und Vorhaltung von Nutzerdaten empfiehlt sich die Einholung von Einwilligungen nach § 12 Abs. 1 TMG.

■ *Änderungen durch die DSGVO*

Die DSGVO enthält keine Regelung, die § 15 Abs. 3 TMG entspricht. Auch im Übrigen finden sich in der DSGVO keine Spezialvorschriften für die Erstellung von Nutzungsprofilen bei Telemedien. 644

Dem deutschen Gesetzgeber steht es nach Art. 22 Abs. 2 lit. b DSGVO frei, Spezialvorschriften für Telemedien zu erlassen. Es ist daher nicht auszuschließen, dass § 15 Abs. 3 TMG nach Inkrafttreten der DSGVO bestehen bleibt. 645

Merke:

> Ob Art. 22 DSGVO auf Nutzungsprofile in Telemedien überhaupt anwendbar ist, ist unklar und hängt davon ab, ob man in einem solchen Profil eine „erhebliche Beeinträchtigung" des Nutzers im Sinne des Art. 22 Abs. 1 DSGVO sieht. 646

Teil D Betroffenenrechte, Datenschutzaufsicht und Selbstregulierung

In Teil D geht es um die Durchsetzung des Datenschutzrechts. Erklärtes Ziel der DSGVO ist eine Stärkung der Betroffenenrechte und der Datenschutzaufsicht. Dementsprechend baut die DSGVO die Betroffenenrechte deutlich aus. Zugleich gibt es neue Aufgaben und Befugnisse der Aufsichtsbehörden und einen präzisen Rahmen für deren Zusammenarbeit mit dem Ziel einer effektiven und zugleich konsistenten Anwendung und Durchsetzung der DSGVO. Der Durchsetzung des Datenschutzes dienen auch genehmigte Verhaltensregeln und Zertifizierungen als Instrumente einer regulierten Selbstregulierung. 647

Die DSGVO soll den Vollzug des Datenschutzrechts europaweit vereinheitlichen und verbessern. Zu diesem Zweck werden nicht nur die Bestimmungen zur Haftung und zu den Rechtsbehelfen und den Sanktionen (Art. 77 ff. DSGVO) erheblich verschärft. Auch die Betroffenenrechte werden ausgeweitet (Art. 15 ff. DSGVO), und es wird ein institutioneller Rahmen geschaffen für ein Zusammenwirken aller europäischen Aufsichtsbehörden (Art. 51 ff. DSGVO). Zugleich schaffen die Art. 40 ff. DSGVO Rahmenbedingungen für eine regulierte Selbstregulierung mit den Instrumenten von Verhaltensregeln und Zertifizierungen. 648

I. Betroffenenrechte

In den §§ 34 und 35 BDSG sind die Betroffenenrechte geregelt. Dies sind die Rechte auf Auskunft, Berichtigung, Sperrung und Löschung. Entsprechende (erweiterte) Rechte gibt es auch nach der DSGVO. Sie sind in Art. 15 bis 19 DSGVO geregelt, wobei das Auskunftsrecht zu einem „Zugriffsrecht“ ausgebaut wird (Art. 15 DSGVO) und das Recht auf Sperrung in ein „Recht auf Einschränkung der Verarbeitung“ umbenannt wird (Art. 18 DSGVO). Vollständig neu ist das Recht des Betroffenen auf „Datenübertragbarkeit“ gemäß Art. 20 DSGVO. 649

Merke:

> Nach Art. 89 Abs. 2 und 3 DSGVO sind die Mitgliedsstaaten zu Ausnahmen von den Art. 15, 16, 18, 19 und 20 DSGVO berechtigt für den Fall, dass die Datenverarbeitung zu wissenschaftlichen oder statistischen Zwecken erfolgt oder zu Zwecken der historischen Forschung oder des Archivwesens im öffentlichen Interesse. 650

94. Welche allgemeinen Anforderungen gelten für die „Betroffenenrechte"?

Belehrungspflicht

651 Der Verantwortliche muss die Betroffenen im Rahmen seiner allgemeinen Informationspflichten auf ihre Rechte auf Zugriff, Berichtigung, Sperrung, Löschung und Datenportabilität (Art. 15 bis 20 DSGVO) hinweisen. Dies ergibt sich aus Art. 13 Abs. 2 lit. b und Art. 14 Abs. 2 lit. c DSGVO.

Monatsfrist

652 Macht der Betroffene seine Rechte nach den Art. 15 ff. DSGVO geltend, muss der Verantwortliche gemäß Art. 12 Abs. 3 Satz 1 DSGVO unverzüglich tätig werden, spätestens jedoch innerhalb eines Monats. Die Monatsfrist kann auf bis zu drei Monate verlängert werden, dies jedoch nur, wenn dem Betroffenen innerhalb eines Monats nach Antragstellung die Gründe für die Verlängerung mitgeteilt werden (Art. 12 Abs. 3 Satz 2 und 3 DSGVO):

> „Der Verantwortliche stellt der betroffenen Person Informationen über die auf Antrag gemäß den Artikeln 15 bis 22 ergriffenen Maßnahmen unverzüglich, in jedem Fall aber innerhalb eines Monats nach Eingang des Antrags zur Verfügung. Diese Frist kann um weitere zwei Monate verlängert werden, wenn dies unter Berücksichtigung der Komplexität und der Anzahl von Anträgen erforderlich ist. Der Verantwortliche unterrichtet die betroffene Person innerhalb eines Monats nach Eingang des Antrags über eine Fristverlängerung, zusammen mit den Gründen für die Verzögerung."

Formfreiheit

653 Für die Geltendmachung der Ansprüche nach den Art. 15 ff. DSGVO ist keine bestimmte Form vorgeschrieben. Der Betroffene kann daher beispielsweise Löschungsansprüche nach Art. 17 Abs. 1 DSGVO auch mündlich geltend machen.

654 Der Verantwortliche soll dem Betroffenen die Geltendmachung von Ansprüchen nach den Art. 15 ff. DSGVO erleichtern, beispielsweise durch Bereitstellung elektronischer Formulare (Erwägungsgrund 59 Satz 1 und 2 DSGVO):

> „Es sollten Modalitäten festgelegt werden, die einer betroffenen Person die Ausübung der Rechte, die ihr nach dieser Verordnung zustehen, erleichtern, darunter auch Mechanismen, die dafür sorgen, dass sie unentgeltlich insbesondere Zugang zu personenbezogenen Daten und deren Berichtigung oder Löschung beantragen und gegebenenfalls erhalten oder von ihrem Widerspruchsrecht Gebrauch machen kann. So sollte der Verantwortliche auch dafür sorgen, dass Anträge elektronisch gestellt werden können, insbesondere wenn die personenbezogenen Daten elektronisch verarbeitet werden."

655 Auch für die Erfüllung der Ansprüche des Betroffenen durch den Verantwortlichen gelten keine Förmlichkeiten. Der Verantwortlichen wird allerdings im eigenen Beweisinteresse stets für eine schriftlich dokumentierte Anspruchserfüllung Sorge tragen.

Für den Fall, dass ein Betroffener seine Ansprüche nach den Art. 15 ff. DSGVO per E-Mail oder in anderer elektronischer Form geltend macht, soll der Verantwortliche nach Möglichkeit in gleicher Form antworten, sofern der Betroffene nicht ausdrücklich eine andere Form wünscht (Art. 12 Abs. 3 Satz 4 DSGVO): 656

„Stellt die betroffene Person den Antrag elektronisch, so ist sie nach Möglichkeit auf elektronischem Weg zu unterrichten, sofern sie nichts anderes angibt."

Identitätsfeststellung

Wenn der Verantwortliche begründete Zweifel an der Identität des Antragstellers hat, ist er nach Art. 12 Abs. 6 DSGVO berechtigt, eine Ausweiskopie oder andere Informationen und Dokumente beim Antragsteller anzufordern, die ihm eine Feststellung der Identität ermöglichen: 657

„Hat der Verantwortliche begründete Zweifel an der Identität der natürlichen Person, die den Antrag gemäß den Artikeln 15 bis 21 stellt, so kann er unbeschadet des Artikels 11 zusätzliche Informationen anfordern, die zur Bestätigung der Identität der betroffenen Person erforderlich sind."

Bei Zweifeln an der Identität des Antragstellers kann der Antragsteller aufgefordert werden, sich per Benutzername und Passwort in den Dienst einzuloggen, den der Verantwortliche betreibt (Erwägungsgrund 57 Satz 3 DSGVO): 658

„Die Identifizierung sollte die digitale Identifizierung einer betroffenen Person – beispielsweise durch Authentifizierungsverfahren etwa mit denselben Berechtigungsnachweisen, wie sie die betroffene Person verwendet, um sich bei dem von dem Verantwortlichen bereitgestellten Online-Dienst anzumelden – einschließen."

Nach Erwägungsgrund 64 DSGVO bedarf es einer sorgfältigen Prüfung der Identität des Antragstellers, der Auskünfte (und Zugriff) begehrt. Zugleich soll die Identitätsprüfung kein Grund sein, der eine Speicherung und Vorhaltung personenbezogener Daten legitimiert: 659

„Der Verantwortliche sollte alle vertretbaren Mittel nutzen, um die Identität einer Auskunft suchenden betroffenen Person zu überprüfen, insbesondere im Rahmen von Online-Diensten und im Fall von Online-Kennungen. Ein Verantwortlicher sollte personenbezogene Daten nicht allein zu dem Zweck speichern, auf mögliche Auskunftsersuchen reagieren zu können."

Erwägungsgrund 64 Satz 2 DSGVO verbietet nur die Speicherung und Vorhaltung von Identifizierungsdaten, nicht jedoch deren Erhebung. Einer Identifizierungspraxis, die Auskünfte von der Vorlage von Ausweiskopien und ähnlichen Dokumenten abhängig macht, steht Erwägungsgrund 64 Satz 2 DSGVO nicht entgegen. 660

Keine Zuordnungspflicht

661 Der Verantwortliche ist nicht verpflichtet, seine Datenbestände so aufzubereiten und zu organisieren, dass er einzelne Daten jederzeit einem einzelnen Betroffenen zuordnen kann. Dies ergibt sich aus Art. 11 Abs. 1 DSGVO:

„Ist für die Zwecke, für die ein Verantwortlicher personenbezogene Daten verarbeitet, die Identifizierung der betroffenen Person durch den Verantwortlichen nicht oder nicht mehr erforderlich, so ist dieser nicht verpflichtet, zur bloßen Einhaltung dieser Verordnung zusätzliche Informationen aufzubewahren, einzuholen oder zu verarbeiten, um die betroffene Person zu identifizieren."

662 Macht ein Betroffener allerdings seine Rechte nach Art. 15 bis 20 DSGVO geltend, muss der Verantwortliche den Nachweis führen, dass ihm eine Zuordnung von Daten zu dem gewünschten Zweck unmöglich ist. Nur wenn dem Verantwortlichen ein solcher Nachweis gelingt, wird er gemäß Art. 11 Abs. 2 DSGVO von seinen Pflichten gemäß Art. 15 bis 20 DSGVO frei.

„Kann der Verantwortliche in Fällen gemäß Absatz 1 des vorliegenden Artikels nachweisen, dass er nicht in der Lage ist, die betroffene Person zu identifizieren, so unterrichtet er die betroffene Person hierüber, sofern möglich. In diesen Fällen finden die Artikel 15 bis 20 keine Anwendung, es sei denn, die betroffene Person stellt zur Ausübung ihrer in diesen Artikeln niedergelegten Rechte zusätzliche Informationen bereit, die ihre Identifizierung ermöglichen."

663 Art. 12 Abs. 2 Satz 2 DSGVO bekräftigt die hohen Anforderungen an eine Befreiung von den Pflichten gemäß Art. 15 bis 20 DSGVO:

„In den in Artikel 11 Absatz 2 genannten Fällen darf sich der Verantwortliche nur dann weigern, aufgrund des Antrags der betroffenen Person auf Wahrnehmung ihrer Rechte gemäß den Artikeln 15 bis 22 tätig zu werden, wenn er glaubhaft macht, dass er nicht in der Lage ist, die betroffene Person zu identifizieren."

Keine Weigerungsrecht

664 Bietet der Betroffene dem Verantwortlichen die Übermittlung von personenbezogenen Daten zu Identifizierungszwecken an, hat der Verantwortliche kein Weigerungsrecht (Erwägungsgrund 57 Satz 2 DSGVO):

„Allerdings sollte er sich nicht weigern, zusätzliche Informationen entgegenzunehmen, die von der betroffenen Person beigebracht werden, um ihre Rechte geltend zu machen."

Unentgeltlichkeit

665 Der Datenverarbeiter darf für die Bearbeitung von Anträgen nach den Art. 15 ff. DSGVO nur im Ausnahmefall ein Entgelt berechnen, wenn er nachweisen kann, dass ein Antrag offensichtlich unbegründet ist oder missbräuchlich („exzessiv") gestellt wurde (Art. 12 Abs. 5 DSGVO):

„Informationen gemäß den Artikeln 13 und 14 sowie alle Mitteilungen und Maßnahmen gemäß den Artikeln 15 bis 22 und Artikel 34 werden unentgeltlich zur Verfügung gestellt.

Bei offenkundig unbegründeten oder – insbesondere im Fall von häufiger Wiederholung – exzessiven Anträgen einer betroffenen Person kann der Verantwortliche entweder

a) ein angemessenes Entgelt verlangen, bei dem die Verwaltungskosten für die Unterrichtung oder die Mitteilung oder die Durchführung der beantragten Maßnahme berücksichtigt werden, oder

b) sich weigern, aufgrund des Antrags tätig zu werden.

Der Verantwortliche hat den Nachweis für den offenkundig unbegründeten oder exzessiven Charakter des Antrags zu erbringen."

Rechtsbehelfsbelehrung

Art. 12 Abs. 4 DSGVO verpflichtet den Verantwortlichen zu einer Rechtsbehelfsbelehrung, wenn er einen Antrag ablehnt, den der Betroffene nach den Art. 15 ff. DSGVO gestellt hat: 666

„Wird der Verantwortliche auf den Antrag der betroffenen Person hin nicht tätig, so unterrichtet er die betroffene Person ohne Verzögerung, spätestens aber innerhalb eines Monats nach Eingang des Antrags über die Gründe hierfür und über die Möglichkeit, bei einer Aufsichtsbehörde Beschwerde einzulegen oder einen gerichtlichen Rechtsbehelf einzulegen."

Soll ein Antrag nach den Art. 15 ff. DSGVO ablehnt werden, ist somit Folgendes zu beachten: 667

- Dem Betroffenen sind die Gründe der Ablehnung mitzuteilen (z. B. die Gründe, weshalb eine Löschung nach Art. 17 Abs. 3 DSGVO verweigert wird).
- Der Betroffene ist über sein Beschwerderecht bei den Datenschutzbehörden nach Art. 77 Abs. 1 DSGVO zu belehren.
- Der Betroffene ist zudem darüber zu belehren, dass ihm der Weg zu den ordentlichen Gerichten offen steht (Art. 79 DSGVO).
- Der Ablehnungsbescheid ist dem Betroffenen innerhalb einer Frist von höchstens einem Monat zu übermitteln. Nach Maßgabe des Art. 12 Abs. 3 Satz 2 und 3 DSGVO lässt sich die Frist auf maximal drei Monate verlängern.

Merke:

Die Stärkung der Betroffenenrechte gehört zu den Kernanliegen der DSGVO. 668
Daher ist ab 2018 damit zu rechnen, dass die Aufsichtsbehörden Verletzungen gegen die Betroffenenrechte mit empfindlichen Bußgeldern sanktionieren werden.

Durch unternehmensinterne Richtlinien sollte sichergestellt werden, dass Anträge von Betroffenen auf Auskunft, Zugriff, Löschung, Sperrung und „Datenübertragbarkeit" als solche erkannt werden. Dies wird nicht immer einfach sein, da die DSGVO keine Förmlichkeiten für eine Antragstellung vorschreibt. Alle Anträge sollten unter der Aufsicht des betrieblichen Datenschutzbeauftragten zügig bearbeitet werden.

95. Welche Änderungen gibt es bei den Auskunftspflichten?

■ *Geltendes Recht*

669 Nach § 34 Abs. 1 Satz 1 BDSG sind Unternehmen zur Auskunft an den Betroffenen verpflichtet, sofern dieser eine Auskunft verlangt über

- die zu seiner Person gespeicherten Daten;
- die Herkunft dieser Daten,
- den Empfänger oder die Kategorien von Empfängern, an die Daten weitergegeben werden, und
- den Zweck der Speicherung.

670 Sonderbestimmungen für Auskunfteien und Scorewerte finden sich in § 34 Abs. 2 und 4 BDSG. Danach erstreckt sich das Auskunftsrecht unter anderem (§ 34 Abs. 2 Satz 1 Nr. 3 und Abs. 4 Satz 1 Nr. 3 BDSG) auf

„das Zustandekommen und die Bedeutung der Wahrscheinlichkeitswerte einzelfallbezogen und nachvollziehbar in allgemein verständlicher Form".

■ *Änderungen durch die DSGVO*

671 Durch Art. 15 Abs. 1 und 2 DSGVO werden die Auskunftspflichten erheblich erweitert.

„Die betroffene Person hat das Recht, von dem Verantwortlichen eine Bestätigung darüber zu verlangen, ob sie betreffende personenbezogene Daten verarbeitet werden; ist dies der Fall, so hat sie ein Recht auf Auskunft über diese personenbezogenen Daten und auf folgende Informationen:

a) die Verarbeitungszwecke;

b) die Kategorien personenbezogener Daten, die verarbeitet werden;

c) die Empfänger oder Kategorien von Empfängern, gegenüber denen die personenbezogenen Daten offengelegt worden sind oder noch offengelegt werden, insbesondere bei Empfängern in Drittländern oder bei internationalen Organisationen;

d) falls möglich die geplante Dauer, für die die personenbezogenen Daten gespeichert werden, oder, falls dies nicht möglich ist, die Kriterien für die Festlegung dieser Dauer;

e) das Bestehen eines Rechts auf Berichtigung oder Löschung der sie betreffenden personenbezogenen Daten oder auf Einschränkung der Verarbeitung durch den Verantwortlichen oder eines Widerspruchsrechts gegen diese Verarbeitung;

f) das Bestehen eines Beschwerderechts bei einer Aufsichtsbehörde;

g) wenn die personenbezogenen Daten nicht bei der betroffenen Person erhoben werden, alle verfügbaren Informationen über die Herkunft der Daten;

h) das Bestehen einer automatisierten Entscheidungsfindung einschließlich Profiling gemäß Artikel 22 Absätze 1 und 4 und – zumindest in diesen Fällen – aussagekräftige Informationen über die involvierte Logik sowie die Tragweite und die angestrebten Auswirkungen einer derartigen Verarbeitung für die betroffene Person.

(2) Werden personenbezogene Daten an ein Drittland oder an eine internationale Organisation übermittelt, so hat die betroffene Person das Recht, über die geeigneten Garantien gemäß Artikel 46 im Zusammenhang mit der Übermittlung unterrichtet zu werden."

Merke:

Die Verpflichtung zu „Informationen über die involvierte Logik" tritt an die Stelle der Verpflichtung zu Angaben hinsichtlich der „Wahrscheinlichkeitswerte" gemäß § 34 Abs. 2 Satz 1 und Abs. 4 Satz 1 BDSG, ist allerdings weniger präzise. 672

Nach geltendem Recht erstrecken sich die Auskunftspflichten beim Scoring nicht auf die abstrakte Methode der Scorewertberechnung (Scoreformel), BGH vom 28.1.2014, Az. VI ZR 156/13 – SCHUFA. Ob dieser Ausschluss auch nach der DSGVO gilt, ist Art. 15 Abs. 1 lit. h DSGVO nicht klar zu entnehmen.

Neu sind die Auskunftspflichten über: 673

- die geplante Speicherdauer von Daten bzw. über die Kriterien, mit denen die Speicherdauer bestimmt wird (Art. 15 Abs. 1 lit. d DSGVO);
- die Rechte auf Berichtigung, Löschung, Einschränkung der Verarbeitung und Widerruf (Art. 15 Abs. 1 lit. e DSGVO);
- das Recht zur Beschwerde bei den Aufsichtsbehörden (Art. 77 Abs. 1 DSGVO, Art. 15 Abs. 1 lit. f DSGVO);
- die Vornahme automatisierter Einzelentscheidungen gemäß Art. 22 Abs. 1 DSGVO nebst aussagekräftiger Angaben zur verwendeten „Logik" und eines Hinweises auf die Tragweite und die angestrebten Auswirkungen des Profilings auf den Betroffenen (Art. 15 Abs. 1 lit. h DSGVO);
- den Datentransfer in ein Drittland oder an eine internationale Organisation nebst Angaben zu den geeigneten Garantien gemäß Art. 46 DSGVO (Art. 15 Abs. 2 DSGVO).

Merke:

Dem Antragsteller, der Auskunftsrechte geltend macht, ist stets eine „kleine Rechtsbehelfsbelehrung" zu erteilen, 674

- die ihn auf sein Beschwerderecht bei den Aufsichtsbehörden hinweist und
- ihn zudem über seine Rechte gemäß Art. 16 bis 19 und 21 DSGVO belehrt.

Die Pflicht zur Rechtsbehelfsbelehrung nach Art. 15 Abs. 1 lit. e und f DSGVO gilt für den Fall, dass der Verantwortliche einem Antrag auf Auskunft bzw. Zugriff stattgibt. Lehnt er einen solchen Antrag ab, ist er gleichfalls zur Rechtsbehelfsbelehrung verpflichtet, die Belehrungspflichten richten sich dann nach Art. 12 Abs. 4 DSGVO.

96. Welche Bedeutung hat das neue „Zugriffsrecht"?

675 Das Auskunftsrecht wird durch Art. 15 DSGVO zu einem Zugriffsrecht („Access“) ausgebaut. Das Zugriffsrecht ergänzt die Auskunftspflichten, ersetzt diese jedoch nicht.

676 Der Verantwortliche hat dem Betroffenen gemäß Art. 15 Abs. 3 DSGVO auf Verlangen eine „Kopie“ aller verarbeiteten Daten überlassen:

> „Der Verantwortliche stellt eine Kopie der personenbezogenen Daten, die Gegenstand der Verarbeitung sind, zur Verfügung. Für alle weiteren Kopien, die die betroffene Person beantragt, kann der Verantwortliche ein angemessenes Entgelt auf der Grundlage der Verwaltungskosten verlangen. Stellt die betroffene Person den Antrag elektronisch, so sind die Informationen in einem gängigen elektronischen Format zur Verfügung zu stellen, sofern sie nichts anderes angibt.“

677 Der Verantwortliche kann seine Verpflichtung zur Gewährung von „Zugriff“ erfüllen, indem er dem Betroffenen den Fernzugang auf die ihn betreffenden Daten ermöglicht (Erwägungsgrund 63 Satz 4 DSGVO):

> „Nach Möglichkeit sollte der Verantwortliche den Fernzugang zu einem sicheren System bereitstellen können, der der betroffenen Person direkten Zugang zu ihren personenbezogenen Daten ermöglichen würde.“

97. Gibt es Ausnahmen von den Auskunftspflichten und dem „Zugriffsrecht"?

■ *Geltendes Recht*

678 Nach § 34 Abs. 7 i. V. m. § 33 Abs. 2 Satz 1 Nr. 2, 3 und 5 bis 7 BDSG bestehen keine Auskunftspflichten, wenn

- Daten aufgrund einer gesetzlichen, satzungsmäßigen oder vertraglichen Aufbewahrungsvorschrift nicht gelöscht werden dürfen und nur aus diesem Grund gespeichert werden und eine Auskunft einen unverhältnismäßigen Aufwand erfordern würde (§ 33 Abs. 2 Satz 1 Nr. 2, 1. Alt. BDSG);
- Daten ausschließlich der Datensicherheit oder der Datenschutzkontrolle dienen und nur aus diesem Grund gespeichert werden und Auskünfte einen unverhältnismäßigen Aufwand erfordern würden (§ 33 Abs. 2 Satz 1 Nr. 2, 2. Alt. BDSG);
- Daten aufgrund einer Rechtsvorschrift oder aufgrund ihres Wesens geheim gehalten werden müssen (§ 33 Abs. 2 Satz 1 Nr. 3 BDSG);
- die Speicherung oder Übermittlung von Daten für Zwecke der wissenschaftlichen Forschung erforderlich ist und Auskünfte einen unverhältnismäßigen Aufwand erfordern würden (§ 33 Abs. 2 Satz 1 Nr. 5 BDSG);
- das Bekanntwerden der Daten laut einer behördlichen Feststellung die öffentliche Sicherheit oder Ordnung gefährden oder sonst dem Wohle des Bundes oder eines Landes Nachteile bereiten würde (§ 33 Abs. 2 Satz 1 Nr. 6 BDSG);

- Daten aus allgemein zugänglichen Quellen entnommen und für eigene Zwecke gespeichert sind und Auskünfte wegen der Vielzahl der betroffenen Fälle unverhältnismäßig sind (§ 33 Abs. 2 Satz Nr. 7 lit. a BDSG) oder
- die Auskunft die Geschäftszwecke der verantwortlichen Stelle erheblich gefährden würde und das Interesse des Betroffenen an der Auskunft die Gefährdung nicht überwiegt (§ 33 Abs. 2 Satz Nr. 7 lit. a BDSG).

■ *Änderungen durch die DSGVO*

Zugriffsrecht

Art. 15 DSGVO sieht lediglich in Abs. 4 eine Ausnahme vor, die sich zudem ausschließlich auf das Zugriffsrecht des Betroffenen, nicht aber auf die Auskunftspflichten des Verantwortlichen bezieht: 679

„Das Recht auf Erhalt einer Kopie gemäß Absatz 1b darf die Rechte und Freiheiten anderer Personen nicht beeinträchtigen."

(Der Verweis auf „Absatz 1 b" ist ein redaktioneller Fehler. Gemeint ist „Absatz 3".) 680

In Erwägungsgrund 63 Satz 5 und 6 DSGVO wird die Ausnahme näher erläutert: 681

„Dieses Recht sollte die Rechte und Freiheiten anderer Personen, etwa Geschäftsgeheimnisse oder Rechte des geistigen Eigentums und insbesondere das Urheberrecht an Software, nicht beeinträchtigen. Dies darf jedoch nicht dazu führen, dass der betroffenen Person jegliche Auskunft verweigert wird."

Gewerbliche Schutzrechte, Urheberrechte und der Schutz von Betriebs- und Geschäftsgeheimnissen können somit einem Zugriffsrecht des Betroffenen entgegenstehen. 682

Auskunftspflichten

Wenn sich Auskunftsersuchen auf Informationen beziehen, zu deren Geheimhaltung der Verantwortliche verpflichtet ist, bleibt der daraus resultierende Pflichtenkonflikt in Art. 15 DSGVO unaufgelöst. Ähnliches gilt in Fällen, in denen eine Auskunft einen unverhältnismäßigen Aufwand erfordern würde. 683

In all diesen Fällen bestehen nach Art. 14 Abs. 5 lit. b und d DSGVO keine Informationspflichten gegenüber dem Betroffenen. Art. 15 DSGVO weist insoweit eine planwidrige Lücke auf, die nur durch eine analoge Anwendung des Art. 14 Abs. 5 lit. b und d geschlossen werden kann. 684

Analog Art. 14 Abs. 5 DSGVO sollten somit keine Auskunftspflichten bestehen, 685

- wenn eine Auskunft unmöglich ist oder unverhältnismäßig wäre (Art. 14 Abs. 5 lit. b DSGVO) oder

– wenn es um Daten geht, die einer gesetzlichen oder berufsrechtlichen Verschwiegenheitspflicht unterliegen (Art. 14 Abs. 5 lit. d DSGVO).

Merke:

686 Insgesamt wird eine Verweigerung von Auskünften durch die DSGVO erheblich erschwert. Von dem Ausnahmekatalog des § 34 Abs. 7 i.V.m. § 33 Abs. 2 Satz 1 Nr. 2, 3 und 5 bis 7 BDSG bleibt nur wenig übrig.

98. Welche Änderungen gibt es bei der Berichtigungspflicht?

■ *Geltendes Recht*

687 Nach § 35 Abs. 1 Satz 1 BDSG besteht eine Verpflichtung der verantwortlichen Stelle zur Berichtigung unrichtiger Daten. „Geschätzte Daten" sind nach Art. 35 Abs. 1 Satz 2 BDSG als solche deutlich zu kennzeichnen.

■ *Änderungen durch die DSGVO*

688 An die Stelle der Berichtigungspflicht, die nach dem BDSG nicht als Rechtsanspruch des Betroffenen formuliert ist, tritt das Betroffenenrecht auf Berichtigung gemäß Art. 16 DSGVO:

„Die betroffene Person hat das Recht, von dem Verantwortlichen unverzüglich die Berichtigung sie betreffender unrichtiger personenbezogener Daten zu verlangen. Unter Berücksichtigung der Zwecke der Verarbeitung hat die betroffene Person das Recht, die Vervollständigung unvollständiger personenbezogener Daten – auch mittels einer ergänzenden Erklärung – zu verlangen."

689 Unrichtigkeiten sind nach Art. 16 Satz 1 DSGVO unverzüglich zu berichtigen. Hinzu kommt ein Vervollständigungsanspruch, wenn eine „Vervollständigung" angemessen erscheint (Art. 16 Satz 2 DSGVO). Das „Recht auf Vervollständigung" kann auch durch eine Art Gegendarstellung („ergänzende Erklärung") ausgeübt werden.

Merke:

690 Art. 18 Abs. 1 lit. a DSGVO ordnet eine Sperrung von Daten an, deren Richtigkeit der Betroffene bestritten hat. Die Daten müssen gesperrt bleiben, bis der Verantwortliche eine Feststellung über die Richtigkeit oder Unrichtigkeit getroffen hat.

691 Die Kennzeichnungspflicht für „geschätzte Daten" (§ 35 Abs. 1 Satz 2 BDSG) fällt fort.

99. Welche Änderungen gibt es bei den Pflichten zur Löschung?

■ Geltendes Recht

Die Löschpflichten des Datenverarbeiters sind in § 35 Abs. 2 Satz 2 und 3 BDSG geregelt: 692

„Personenbezogene Daten sind zu löschen, wenn

1. ihre Speicherung unzulässig ist,

2. es sich um Daten über die rassische oder ethnische Herkunft, politische Meinungen, religiöse oder philosophische Überzeugungen, Gewerkschaftszugehörigkeit, Gesundheit, Sexualleben, strafbare Handlungen oder Ordnungswidrigkeiten handelt und ihre Richtigkeit von der verantwortlichen Stelle nicht bewiesen werden kann,

3. sie für eigene Zwecke verarbeitet werden, sobald ihre Kenntnis für die Erfüllung des Zwecks der Speicherung nicht mehr erforderlich ist, oder

4. sie geschäftsmäßig zum Zweck der Übermittlung verarbeitet werden und eine Prüfung jeweils am Ende des vierten, soweit es sich um Daten über erledigte Sachverhalte handelt und der Betroffene der Löschung nicht widerspricht, am Ende des dritten Kalenderjahres beginnend mit dem Kalenderjahr, das der erstmaligen Speicherung folgt, ergibt, dass eine länger währende Speicherung nicht erforderlich ist.

Personenbezogene Daten, die auf der Grundlage von § 28a Abs. 2 Satz 1 oder § 29 Abs. 1 Satz 1 Nr. 3 gespeichert werden, sind nach Beendigung des Vertrages auch zu löschen, wenn der Betroffene dies verlangt.“

■ Änderungen durch die DSGVO

Art. 17 Abs. 1 DSGVO gestaltet die Löschpflichten um zu einem Betroffenenrecht auf Löschung: 693

„Die betroffene Person hat das Recht, von dem Verantwortlichen zu verlangen, dass sie betreffende personenbezogene Daten unverzüglich gelöscht werden, und der Verantwortliche ist verpflichtet, personenbezogene Daten unverzüglich zu löschen, sofern einer der folgenden Gründe zutrifft:

a) Die personenbezogenen Daten sind für die Zwecke, für die sie erhoben oder auf sonstige Weise verarbeitet wurden, nicht mehr notwendig.

b) Die betroffene Person widerruft ihre Einwilligung, auf die sich die Verarbeitung gemäß Artikel 6 Absatz 1 Buchstabe a oder Artikel 9 Absatz 2 Buchstabe a stützte, und es fehlt an einer anderweitigen Rechtsgrundlage für die Verarbeitung.

c) Die betroffene Person legt gemäß Artikel 21 Absatz 1 Widerspruch gegen die Verarbeitung ein und es liegen keine vorrangigen berechtigten Gründe für die Verarbeitung vor, oder die betroffene Person legt gemäß Artikel 21 Absatz 2 Widerspruch gegen die Verarbeitung ein.

d) Die personenbezogenen Daten wurden unrechtmäßig verarbeitet.

e) Die Löschung der personenbezogenen Daten ist zur Erfüllung einer rechtlichen Verpflichtung nach dem Unionsrecht oder dem Recht der Mitgliedstaaten erforderlich, dem der Verantwortliche unterliegt.

f) Die personenbezogenen Daten wurden in Bezug auf angebotene Dienste der Informationsgesellschaft gemäß Artikel 8 Absatz 1 erhoben."

Rechtswidrige Speicherung

694 Nach Art. 17 Abs. 1 lit. a bis d DSGVO besteht ein Recht auf Löschung, wenn die weitere Verarbeitung und Speicherung der Daten rechtswidrig wäre:

- Wenn Daten zu dem Zweck, zu dem sie verarbeitet werden, nicht mehr benötigt werden (Art. 17 Abs. 1 lit. a DSGVO), ist ihre weitere Verarbeitung rechtswidrig (vgl. Art. 5 Abs. 1 lit. b DSGVO). Der Anspruch auf Löschung ist eine logische Folge.
- Ähnliches gilt für Art. 17 Abs. 1 lit. b DSGVO: Wenn eine Einwilligung widerrufen wird, ist eine weitere Verarbeitung der Daten unzulässig, auf die sich die Einwilligung ursprünglich bezog (vgl. Art. 7 Abs. 3 DSGVO).
- Auch beim Widerspruch gemäß Art. 21 Abs. 1 DSGVO ist der Anspruch auf Löschung (Art. 17 Abs. 1 lit. c DSGVO) die logische Folge eines Verarbeitungsverbots (vgl. Art. 21 Abs. 1 Satz 2 und Abs. 3 DSGVO.
- Auch bei einer von Anfang an rechtswidrigen Verarbeitung (Art. 17 Abs. 1 lit. d DSGVO) ist ein Löschungsanspruch selbstverständlich (vgl. Art. 6 Abs. 1 DSGVO).

Merke:

695 Nach Art. 18 Abs. 1 lit. b DSGVO kann der Betroffene bei einer rechtswidrigen Datenverarbeitung statt einer Löschung die Sperrung der Daten verlangen. Wenn ein solcher Anspruch auf Einschränkung der Verarbeitung erhoben wird, ist eine Löschung rechtswidrig.

Öffnungsklausel

696 Art. 17 Abs. 1 lit. e DSGVO ist eine Öffnungsklausel, die es den EU-Mitgliedsstaaten ermöglicht, zusätzliche Gesetze zur Löschung bestimmter personenbezogener Daten zu erlassen (bzw. bestehen zu lassen, wenn es derartige Gesetze bereits gibt).

Sonderregelung für Kinder

697 Art. 17 Abs. 1 lit. f DSGVO ist missverständlich formuliert. Ein unbedingter Löschungsanspruch gegen alle „Dienste der Informationsgesellschaft" (Telemedien) ist ersichtlich nicht gewollt. Vielmehr soll Art. 17 Abs. 1 lit. f DSGVO den Löschungsanspruch im Falle des Widerrufs einer Einwilligung (Art. 17 Abs. 1 lit. b DSGVO) besonders hervorheben, wenn der Betroffene zum Zeitpunkt der Einwilligung das Mindestalter für die Einwilligungsfähigkeit gemäß

Art. 8 Abs. 1 DSGVO noch nicht erreicht hatte und es an einer Einwilligung der „Träger der elterlichen Verantwortung" fehlte.

Dass Art. 17 Abs. 1 lit. f DSGVO neben Art. 17 Abs. 1 lit. b DSGVO keinen eigenständigen Bedeutungsgehalt hat, lässt sich den Erläuterungen entnehmen, die sich in Erwägungsgrund 65 Satz 3 und 4 DSGVO finden: 698

„Dieses Recht ist insbesondere wichtig in Fällen, in denen die betroffene Person ihre Einwilligung noch im Kindesalter gegeben hat und insofern die mit der Verarbeitung verbundenen Gefahren nicht in vollem Umfang absehen konnte und die personenbezogenen Daten – insbesondere die im Internet gespeicherten – später löschen möchte. Die betroffene Person sollte dieses Recht auch dann ausüben können, wenn sie kein Kind mehr ist."

Keine Sonderregelung für besonders sensitive Daten

Nicht durch Art. 17 Abs. 1 DSGVO übernommen wird die in § 35 Abs. 2 Satz 2 Nr. 2 BDSG geregelte Pflicht zur Löschung besonders sensitiver Daten, deren Richtigkeit der Verantwortliche nicht nachweisen kann. 699

Merke:

- Die Löschpflichten gemäß Art. 17 Abs. 1 DSGVO reichen nicht weiter als nach § 35 Abs. 2 BDSG. 700
- Grundsätzlich zu löschen sind alle Daten, deren (weitere) Speicherung, Vorhaltung und Nutzung rechtswidrig ist.

100. Was bedeutet „Löschung" eigentlich genau?

Anders als im BDSG (§ 3 Abs. 4 Nr. 5 BDSG: „Unkenntlichmachen gespeicherter personenbezogener Daten") findet sich in der DSGVO keine Definition der Anforderungen an eine Löschung: 701

- Art. 4 Nr. 2 DSGVO („das Löschen oder die Vernichtung") lässt sich entnehmen, dass es keiner „Vernichtung" der Daten bedarf.
- Es reicht aus, die Daten für den gewöhnlichen Gebrauch (z. B. Abruf über eine Kundendatenbank, Online-Abruf oder Abruf über ein E-Mail-Programm) unbenutzbar zu machen.
- Eine Löschung auf allen verfügbaren Datenträgern und eine Löschung sämtlicher Zwischen- und Sicherheitskopien sind nicht erforderlich.

101. Welche Ausnahmen gibt es bei den Löschungsansprüchen?

■ *Geltendes Recht*

Die Löschpflichten gemäß § 35 Abs. 2 Satz 2 und 3 BDSG gelten ausnahmslos. Einen Ausnahmetatbestand enthält § 35 BDSG nicht. 702

■ *Änderungen durch die DSGVO*

703 In Art. 17 Abs. 3 DSGVO finden sich diverse Ausnahmen von dem Löschungsanspruch:

„Die Absätze 1 und 2 gelten nicht, soweit die Verarbeitung erforderlich ist

a) zur Ausübung des Rechts auf freie Meinungsäußerung und Information;

b) zur Erfüllung einer rechtlichen Verpflichtung, die die Verarbeitung nach dem Recht der Union oder der Mitgliedstaaten, dem der Verantwortliche unterliegt, erfordert, oder zur Wahrnehmung einer Aufgabe, die im öffentlichen Interesse liegt oder in Ausübung öffentlicher Gewalt erfolgt, die dem Verantwortlichen übertragen wurde;

c) aus Gründen des öffentlichen Interesses im Bereich der öffentlichen Gesundheit gemäß Artikel 9 Absatz 2 Buchstaben h und i sowie Artikel 9 Absatz 3;

d) für im öffentlichen Interesse liegende Archivzwecke, wissenschaftliche oder historische Forschungszwecke oder für statistische Zwecke gemäß Artikel 89 Absatz 1, soweit das in Absatz 1 genannte Recht voraussichtlich die Verwirklichung der Ziele dieser Verarbeitung unmöglich macht oder ernsthaft beeinträchtigt, oder

e) zur Geltendmachung, Ausübung oder Verteidigung von Rechtsansprüchen.“

102. Wie sind die Ausnahmen im Einzelnen ausgestaltet?

Schutz der Kommunikationsfreiheit

704 Art. 17 Abs. 3 lit. a DSGVO erkennt den Konflikt zwischen den Rechten der Betroffenen „an ihren Daten“ und dem Grundrecht auf freie Kommunikation und Information (Art. 11 GRCh) an und soll verhindern, dass der Betroffene den Löschungsanspruch (Art. 17 Abs. 1 DSGVO) einsetzt, um gegen unliebsame Informationen über seine Person vorzugehen, deren Verbreitung durch Art. 11 GRCh geschützt ist.

Merke:

705 Gemäß Art. 85 Abs. 1 DSGVO sind die EU-Mitgliedsstaaten verpflichtet, den Ausgleich zwischen dem Datenschutz und der Kommunikations- und Informationsfreiheit gesetzlich auszugestalten. Diese Verpflichtung tritt neben den Ausnahmetatbestand des Art. 17 Abs. 3 lit. a DSGVO, der keiner Umsetzung durch die EU-Mitgliedsstaaten bedarf.

Rechtsverfolgung, Rechtsdurchsetzung, Rechtsverteidigung

706 Die Rechtsverfolgung, Rechtsdurchsetzung und Rechtsverteidigung sind nach der DSGVO als ein „berechtigtes Interesse“ anerkannt (vgl. Art. 9 Abs. 2 lit. f DSGVO). Der Betroffene hat daher keinen Anspruch auf Löschung personenbezogener Daten nach Art. 17 Abs. 1 DSGVO, wenn es um Daten geht, die der Verantwortliche zur Rechtsverfolgung, Rechtsdurchsetzung oder Rechtsverteidigung benötigt (Art. 17 Abs. 3 lit. f DSGVO).

Gesundheitsdaten, Archivierung, historische Forschung, Wissenschaft, Statistik

In Art. 17 Abs. 3 lit. c und d DSGVO finden sich Ausnahmebestimmungen für Gesundheitsdaten bzw. für Daten, die zu den Zwecken verarbeitet werden, die durch Art. 89 DSGVO erfasst sind (Archivierung, historische Forschung, Wissenschaft, Statistik). Löschungsansprüche bestehen nicht, soweit eine Löschung Daten betrifft, die zu den Zwecken benötigt werden, die in Art. 9 Abs. 2 lit. h und i sowie Art. 9 Abs. 3 DSGVO genannt werden. Dasselbe gilt für Daten, die für einen der in Art. 89 Abs. 1 DSGVO genannten Zwecke benötigt werden, wenn dieser Zweck durch eine Löschung vereitelt oder erheblich beeinträchtigt würde. 707

103. Für welche Fälle ist eine Sperrung von Daten vorgesehen?

■ *Geltendes Recht*

Die Sperrung von Daten ist nach § 35 Abs. 3 und 4 BDSG eine Auffanglösung für den Fall, dass eine Berichtigungs- oder Löschungspflicht nach § 35 Abs. 1 und 2 Satz 2 BDSG grundsätzlich besteht und zugleich Gründe vorliegen, die eine Sperrung der Daten als milderes Mittel angemessen erscheinen lassen: 708

- Fordert der Betroffene nach § 35 Abs. 1 BDSG eine Berichtigung von Daten und lässt sich weder die Richtigkeit noch die Unrichtigkeit der Daten feststellen, so besteht nach § 35 Abs. 4 BDSG eine Pflicht zur Sperrung.
- Eine Pflicht zur Sperrung besteht auch, wenn zwar die Voraussetzungen einer Löschungspflicht nach § 35 Abs. 2 Satz 2 BDSG vorliegen, eine Löschung jedoch schutzwürdige Interessen des Betroffenen beeinträchtigen würde oder nicht bzw. nur mit unverhältnismäßig hohem Aufwand möglich ist (§ 35 Abs. 3 Nr. 2 und 3 BDSG).
- Eine Pflicht zur Sperrung ist auch dann der gesetzlich geforderte Mittelweg, wenn gesetzliche, satzungsmäßige oder vertragliche Aufbewahrungspflichten bestehen und zugleich die Voraussetzungen für eine Löschpflicht nach § 35 Abs. 2 Satz 2 Nr. 3 BDSG erfüllt sind (§ 35 Abs. 3 Nr. 1 BDSG).

■ *Änderungen durch die DSGVO*

Die Voraussetzungen, unter denen der Betroffene vom Verantwortlichen eine „Einschränkung der Verarbeitung" (Sperrung) personenbezogener Daten verlangen kann, sind in Art. 18 Abs. 1 DSGVO geregelt: 709

„Die betroffene Person hat das Recht, von dem Verantwortlichen die Einschränkung der Verarbeitung zu verlangen, wenn eine der folgenden Voraussetzungen gegeben ist:

a) die Richtigkeit der personenbezogenen Daten von der betroffenen Person bestritten wird, und zwar für eine Dauer, die es dem Verantwortlichen ermöglicht, die Richtigkeit der personenbezogenen Daten zu überprüfen,

b) die Verarbeitung unrechtmäßig ist und die betroffene Person die Löschung der personenbezogenen Daten ablehnt und stattdessen die Einschränkung der Nutzung der personenbezogenen Daten verlangt;

c) der Verantwortliche die personenbezogenen Daten für die Zwecke der Verarbeitung nicht länger benötigt, die betroffene Person sie jedoch zur Geltendmachung, Ausübung oder Verteidigung von Rechtsansprüchen benötigt, oder

d) die betroffene Person Widerspruch gegen die Verarbeitung gemäß Artikel 21 Absatz 1 eingelegt hat, solange noch nicht feststeht, ob die berechtigten Gründe des Verantwortlichen gegenüber denen der betroffenen Person überwiegen."

Bestrittene Richtigkeit

710 Art. 18 Abs. 1 lit. a DSGVO entspricht § 35 Abs. 4 BDSG und ordnet eine Sperrung von Daten an, deren Richtigkeit der Betroffene bestritten hat. Die Sperrung hat anzudauern, bis der Verantwortliche eine Feststellung über die Richtigkeit oder Unrichtigkeit getroffen hat. Bevor die Sperrung aufgehoben wird, ist der Betroffene gemäß Art. 18 Abs. 3 DSGVO von der Aufhebung der Sperrung zu unterrichten.

Widerspruch des Betroffenen

711 Eine entsprechende Regelung trifft Art. 18 Abs. 1 lit. d DSGVO für den Zeitraum, den der Verantwortliche benötigt, um festzustellen, ob er bei einem Widerspruch des Betroffenen gegen die Datenverarbeitung das Überwiegen zwingender berechtigter Interessen nach Art. 21 Abs. 1 Satz 2 DSGVO geltend machen kann. Bevor die Sperrung aufgehoben wird, ist der Betroffene gemäß Art. 18 Abs. 3 DSGVO von der Aufhebung der Sperrung zu unterrichten.

Wahlrecht des Betroffenen

712 Art. 18 Abs. 1 lit. b DSGVO knüpft an Art. 17 Abs. 1 lit. a bis d DSGVO an und gibt dem Betroffenen in allen Fällen einer rechtswidrigen Datenverarbeitung ein Wahlrecht zwischen einem Löschungs- und einem Sperrungsanspruch.

Art. 18 Abs. 1 lit. c DSGVO – ein Sonderfall

713 In Art. 18 Abs. 1 lit. a, b und d DSGVO geht es um Fälle, in denen der Verantwortliche ein Interesse an der Datenverarbeitung hat, der Betroffene die Datenverarbeitung jedoch verhindern möchte.

714 Anders Art. 18 Abs. 1 lit. c DSGVO: Hier geht es um Fälle, in denen der Verantwortliche kein Interesse an den Daten und deren Verarbeitung hat, sie aber dennoch gespeichert halten muss, weil der Betroffene die Daten zur Geltendmachung, Ausübung oder Verteidigung von Rechte benötigt.

104. Welche Pflichten hat der Datenverarbeiter bei einer Sperrung?

Verarbeitungsverbot

Wenn der Verantwortliche nach Art. 18 Abs. 1 DSGVO zur „Einschränkung der Verarbeitung" (Sperrung) verpflichtet ist, dürfen die Daten nach Art. 18 Abs. 2 DSGVO weiterhin gespeichert werden. Allerdings ist eine (weitere) Verarbeitung nur noch erlaubt 715

- mit Einwilligung des Betroffenen;
- zur Rechtsverfolgung, Rechtsausübung oder Rechtsverteidigung;
- zum Schutz der Rechte einer anderen natürlichen oder juristischen Person oder
- aus wichtigen Gründen des öffentlichen Interesses der EU oder eines EU-Mitgliedsstaats.

Kennzeichnungspflicht

Um das Verarbeitungsverbot umzusetzen, bedarf es einer Kennzeichnung der gesperrten Daten. Dies ergibt sich aus der Definition des Begriffs der Sperrung, die sich in Art. 4 Nr. 3 DSGVO findet: 716

„die Markierung gespeicherter personenbezogener Daten mit dem Ziel, ihre künftige Verarbeitung einzuschränken".

Nähere Erläuterungen finden sich in Erwägungsgrund 67 DSGVO: 717

„Methoden zur Beschränkung der Verarbeitung personenbezogener Daten könnten unter anderem darin bestehen, dass ausgewählte personenbezogenen Daten vorübergehend auf ein anderes Verarbeitungssystem übertragen werden, dass sie für Nutzer gesperrt werden oder dass veröffentliche Daten vorübergehend von einer Website entfernt werden. In automatisierten Dateisystemen sollte die Einschränkung der Verarbeitung grundsätzlich durch technische Mittel so erfolgen, dass die personenbezogenen Daten in keiner Weise weiterverarbeitet werden und nicht verändert werden können. Auf die Tatsache, dass die Verarbeitung der personenbezogenen Daten beschränkt wurde, sollte in dem System unmissverständlich hingewiesen werden."

105. Gibt es ein „Recht auf Vergessen"?

Das Recht des Betroffenen auf Löschung wird in der Überschrift des Art. 17 DSGVO als „Recht auf Vergessenwerden" bezeichnet. Dem entspricht es, dass Art. 17 und Art. 19 DSGVO den Verantwortlichen nicht nur zur Löschung, sondern auch zu einer Benachrichtigung Dritter verpflichten. 718

■ *Geltendes Recht*

Benachrichtigungspflichten sind nicht neu und in § 35 Abs. 7 BDSG geregelt. Sie knüpfen an eine bereits erfolgte Datenübermittlung an Dritte an: 719

„Von der Berichtigung unrichtiger Daten, der Sperrung bestrittener Daten sowie der Löschung oder Sperrung wegen Unzulässigkeit der Speicherung sind die Stellen zu verständigen, denen im Rahmen einer Datenübermittlung diese Daten zur Speicherung weitergegeben wurden, wenn dies keinen unverhältnismäßigen Aufwand erfordert und schutzwürdige Interessen des Betroffenen nicht entgegenstehen."

■ *Änderungen durch die DSGVO*

Benachrichtigung nach Datenübermittlung

720 Art. 19 Satz 1 DSGVO entspricht § 35 Abs. 7 BDSG und verpflichtet den Verantwortlichen zur Benachrichtigung von Datenempfängern im Falle der Berichtigung, Löschung und Sperre:

„Der Verantwortliche teilt allen Empfängern, denen personenbezogenen Daten offengelegt wurden, jede Berichtigung oder Löschung der personenbezogenen Daten oder eine Einschränkung der Verarbeitung nach Artikel 16, Artikel 17 Absatz 1 und Artikel 18 mit, es sei denn, dies erweist sich als unmöglich oder ist mit einem unverhältnismäßigen Aufwand verbunden."

Auskunftsrecht des Betroffenen

721 Ergänzend (und neu) schreibt Art. 19 Satz 2 DSGVO eine Information des Betroffenen über die Datenempfänger vor für den Fall, dass der Betroffene eine solche Information anfordert:

„Der Verantwortliche unterrichtet die betroffene Person über diese Empfänger, wenn die betroffene Person dies verlangt."

Benachrichtigung nach Veröffentlichung

722 Art. 17 Abs. 2 DSGVO erweitert die Benachrichtigungspflichten bei Daten, die der Verantwortliche „öffentlich gemacht" hat, um Pflichten zur Unterbindung einer weiteren Verbreitung:

„Hat der Verantwortliche die personenbezogenen Daten öffentlich gemacht und ist er gemäß Absatz 1 zu deren Löschung verpflichtet, so trifft er unter Berücksichtigung der verfügbaren Technologie und der Implementierungskosten angemessene Maßnahmen, auch technischer Art, um für die Datenverarbeitung Verantwortliche, die die personenbezogenen Daten verarbeiten, darüber zu informieren, dass eine betroffene Person von ihnen die Löschung aller Links zu diesen personenbezogenen Daten oder von Kopien oder Replikationen dieser personenbezogenen Daten verlangt hat."

Merke:

723 Der Begriff des „Öffentlichmachens" ist in der DSGVO nicht definiert. Man wird ihn so verstehen müssen, dass damit die Ermöglichung des Zugriffs durch einen unbestimmten Personenkreis gemeint ist.

Bei der Umsetzung des Art. 17 Abs. 2 DSGVO ist Folgendes zu beachten: 724

- Zu benachrichtigen sind alle Stellen, die die gelöschten Daten verarbeiten. Hierzu zählen insbesondere die Betreiber von Suchmaschinen (EuGH vom 13.5.2014, Az. C-131/12 – Google Spain).
- Die Benachrichtigungspflicht beschränkt sich auf „zumutbare" Maßnahmen. Der Verantwortliche ist nicht zu übermäßigem oder unverhältnismäßigem Aufwand verpflichtet.
- Die Verpflichtung richtet sich auch auf den Einsatz von „Maßnahmen technischer Art". Eine Suche nach „Kopie oder Replikationen" der Daten mit gängigen Methoden im Internet (z. B. Google-Suche) ist somit erforderlich.

106. Wie ist das Recht auf „Datenübertragbarkeit" geregelt?

Übersicht: Datenportabilität

Voraussetzungen des Anspruchs 725

- Die Daten müssen unmittelbar vom Betroffenen stammen (Art. 13 DSGVO).
- Die Verarbeitung muss auf der Grundlage einer Einwilligung des Betroffenen oder zur Erfüllung eines Vertrages mit dem Betroffenen erfolgen.

Inhalt des Anspruchs 726

- Herausgabe aller Daten, die sich auf den Betroffenen beziehen,
- in strukturierter Form und
- in einem gängigen, maschinenlesbaren Format;
- Herausgabe an den Betroffenen oder – nach Wahl des Betroffenen – an einen anderen Verantwortlichen (Art. 20 Abs. 2 DSGVO).

Ausschluss des Anspruchs 727

- Kein Recht auf Portabilität, wenn eine Portierung die Rechte und Freiheiten Dritter beeinträchtigen würde, insbesondere
  - Datenschutzrechte Dritter, wenn deren personenbezogene Daten von personenbezogenen Daten des Betroffenen nicht zu trennen sind;
  - Rechte des Verantwortlichen (insbesondere Urheberrechte; gewerbliche Schutzreche; Betriebs- und Geschäftsgeheimnisse)
- Kein Recht auf Herausgabe an einen anderen Verantwortlichen, wenn dies technisch nicht machbar ist (Art. 20 Abs. 2 DSGVO).

Anspruchsvoraussetzungen

Das Recht auf „Datenportabilität" (Datenübertragbarkeit) ist neu. Es ist in Art. 20 Abs. 1 DSGVO geregelt: 728

„Die betroffene Person hat das Recht, die sie betreffenden personenbezogenen Daten, die sie einem Verantwortlichen bereitgestellt hat, in einem strukturierten, gängigen und maschinenlesbaren Format zu erhalten, und sie hat das Recht, diese Daten einem anderen Verantwortlichen ohne Behinderung durch den Verantwortlichen, dem die personenbezogenen Daten bereitgestellt wurden, zu übermitteln, sofern

a) die Verarbeitung auf einer Einwilligung gemäß Artikel 6 Absatz 1 Buchstabe a oder Artikel 9 Absatz 2 Buchstabe a oder auf einem Vertrag gemäß Artikel 6 Absatz 1 Buchstabe b beruht und

b) die Verarbeitung mithilfe automatisierter Verfahren erfolgt."

729 Das Recht auf „Datenportabiliät" besteht nur in den Fällen des Art. 13 DSGVO, da es unter der Voraussetzung steht, dass der Verantwortliche die Daten vom Betroffenen erhalten hat. Hat der Datenverarbeiter die Daten anderweitig erlangt (vgl. Art. 14 DSGVO), findet Art. 20 Abs. 1 DSGVO keine Anwendung.

Form der Datenübertragung

730 Die Vorgaben zur strukturierten Form und zu einem gängigen, maschinenlesbaren Format in Art. 20 Abs. 1 DSGVO bedeuten nicht, dass eine Interoperabiltät bzw. Kompatibilität vorgeschrieben wird. Dies stellt Erwägungsgrund 68 Satz 7 DSGVO klar:

„Das Recht der betroffenen Person, sie betreffende personenbezogene Daten zu übermitteln oder zu empfangen, sollte für den Verantwortlichen nicht die Pflicht begründen, technisch kompatible Datenverarbeitungssysteme zu übernehmen oder beizubehalten."

731 Allerdings sollen Verantwortliche laut Erwägungsgrund 68 Satz 2 DSGVO „aufgefordert" werden, kompatible Formate zu entwickeln, um die Portabilität von Daten zu erleichtern:

„Die Verantwortlichen sollten dazu aufgefordert werden, interoperable Formate zu entwickeln, die die Datenübertragbarkeit ermöglichen."

Ausschlussgründe

732 Art. 20 Abs. 4 DSGVO schließt das Recht auf „Datenportabilität" zum einen aus, wenn durch eine Portierung von Daten die Rechte und Freiheiten anderer beeinträchtigt würden. Hiermit sind Fälle gemeint, in denen die Portierung personenbezogene Daten Dritter erfassen würde, wie Erwägungsgrund 68 Satz 8 DSGVO klarstellt:

„Ist im Fall eines bestimmten Satzes personenbezogener Daten mehr als eine betroffene Person tangiert, so sollte das Recht auf Empfang der Daten die Grundrechte und Grundfreiheiten anderer betroffener Personen nach dieser Verordnung unberührt lassen."

733 Zum anderen betrifft Art. 20 Abs. 4 DSGVO Fälle, in denen durch die Portierung Betriebs- oder Geschäftgeheimnisse offen gelegt oder Rechte an geistigem Eigentum (insbesondere Urheberrechte) verletzt würden.

II. Datenschutzaufsicht

Art. 51 bis 76 DSGVO befassen sich mit den Datenschutzbehörden und deren Zusammenwirken bei der datenschutzrechtlichen Kontrolle und Aufsicht in ganz Europa. 734

107. Welche Anforderungen stellt die DSGVO an die Datenschutzaufsicht?

Nach Art. 51 Abs. 1 DSGVO muss es in jedem EU-Mitgliedsstaat mindestens eine Aufsichtsbehörde geben. Die Aufsichtsbehörden sind verpflichtet, an einer einheitlichen Anwendung der DSGVO in ganz Europa mitzuwirken und mit den anderen Aufsichtsbehörden und der Europäischen Kommission zusammenzuarbeiten (Art. 51 Abs. 2 DSGVO). 735

Wenn es in einem EU-Mitgliedsstaat mehr als eine Aufsichtsbehörde gibt, muss der jeweilige Mitgliedsstaat festlegen, welche dieser Behörden die anderen Behörden im Europäischen Datenschutzausschuss vertritt. Zugleich muss der Mitgliedsstaat ein Verfahren einführen, mit dem sichergestellt wird, dass die anderen Behörden die Regeln für das Kohärenzverfahren nach Art. 63 DSGVO einhalten (Art. 51 Abs. 3 DSGVO). 736

Merke:

> Durch Art. 51 Abs. 3 DSGVO wird der deutsche Gesetzgeber zum Schiedsrichter bei der Zusammenarbeit der nationalen Aufsichtsbehörden und bei deren Repräsentanz im Europäischen Datenschutzausschuss. Dies wird zu einem schwierigen Balanceakt, da der Gesetzgeber zugleich die Unabhängigkeit der Aufsichtsbehörden zu gewährleisten und zu respektieren hat (Art. 52 DSGVO). 737

Die EU-Mitgliedsstaaten sind nach Art. 52 DSGVO verpflichtet, für eine Unabhängigkeit der Aufsichtsbehörden Sorge zu tragen. Zu diesem Zweck sind die Behörden personell, technisch und finanziell angemessen auszustatten (Art. 52 Abs. 4 DSGVO): 738

„Jeder Mitgliedstaat stellt sicher, dass jede Aufsichtsbehörde mit den personellen, technischen und finanziellen Ressourcen, Räumlichkeiten und Infrastrukturen ausgestattet wird, die sie benötigt, um ihre Aufgaben und Befugnisse auch im Rahmen der Amtshilfe, Zusammenarbeit und Mitwirkung im Ausschuss effektiv wahrnehmen zu können."

Nach Art. 54 DSGVO sind die EU-Mitgliedsstaaten gehalten, alle wesentlichen Bestimmungen zur Errichtung von Aufsichtsbehörden und zu den Rechten und Pflichten der Behördenspitzen gesetzlich zu regeln. Art. 53 DSGVO schreibt ein transparentes Verfahren zur Berufung und Abberufung der Behördenspitzen vor. 739

108. Welche Aufgaben haben die Aufsichtsbehörden?

740 Der Aufgabenkatalog des Art. 57 DSGVO ist lang. Hervorheben lassen sich folgende Verpflichtungen:

- die Verpflichtung, die Öffentlichkeit für die Risiken, Vorschriften, Garantien und Rechte im Zusammenhang mit der Verarbeitung personenbezogener Daten zu sensibilisieren, die Öffentlichkeit darüber aufzuklären und hierbei ein besonderes Gewicht auf spezifische Maßnahmen für Kinder zu legen (Art. 57 Abs. 1 lit. b DSGVO);
- die Verpflichtung, die Verantwortlichen und die Auftragsverarbeiter für die ihnen aus dieser Verordnung entstehenden Pflichten zu sensibilisieren (Art. 57 Abs. 1 lit. d DSGVO);
- die Verpflichtung, interne Verzeichnisse über Verstöße gegen die DSGVO und gemäß Artikel 58 Abs. 2 DSGVO ergriffene Maßnahmen zu führen (Art. 57 Abs. 1 lit. u DSGVO);
- die Verpflichtung, Beschwerden (Art. 77 DSGVO) zu erleichtern durch Maßnahmen wie etwa die Bereitstellung eines Beschwerdeformulars, das auch elektronisch ausgefüllt werden kann, ohne dass andere Kommunikationsmittel ausgeschlossen werden (Art. 57 Abs. 2 DSGVO).

741 Die Aufsichtsbehörde darf von den Betroffenen und den betrieblichen Datenschutzbeauftragten keine Gebühren für ihre Tätigkeit verlangen (Art. 57 Abs. 3 DSGVO). Zulässig sind lediglich Missbrauchsgebühren bei offensichtlich unbegründeten oder exzessiven Anfragen (Art. 57 Abs. 4 DSGVO).

742 Art. 59 DSGVO verpflichtet die Aufsichtsbehörden zu Jahresberichten über ihre Tätigkeit, die zu veröffentlichen sind.

109. Welche Befugnisse haben die Aufsichtsbehörden?

743 Art. 58 DSGVO unterscheidet zwischen Untersuchungsbefugnissen, Abhilfebefugnissen und Genehmigungsbefugnissen sowie beratenden Befugnissen. Nach Art. 58 Abs. 6 DSGVO steht es den EU-Mitgliedsstaaten frei, die Befugniskataloge des Art. 58 Abs. 1 bis 3 DSGVO durch weitere Befugnisse zu ergänzen.

Untersuchungsbefugnisse

744 Die Untersuchungsbefugnisse sind in Art. 58 Abs. 1 DSGVO geregelt. Sie umfassen insbesondere:

- die Befugnis, den Verantwortlichen, den Auftragsverarbeiter und ggf. den Vertreter anzuweisen, alle Informationen bereitzustellen, die für die Erfüllung der Aufgaben der Aufsichtsbehörde erforderlich sind (Art. 58 Abs. 1 lit. a DSGVO);

- die Befugnis, vom Verantwortlichen und vom Auftragsverarbeiter Zugang zu erhalten zu allen personenbezogenen Daten und Informationen, die zur Erfüllung der Aufgaben der Aufsichtsbehörde notwendig sind (Art. 58 Abs. 1 lit. e DSGVO);
- die Befugnis, gemäß dem Verfahrensrecht der EU oder dem Verfahrensrecht des jeweiligen EU-Mitgliedstaats Zugang zu den Geschäftsräumen einschließlich aller Datenverarbeitungsanlagen und -geräte des Verantwortlichen und des Auftragsverarbeiters zu erhalten (Art. 58 Abs. 1 lit. f DSGVO);
- die Befugnis, Untersuchungen in Form von Datenschutzüberprüfungen durchzuführen (Art. 58 Abs. 1 lit. b DSGVO).

Nach Art. 90 Abs. 1 DSGVO sind die Mitgliedsstaaten befugt, Sonderbestim- 745
mungen für den Zugriff und den Zugang der Aufsichtsbehörden nach Art. 58 Abs. 1 lit. e und f DSGVO zum Schutz von Berufsgeheimnisträgern zu erlassen:

„Die Mitgliedstaaten können die Befugnisse der Aufsichtsbehörden im Sinne des Artikels 58 Absatz 1 Buchstaben e und f gegenüber den Verantwortlichen oder den Auftragsverarbeitern, die nach Unionsrecht oder dem Recht der Mitgliedstaaten oder nach einer von den zuständigen nationalen Stellen erlassenen Verpflichtung dem Berufsgeheimnis oder einer gleichwertigen Geheimhaltungspflicht unterliegen, regeln, soweit dies notwendig und verhältnismäßig ist, um das Recht auf Schutz der personenbezogenen Daten mit der Pflicht zur Geheimhaltung in Einklang zu bringen. Diese Vorschriften gelten nur in Bezug auf personenbezogene Daten, die der Verantwortliche oder der Auftragsverarbeiter bei einer Tätigkeit erlangt oder erhoben hat, die einer solchen Geheimhaltungspflicht unterliegt.“

Abhilfebefugnisse

Die Abhilfebefugnisse sind in Art. 58 Abs. 2 DSGVO geregelt. Sie umfassen 746
insbesondere:

- die Befugnis, einen Verantwortlichen oder einen Auftragsverarbeiter zu warnen, dass beabsichtigte Verarbeitungsvorgänge voraussichtlich gegen Bestimmungen der DSGVO verstoßen (Art. 58 Abs. 2 lit. a DSGVO);
- die Befugnis, einen Verantwortlichen oder einen Auftragsverarbeiter zu verwarnen, wenn er mit Verarbeitungsvorgängen gegen Bestimmungen der DSGVO verstoßen hat (Art. 58 Abs. 2 lit. b DSGVO);
- die Befugnis, den Verantwortlichen oder den Auftragsverarbeiter anzuweisen, Verarbeitungsvorgänge gegebenenfalls auf bestimmte Weise und innerhalb eines bestimmten Zeitraums in Einklang mit der DSGVO zu bringen (Art. 58 Abs. 2 lit. d DSGVO);
- die Befugnis, eine vorübergehende oder endgültige Beschränkung der Verarbeitung, einschließlich eines Verbots, zu verhängen (Art. 58 Abs. 2 lit. f DSGVO);

- die Befugnis, die Berichtigung oder Löschung von personenbezogenen Daten oder die Einschränkung der Verarbeitung gemäß Art. 16, 17 und 18 DSGVO und die Unterrichtung der Empfänger, an die diese personenbezogenen Daten gemäß Art. 17 Abs. 2 DSGVO und Art. 19 DSGVO offengelegt wurden, über solche Maßnahmen anzuordnen (Art. 58 Abs. 2 lit. g DSGVO);
- die Befugnis, nach Art. 83 DSGVO Bußgelder zu verhängen (Art. 58 Abs. 2 lit. i DSGVO);
- die Befugnis, die Aussetzung der Übermittlung von Daten an einen Empfänger in einem Drittland oder an eine internationale Organisation anzuordnen (Art. 58 Abs. 2 lit. j DSGVO).

Genehmigungsbefugnisse, beratende Befugnisse

747 Die Genehmigungsbefugnisse und die beratenden Befugnisse der Aufsichtsbehörden finden sich in Art. 58 Abs. 3 DSGVO. Sie umfassen unter anderem die Befugnis zu öffentlichen Stellungnahmen und zu Stellungnahmen gegenüber den nationalen Parlamenten, Regierungen und Einrichtungen (Art. 58 Abs. 3 lit. b DSGVO).

110. Welchen Rechtsschutz gibt es?

748 Art. 78 Abs. 1 DSGVO gewährleistet jeder natürlichen und juristischen Person gerichtlichen Rechtsschutz, sofern sie von der Entscheidung einer Datenschutzbehörde betroffen ist:

> „Jede natürliche oder juristische Person hat unbeschadet eines anderweitigen verwaltungsrechtlichen oder außergerichtlichen Rechtsbehelfs das Recht auf einen wirksamen gerichtlichen Rechtsbehelf gegen einen sie betreffenden rechtsverbindlichen Beschluss einer Aufsichtsbehörde."

749 Auch nach Inkrafttreten der DSGVO steht dem Adressaten einer aufsichtsbehördlichen Maßnahme somit der Verwaltungsrechtsweg offen (§ 40 VwGO).

111. Wann ist eine Aufsichtsbehörde „federführend"?

750 Bei einer grenzüberschreitenden Datenverarbeitung stellt sich die Frage, welche Behörde für Maßnahmen nach Art. 58 DSGVO zuständig ist. Diese Frage ist von besonderem Interesse für Unternehmen aus dem nicht-europäischen Ausland, die Waren oder Dienstleistungen in ganz Europa anbieten möchten. Diese Unternehmen müssen sich bislang mit den Aufsichtsbehörden sämtlicher EU-Mitgliedsstaaten auseinandersetzen, da es nach geltendem Recht keine zentrale Zuständigkeit einer Aufsichtsbehörde gibt.

751 Nach Art. 56 Abs. 1 DSGVO wird die Aufsichtsbehörde als „federführende Aufsichtsbehörde" zur zentralen Anlaufstelle, die für den Sitz der europäischen Hauptniederlassung des Datenverarbeiters zuständig ist.

112. Wonach bestimmt sich die „Hauptniederlassung" eines Unternehmens?

Sitz der europäischen Hauptverwaltung

Der Begriff der Hauptniederlassung wird in Art. 4 Nr. 16 DSGVO definiert: 752

„‚Hauptniederlassung'

a) im Falle eines Verantwortlichen mit Niederlassungen in mehr als einem Mitgliedstaat den Ort seiner Hauptverwaltung in der Union, es sei denn, die Entscheidungen hinsichtlich der Zwecke und Mittel der Verarbeitung personenbezogener Daten werden in einer anderen Niederlassung des Verantwortlichen in der Union getroffen und diese Niederlassung ist befugt, diese Entscheidungen umsetzen zu lassen; in diesem Fall gilt die Niederlassung, die derartige Entscheidungen trifft, als Hauptniederlassung;

b) im Falle eines Auftragsverarbeiters mit Niederlassungen in mehr als einem Mitgliedstaat den Ort seiner Hauptverwaltung in der Union oder, sofern der Auftragsverarbeiter keine Hauptverwaltung in der Union hat, die Niederlassung des Auftragsverarbeiters in der Union, in der die Verarbeitungstätigkeiten im Rahmen der Tätigkeiten einer Niederlassung eines Auftragsverarbeiters hauptsächlich stattfinden, soweit der Auftragsverarbeiter spezifischen Pflichten aus dieser Verordnung unterliegt".

Ausnahmen

Es kommt somit auf den Sitz der europäischen Hauptverwaltung an mit folgenden Ausnahmen: 753

- Beim Verantwortlichen ist der Sitz einer anderen Niederlassung maßgebend, wenn
  - in dieser Niederlassung die Entscheidungen über die Zwecke und Mittel der Datenverarbeitung getroffen werden und
  - diese Niederlassung auch tatsächlich befugt ist, diese Entscheidungen umzusetzen.
- Beim Auftragsverarbeiter kommt es auf den Sitz der Niederlassung an, bei der die Verarbeitungstätigkeiten hauptsächlich stattfinden, sofern es an einer europäischen Hauptverwaltung fehlt.

Anders als beim Auftragsverarbeiter kommt es beim Verantwortlichen nie auf den Ort an, an dem die Datenverarbeitung tatsächlich stattfindet. Gemäß Erwägungsgrund 36 Satz 4 und 5 DSGVO gilt dies gerade auch dann, wenn auf den Ort der Entscheidungen über die Zwecke und Mittel der Datenverarbeitung abzustellen ist: 754

„Dabei sollte nicht ausschlaggebend sein, ob die Verarbeitung der personenbezogenen Daten tatsächlich an diesem Ort ausgeführt wird. Das Vorhandensein und die Verwendung technischer Mittel und Verfahren zur Verarbeitung personenbezogener Daten oder Verarbeitungstätigkeiten begründen an sich noch keine Hauptniederlassung und sind daher kein ausschlaggebender Faktor für das Bestehen einer Hauptniederlassung."

Konzerne

755 Für den Konzern sieht Erwägungsgrund 36 Satz 9 DSGVO eine einheitliche Hauptniederlassung vor, die sich grundsätzlich am Ort der Hauptniederlassung des beherrschenden Unternehmens befindet:

> „Wird die Verarbeitung durch eine Unternehmensgruppe vorgenommen, so sollte die Hauptniederlassung des herrschenden Unternehmens als Hauptniederlassung der Unternehmensgruppe gelten, es sei denn, die Zwecke und Mittel der Verarbeitung werden von einem anderen Unternehmen festgelegt."

756 Der einheitliche Konzernsitz eröffnet dem Konzern die Möglichkeit, alle datenschutzrechtlichen Fragen, die sich in den Konzernunternehmen stellen, mit nur einer („federführenden") Aufsichtsbehörde abzustimmen, die die zentrale Zuständigkeit hat (Art. 56 Abs. 1 DSGVO).

Unternehmen ohne europäische Niederlassung

757 Die DSGVO gilt in den Fällen des Art. 3 Abs. 2 DSGVO (Angebot von Waren und Dienstleistungen in Europa und „Beobachtung" des Verhaltens europäischer Bürger) auch dann, wenn ein außereuropäisches Unternehmen in keinem EU-Mitgliedsstaat eine Niederlassung unterhält. Welche Aufsichtsbehörde in diesen Fällen „federführend" ist, lässt Art. 56 DSGVO ebenso offen wie die Frage, ob es in den Fällen des Art. 3 Abs. 2 DSGVO überhaupt eine „federführende Aufsichtsbehörde" gibt.

113. Wann ist eine Aufsichtsbehörde „betroffen"?

758 Trotz ihrer zentralen Zuständigkeit ist die „federführende" Aufsichtsbehörde in vielen Fällen verpflichtet, sich mit anderen europäischen Aufsichtsbehörden abzustimmen, bevor in einem konkreten Fall Entscheidungen getroffen werden können.

759 Die DSGVO bezeichnet die Aufsichtsbehörden, die in den Abstimmungsprozess einbezogen werden müssen, als „betroffene" Aufsichtsbehörden. Art. 4 Nr. 22 DSGVO definiert die „betroffene" Aufsichtsbehörde als

> „eine Aufsichtsbehörde, die von der Verarbeitung personenbezogener Daten betroffen ist, weil
>
> a) der Verantwortliche oder der Auftragsverarbeiter im Hoheitsgebiet des Mitgliedstaats dieser Aufsichtsbehörde niedergelassen ist,
>
> b) diese Verarbeitung erhebliche Auswirkungen auf betroffene Personen mit Wohnsitz im Mitgliedstaat dieser Aufsichtsbehörde hat oder haben kann oder
>
> c) eine Beschwerde bei dieser Aufsichtsbehörde eingereicht wurde."

Ergänzend wird in Erwägungsgrund 124 Satz 2 und 3 DSGVO der Kreis der Aufsichtsbehörden abgesteckt, mit der die „federführende" Aufsichtsbehörde zusammenarbeiten muss:

„Sie sollte mit den anderen Behörden zusammenarbeiten, die betroffen sind, weil der Verantwortliche oder Auftragsverarbeiter eine Niederlassung im Hoheitsgebiet ihres Mitgliedstaats hat, weil die Verarbeitung erhebliche Auswirkungen auf betroffene Personen mit Wohnsitz in ihrem Hoheitsgebiet hat oder weil bei ihnen eine Beschwerde eingelegt wurde. Auch wenn eine betroffene Person ohne Wohnsitz in dem betreffenden Mitgliedstaat eine Beschwerde eingelegt hat, sollte die Aufsichtsbehörde, bei der Beschwerde eingelegt wurde, auch eine betroffene Aufsichtsbehörde sein."

„Betroffene" Aufsichtsbehörden sind somit: 760

- die Aufsichtsbehörden aller EU-Mitgliedsstaaten, in denen der Verantwortliche bzw. Auftragsverarbeiter eine Niederlassung hat;
- die Aufsichtsbehörden aller EU-Mitgliedsstaaten, in denen Bürger wohnhaft sind, die von der Datenverarbeitung erheblich betroffen sind;
- die Aufsichtsbehörde, bei der eine Beschwerde eines Betroffenen gemäß Art. 77 Abs. 1 DSGVO eingegangen ist.

Merke:

Für Online-Dienste, die europaweit abrufbar sind, und für multinationale Unternehmen mit Niederlassungen in ganz Europa bedeutet dies, dass jede Maßnahme der „federführenden" Aufsichtsbehörde grundsätzlich einer Abstimmung mit den Aufsichtsbehörden sämtlicher anderen EU-Mitgliedsstaaten bedarf. 761

114. Wie funktioniert das Abstimmungsverfahren unter den Aufsichtsbehörden?

Das Abstimmungsverfahren unter den Aufsichtsbehörden ist in Art. 60 DSGVO geregelt. 762

Nach Art. 60 Abs. 1 Satz 1 DSGVO soll bei allen Entscheidungen nach Möglichkeit ein Konsens der „federführenden" Aufsichtsbehörde mit allen „betroffenen" Aufsichtsbehörden erzielt werden: 763

„Die federführende Aufsichtsbehörde arbeitet mit den anderen betroffenen Aufsichtsbehörden im Einklang mit diesem Artikel zusammen und bemüht sich dabei, einen Konsens zu erzielen."

Damit das Konsensprinzip den Entscheidungsprozess nicht übermäßig verzögert, soll das Abstimmungsverfahren auf der Grundlage eines Entscheidungsentwurfs geführt werden, den die „federführende" Aufsichtsbehörde erstellt (Art. 60 Abs. 3 DSGVO). Alle „betroffenen" Aufsichtsbehörden haben die Gelegenheit, innerhalb von vier Wochen zu dem Entwurf Stellung zu nehmen und einen „maßgeblichen und begründeten Einspruch" einzulegen (vgl. Art. 60 Abs. 4 DSGVO). 764

765 Nach Art. 4 Nr. 24 DSGVO gelten folgende Anforderungen:

> „‚maßgeblicher und begründeter Einspruch' einen Einspruch gegen einen Beschlussentwurf im Hinblick darauf, ob ein Verstoß gegen diese Verordnung vorliegt oder ob die beabsichtigte Maßnahme gegen den Verantwortlichen oder den Auftragsverarbeiter im Einklang mit dieser Verordnung steht, wobei aus diesem Einspruch die Tragweite der Risiken klar hervorgeht, die von dem Beschlussentwurf in Bezug auf die Grundrechte und Grundfreiheiten der betroffenen Personen und gegebenenfalls den freien Verkehr personenbezogener Daten in der Union ausgehen".

766 Ist der Einspruch „maßgeblich und begründet", ist die „federführende" Behörde verpflichtet, den Europäischen Datenschutzausschuss anzurufen und um eine Entscheidung zu bitten (Art. 60 Abs. 4 und Art. 65 Abs. 1 lit. a DSGVO). Der Europäische Datenschutzausschuss trifft daraufhin innerhalb von maximal zwei Monaten eine Entscheidung, die für alle Beteiligten verbindlich ist (Art. 65 Abs. 2 DSGVO).

115. Gibt es Ausnahmen von der Zuständigkeit der „federführenden" Aufsichtsbehörde?

767 Bei Beschwerden und Datenschutzverstößen, die nur einen EU-Mitgliedsstaat betreffen, ist ausschließlich die Aufsichtsbehörde dieses Mitgliedsstaates zuständig (Art. 56 Abs. 2 DSGVO). Bevor diese Behörde indes eine Entscheidung trifft, muss sie die „führende" Aufsichtsbehörde verständigen und ihr die Gelegenheit geben, den Fall an sich zu ziehen (Art. 56 Abs. 3 bis 5 DSGVO).

768 Nach Erwägungsgrund 127 Satz 3 und 4 DSGVO hat die „federführende" Aufsichtsbehörde ein weites Ermessen bei der Entscheidung über die Übernahme eines „lokalen" Falls:

> „Nach ihrer Unterrichtung sollte die federführende Aufsichtsbehörde entscheiden, ob sie den Fall nach den Bestimmungen zur Zusammenarbeit zwischen der federführenden Aufsichtsbehörde und anderen betroffenen Aufsichtsbehörden gemäß der Vorschrift zur Zusammenarbeit zwischen der federführenden Aufsichtsbehörde und anderen betroffenen Aufsichtsbehörden (im Folgenden „Verfahren der Zusammenarbeit und Kohärenz") regelt oder ob die Aufsichtsbehörde, die sie unterrichtet hat, den Fall auf örtlicher Ebene regeln sollte. Dabei sollte die federführende Aufsichtsbehörde berücksichtigen, ob der Verantwortliche oder der Auftragsverarbeiter in dem Mitgliedstaat, dessen Aufsichtsbehörde sie unterrichtet hat, eine Niederlassung hat, damit Beschlüsse gegenüber dem Verantwortlichen oder dem Auftragsverarbeiter wirksam durchgesetzt werden."

Merke:

769 Geht es um die Übermittlung von Daten in ein Drittland nach Art. 44 ff. DSGVO, ist stets allein die „federführende" Aufsichtsbehörde zuständig (Art. 56 Abs. 6 DSGVO).

116. Welche Aufgaben hat der Europäische Datenschutzausschuss?

Der Europäische Datenschutzausschuss (Ausschuss) ist eine juristische Person 770 (Art. 68 Abs. 1 DSGVO). Zugleich ist der Ausschuss ein 29-köpfiges Gremium, das sich aus je einem Vertreter der Aufsichtsbehörden aller EU-Mitgliedsstaaten und dem EU-Datenschutzbeauftragten zusammensetzt (Art. 68 Abs. 3 DSGVO). Aus seiner Mitte wählt der Ausschuss einen Vorsitzenden und zwei stellvertretende Vorsitzende (Art. 73 Abs. 1 DSGVO).

Merke:

Deutschland muss nach Art. 68 Abs. 4 DSGVO entscheiden, welche der 17 771 deutschen Aufsichtsbehörden die Bundesrepublik Deutschland im EDPR vertritt.

Der Ausschuss ist eine unabhängige Behörde (Art. 69 DSGVO) mit vielfältigen 772 Aufgaben:

- Nach Art. 70 Abs. 1 Satz 1 DSGVO soll der Ausschuss eine europaweit einheitliche Anwendung der DSGVO sicherstellen.
- Nach Art. 64 DSGVO hat der Ausschuss die Aufgabe, Stellungnahmen zu einer Vielzahl von Fragen abzugeben. Die EU-Kommission, jede Aufsichtsbehörde eines EU-Mitgliedsstaates und der Vorsitzende des Ausschusses haben das Recht, bei dem Ausschuss Stellungnahmen anzufordern (Art. 64 Abs. 2 DSGVO).
- Bei Meinungsverschiedenheiten zwischen einzelnen Aufsichtsbehörden sieht Art. 65 DSGVO eine verbindliche Entscheidung des Ausschusses vor.
- Nach Art. 66 Abs. 2 bis 4 DSGVO kann der Ausschuss in dringenden Fällen Maßnahmenbeschlüsse erlassen.
- Der Aufgabenkatalog des Art. 70 Abs. 1 Satz 2 DSGVO umfasst zahlreiche Verpflichtungen des Ausschusses zur Beratung der Europäischen Kommission. In dringenden Fällen kann die Kommission dem Ausschuss eine Frist für die Beratung setzen (Art. 70 Abs. 2 DSGVO).
- Der Ausschuss erstellt Jahresberichte über seine Arbeit und über die Entwicklung des Datenschutzes in Europa und veröffentlicht die Berichte (Art. 71 DSGVO).

117. Was wird aus dem Datenschutzbeauftragten der EU?

Die Datenschutzbehörde der EU bleibt als eigenständige Behörde bestehen. 773 Allerdings gibt es personelle Überschneidungen mit dem Ausschuss. Der Ausschuss unterhält ein Sekretariat, für das der EU-Datenschutzbeauftragte Personal bereitstellt (Art. 75 Abs. 1 DSGVO). Das Sekretariat unterstützt den Ausschuss und erledigt dessen Tagesgeschäft (Art. 75 Abs. 2 und 6 DSGVO).

III. Regulierte Selbstregulierung: Verhaltensregeln und Zertifizierung

774 In Art. 40 bis 43 setzt die DSGVO auf regulierte Selbstregulierung durch Verhaltensregeln und Zertifizierungsverfahren.

118. Was ändert sich bei den Verhaltensregeln?

■ *Geltendes Recht*

775 § 38 a BDSG sieht die Möglichkeit von Verhaltensregeln vor, die mit der zuständigen Datenschutzbehörde abgestimmt werden:

(1) Berufsverbände und andere Vereinigungen, die bestimmte Gruppen von verantwortlichen Stellen vertreten, können Entwürfe für Verhaltensregeln zur Förderung der Durchführung von datenschutzrechtlichen Regelungen der zuständigen Aufsichtsbehörde unterbreiten.

(2) Die Aufsichtsbehörde überprüft die Vereinbarkeit der ihr unterbreiteten Entwürfe mit dem geltenden Datenschutzrecht.

776 § 38 a Abs. 2 BDSG enthält einen klar formulierten Prüfungsauftrag für die Datenschutzbehörde. Die Behörde beschränkt sich auf eine Prüfung der Rechtskonformität der Verhaltensregeln.

777 Rechtsfolgen haben Verhaltensregeln nach § 38 a BDSG nicht. Das BDSG sieht an keiner Stelle vor, dass die Einhaltung oder Verletzung von Verhaltensregeln bei der Prüfung der Rechtmäßigkeit eines Verarbeitungsvorgangs ins Gewicht fällt.

■ *Änderungen durch die DSGVO*

778 Verbände und Vereinigungen sollen gemäß Art. 40 Abs. 1 DSGVO ermutigt werden, Verhaltensregeln zu erarbeiten. Dies insbesondere, um den Besonderheiten einzelner Verarbeitungsbereiche gerecht zu werden und um den besonderen Bedürfnissen kleinster, kleiner und mittelständischer Unternehmen gerecht zu werden.

779 Erwägungsgrund 98 Satz 2 DSGVO betont, dass Verhaltenskodizes insbesondere abgestufte Regelungen vorsehen sollen, die den Risiken gerecht werden, die mit einzelnen Verarbeitungsverfahren verbunden sind:

„Insbesondere könnten in diesen Verhaltensregeln – unter Berücksichtigung des mit der Verarbeitung wahrscheinlich einhergehenden Risikos für die Rechte und Freiheiten natürlicher Personen – die Pflichten der Verantwortlichen und der Auftragsverarbeiter bestimmt werden.“

Merke:

> **Von besonderem Interesse werden Kodizes sein, die abgestufte technische und organisatorische Schutzmaßnahmen je nach dem Risikograd für die Betroffenen vorsehen („risikobasierter Ansatz").** 780

In Art. 40 Abs. 2 DSGVO findet sich ein Katalog möglicher Fragen, die in einem Verhaltenskodizes geregelt werden können: 781

„Verbände und andere Vereinigungen, die Kategorien von Verantwortlichen oder Auftragsverarbeitern vertreten, können Verhaltensregeln ausarbeiten oder ändern oder erweitern, mit denen die Anwendung dieser Verordnung beispielsweise zu dem Folgenden präzisiert wird:

a) faire und transparente Verarbeitung;

b) die berechtigten Interessen des Verantwortlichen in bestimmten Zusammenhängen;

c) Erhebung personenbezogener Daten;

d) Pseudonymisierung personenbezogener Daten;

e) Unterrichtung der Öffentlichkeit und der betroffenen Personen;

f) Ausübung der Rechte betroffener Personen;

g) Unterrichtung und Schutz von Kindern und Art und Weise, in der die Einwilligung des Trägers der elterlichen Verantwortung für das Kind einzuholen ist;

h) die Maßnahmen und Verfahren gemäß den Artikeln 24 und 25 und die Maßnahmen für die Sicherheit der Verarbeitung gemäß Artikel 32;

i) die Meldung von Verletzungen des Schutzes personenbezogener Daten an Aufsichtsbehörden und die Benachrichtigung der betroffenen Person von solchen Verletzungen des Schutzes personenbezogener Daten;

j) die Übermittlung personenbezogener Daten an Drittländer oder an internationale Organisationen oder

k) außergerichtliche Verfahren und sonstige Streitbeilegungsverfahren zur Beilegung von Streitigkeiten zwischen Verantwortlichen und betroffenen Personen im Zusammenhang mit der Verarbeitung, unbeschadet der Rechte betroffener Personen gemäß den Artikeln 77 und 79."

Art. 40 Abs. 4 DSGVO verlangt einen Kontrollmechanismus in den Kodex. Mit der Unterwerfung unter den Kodex müssen sich die Unternehmen verpflichten, sich einer Kontrolle der Einhaltung der Verhaltensregeln auszusetzen. Die Kontrolle erfolgt durch die Vereinigung, die den Kodex erlassen hat. Sie lässt die Kontrollbefugnisse der Aufsichtsbehörden unberührt. 782

Nach Art. 41 Abs. 1 DSGVO kann die Vereinigung die Kontrollbefugnis auch einer unabhängigen Stelle übertragen, die über das für den jeweiligen Kodex erforderliche Spezialwissen verfügt und zudem von der zuständigen Aufsichtsbehörde akkreditiert wurde. Das Akkreditierungsverfahren sowie das Verfahren zum Widerruf der Akkreditierung einer Einrichtung ist in Art. 41 Abs. 2, 3 und 5 DSGVO geregelt. 783

119. Welche Möglichkeiten der Anerkennung von Verhaltensregeln gibt es?

784 Ist ein Kodex erarbeitet, so ist für diesen Kodex die Aufsichtsbehörde zuständig, die für die Vereinigung oder den Verband zuständig ist, von dem der Kodex stammt (Art. 55 DSGVO). Die Aufsichtsbehörde prüft, ob der Kodex mit der DSGVO vereinbar ist (Art. 40 Abs. 5 DSGVO). Wenn dies der Fall ist, wird der Kodex registriert und veröffentlicht, sofern der Kodex keine anderen EU-Mitgliedsstaaten betrifft (Art. 40 Abs. 6 DSGVO).

Merke:

785 Auch nach Art. 40 Abs. 5 DSGVO ist das geltende Datenschutzrecht der ausschließliche Prüfmaßstab, den die Datenschutzbehörden im Genehmigungsverfahren anzuwenden haben. Ist der Kodex mit der DSGVO vereinbar und ist die Durchsetzbarkeit durch „geeignete Garantien" gesichert, besteht ein Anspruch auf Genehmigung.

786 Sobald andere EU-Mitgliedsstaaten „betroffen" sind, bedarf es eines Abstimmungsverfahrens nach Art. 63 DSGVO, das von der für den Kodex zuständigen Aufsichtsbehörde einzuleiten ist. Die Entscheidung über die Anerkennung trifft in einem solchen Fall der Europäische Datenschutzausschuss (Art. 40 Abs. 7 DSGVO).

787 Nach Art. 40 Abs. 11 DSGVO führt der Europäische Datenschutzausschuss ein Register mit allen anerkannten Kodizes. Dieses Register ist der Öffentlichkeit zugänglich zu machen (beispielsweise durch Online-Abruf).

788 Art. 40 Abs. 9 DSGVO gibt der Europäischen Kommission die Möglichkeit, per delegiertem Rechtsakt Regelungen zu erlassen, die eine Erklärung der allgemeinen Verbindlichkeit eines Kodex ermöglichen. Dies würde bedeuten, dass ein Kodex in einer bestimmten Branche auch für Unternehmen verbindlich wäre, die sich dem Kodex nicht freiwillig unterworfen haben.

Merke:

789 Um die Genehmigung von Verhaltensregeln zu erleichtern, dürfte es ratsam sein, vorab eine Konsultation durchzuführen und dabei Interessenverbänden, Experten und Bürgern die Gelegenheit zur Stellungnahme zu geben.

Erwägungsgrund 99 DSGVO legt einen Konsultationsprozess nahe:

„Bei der Ausarbeitung oder bei der Änderung oder Erweiterung solcher Verhaltensregeln sollten Verbände und oder andere Vereinigungen, die bestimmte Kategorien von Verantwortlichen oder Auftragsverarbeitern vertreten, die maßgeblichen Interessenträger, möglichst auch die betroffenen Personen, konsultieren und die Eingaben und Stellungnahmen, die sie dabei erhalten, berücksichtigen."

120. Welche Regelungen trifft die DSGVO für Zertifizierungen?

In Art. 42 und 43 DSGVO finden sich Regelungen für Zertifizierungsverfahren. 790

■ *Geltendes Recht*

Zertifizierungen werden in § 9 a Satz 1 BDSG als ein Instrument zur Verbesserung der Datensicherheit und des Datenschutzes anerkannt. Zu einem Gesetz, das gemäß § 9 a Satz 2 BDSG die Zertifizierung näher regeln sollte, kam es nie. 791

■ *Änderungen durch die DSGVO*

Die DSGVO führt ein System der akkreditierten Zertifizierungsstellen ein. Akkreditierungen erfolgen für eine Zeit von maximal fünf Jahren und sind danach jeweils zu erneuern (Art. 43 Abs. 4 Satz 2 DSGVO). Alternativ zu den Akkreditierungsstellen sind auch die Aufsichtsbehörden zu einer Zertifizierung befugt (Art. 42 Abs. 5 DSGVO) 792

Zertifizierungsverfahren sollen gemäß Art. 42 Abs. 1 Satz 1 DSGVO gefördert werden. Dies gilt insbesondere auch für Verfahren, bei denen Datenschutzsiegel und -prüfzeichen verwendet werden. 793

Akkreditierung

Zu den Anforderungen an die Akkreditierung einer Zertifizierungsstelle heißt es in Art. 43 Abs. 2 DSGVO: 794

„Zertifizierungsstellen nach Absatz 1 dürfen nur dann gemäß Absatz 1 akkreditiert werden, wenn sie

a) ihre Unabhängigkeit und ihr Fachwissen hinsichtlich des Gegenstands der Zertifizierung zur Zufriedenheit der zuständigen Aufsichtsbehörde nachgewiesen haben;

b) sich verpflichtet haben, die Kriterien nach Artikel 42 Absatz 5, die von der gemäß Artikel 55 oder 56 zuständigen Aufsichtsbehörde oder – gemäß Artikel 63 – von dem Ausschuss genehmigt wurden, einzuhalten;

c) Verfahren für die Erteilung, die regelmäßige Überprüfung und den Widerruf der Datenschutzzertifizierung sowie der Datenschutzsiegel und -prüfzeichen festgelegt haben,

d) Verfahren und Strukturen festgelegt haben, mit denen sie Beschwerden über Verletzungen der Zertifizierung oder die Art und Weise, in der die Zertifizierung von dem Verantwortlichen oder dem Auftragsverarbeiter umgesetzt wird oder wurde, nachgehen und diese Verfahren und Strukturen für betroffene Personen und die Öffentlichkeit transparent machen, und

e) zur Zufriedenheit der zuständigen Aufsichtsbehörde nachgewiesen haben, dass ihre Aufgaben und Pflichten nicht zu einem Interessenkonflikt führen."

Merke:

795 Private Stellen, die Zertifizierungen schon jetzt anbieten (z. B. der TÜV Rheinland), benötigen hierfür mit Inkrafttreten der DSGVO eine Akkreditierung und eine Anerkennung des Kriterienkatalogs durch die für sie zuständige Aufsichtsbehörde.

796 Nach Art. 42 Abs. 8 DSGVO führt der Europäische Datenschutzausschuss ein Register mit allen anerkannten Zertifizierungsverfahren. Dieses Register ist der Öffentlichkeit zugänglich zu machen (beispielsweise durch Online-Abruf).

Zertifizierungskriterien

797 Die Kriterien, die eine akkreditierte Zertifizierungsstelle verwendet, benötigen eine Anerkennung durch die zuständige Aufsichtsbehörde. Bei grenzüberschreitenden Zertifizierungsverfahren bedürfen die Kriterien der Zertifizierung einer Anerkennung durch den Europäischen Datenschutzausschuss nach Art. 63 DSGVO (Art. 42 Abs. 5 DSGVO):

> „Eine Zertifizierung nach diesem Artikel wird durch die Zertifizierungsstellen nach Artikel 43 oder durch die zuständige Aufsichtsbehörde anhand der von dieser zuständigen Aufsichtsbehörde gemäß Artikel 58 Absatz 3 oder – gemäß Artikel 63 – durch den Ausschuss genehmigten Kriterien erteilt. Werden die Kriterien vom Ausschuss genehmigt, kann dies zu einer gemeinsamen Zertifizierung, dem Europäischen Datenschutzsiegel, führen."

798 Bei der Zertifizierung sollen die besonderen Bedürfnisse kleinster, kleiner und mittelständischer Unternehmen angemessen berücksichtigt werden (Art. 42 Abs. 1 Satz 2 DSGVO).

Zertifikate

799 Ein Zertifikat darf eine Gültigkeit von höchsten drei Jahren haben. Es wird widerrufen, wenn die Voraussetzungen für die Erteilung nicht mehr fortbestehen (Art. 42 Abs. 7 DSGVO).

Merke:

800 Nach Art. 58 Abs. 2 lit. h DSGVO sind die Aufsichtsbehörden befugt, Zertifizierungen zu widerrufen oder eine akkreditierte Zertifizierungsstelle zum Widerruf einer Zertifizierung zu verpflichten oder eine Zertifizierungsstelle anzuweisen, keine Zertifizierung zu erteilen. Um der zuständigen Aufsichtsbehörde die Gelegenheit zum Einschreiten zu geben, sind die akkreditierten Zertifizierungsstellen bei jeder Zertifizierung (und bei jeder Erneuerung einer Zertifizierung) verpflichtet, die zuständige Aufsichtsbehörde vorab zu informieren (Art. 43 Abs. 1 Satz 1 DSGVO).

Die akkreditierte Zertifizierungsstelle hat die zuständige Aufsichtsstelle auch über den Widerruf einer Zertifizierung zu informieren. Zudem sind die Gründe der Erteilung und die Gründe des Widerrufs einer Zertifizierung der zuständigen Aufsichtsbehörde mitzuteilen (Art. 43 Abs. 5 DSGVO).

121. Welche Vorteile haben ein Verhaltenskodex und eine Zertifizierung?

Die DSGVO sieht für ein Unternehmen, das sich einem Verhaltenskodex unterwirft oder einer Zertifizierung unterzieht, einige Vorteile vor: 801

- Unternehmen aus Drittländern können sich nach Art. 40 Abs. 3 DSGVO einem Verhaltenskodex unterwerfen oder nach Art. 42 Abs. 2 DSGVO zertifizieren lassen. Dies hat zur Folge, dass ein Datentransfer an diese Unternehmen nach Art. 46 Abs. 2 lit. e und f DSGVO zulässig ist. Die Unterwerfung unter Verhaltensregeln bzw. die Zertifizierung gelten als „geeignete Schutzmaßnahmen", die den Datentransfer in das Drittland erlauben.
- Die Unterwerfung unter einen anerkannten Verhaltenskodex und die anerkannte Zertifizierung werden als Indiz für ein rechtskonformes Handeln genannt in
  - Art. 24 Abs. 3 DSGVO (technische und organisatorische Maßnahmen des Datenschutzes);
  - Art. 28 Abs. 5 DSGVO (Auswahl und Beauftragung eines Auftragsverarbeiters);
  - Art. 32 Abs. 3 DSGVO (technische und organisatorische Maßnahmen der Datensicherheit);
  - Art. 35 Abs. 8 DSGVO (Datenschutz-Folgenabschätzung);
  - Art. 83 Abs. 2 lit. j DSGVO (Verhängung eines Bußgelds).

Stichwortverzeichnis

Die Zahlen bezeichnen die Randziffern.